赵丕承 著

第三册

陕西新华出版 三秦出版社

目　录

拓跋焘时代

(423—452)

北魏的拓跋焘谥号“太武帝”，是一个雄才大略，但个性非常残忍的皇帝。他读过很多儒家的书，尤其精于兵学。虽然登基时年仅十六岁，但在国际间对他的风评却很好。公元423年十一月十九日继承大统，次年，西域最有实力的宕昌郡就宣布向魏称藩。

宕昌郡在甘肃定西地区的岷县，是西羌族世居之地，自仇池以西，东西一千多里。甘肃甘谷带水以南有八百里，包括岷县、临潭县、武都县以及青海、四川的一部分。羌族在这里是以农业与游牧为生活主要资源，以自称宕昌王的梁弥忽部落为最大、最有实力，拥有两万多户。梁弥忽派儿子梁弥黄代表他晋见北魏新皇帝拓跋焘，表示称藩。这给拓跋焘带来很大的荣耀与鼓励。

拓跋焘的政略是先安内之后再向外发展，他对新占领区(今河南、山东、安徽地区)全面施行土地调查与重新分配。大力开发农业以增产粮食，积极鼓励种桑、养蚕以增产绸缎。粮食是主要资源，国家养兵、养官都需要粮食；绸缎是皇帝颁赏官员、将士的通用物资。

由于兵荒马乱、饥谨所造成到处都有土匪强盗在流窜，有各种胡人族群，也有汉人。拓跋焘把这些盗匪群依其种族收服编练，以直属中央的正规军待遇，组成几个庞大的混成兵团，各级领导全由鲜卑人担任，每百人另设鲜卑督护一人为监督。

两年后拓跋焘下令每四十亩地出粮一斛，每十家出大牛两头、车一辆，

拓跋焘时代北魏疆域图

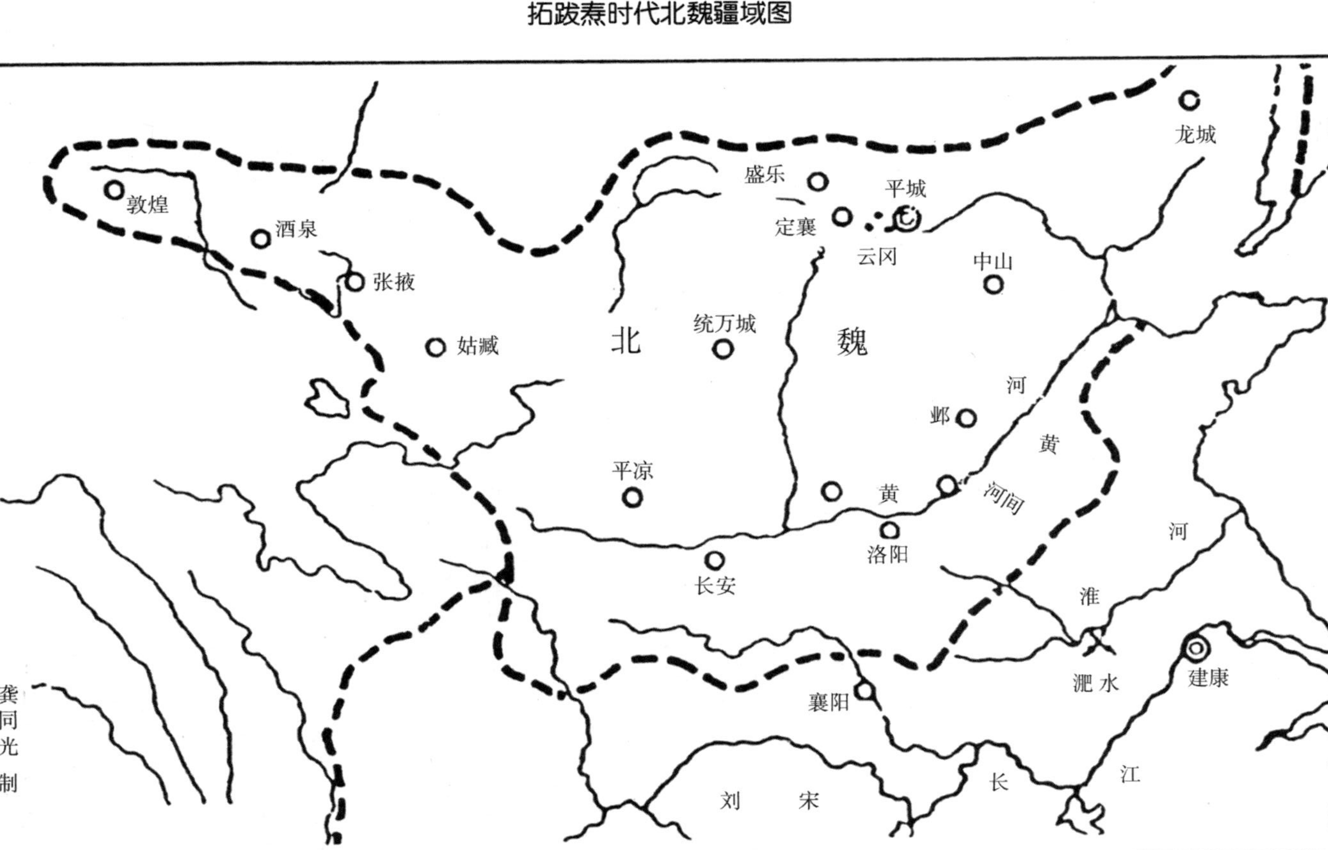

高句丽
龙城
盛乐
平城
定襄
云冈
中山
敦煌
酒泉
张掖
姑臧
北魏
统万城
河
黄
邺
平凉
黄
河间
洛阳
长安
河
淮
泗水
建康
襄阳
长江
刘宋
龚同光制

运粮到北疆塞外，屯粮备战。

拓跋焘的国际大患第一是北方的柔然，是游牧在蒙古大戈壁以北很有实力又很强悍的族群，不时进犯北魏。其次是西邻的胡夏，与北魏有世仇，拓跋焘志在必灭胡夏。至于讨伐北燕、统一华北，也都是拓跋焘计划中的事。

柔然汗国的领袖纥升盖可汗郁久闾大檀，听到拓跋嗣逝世的消息，以为有机可乘，乃率领十六万大军南犯。先攻陷云中，又东进盛乐，距离北魏的首都平城不到两百里。拓跋焘立即宣布戒严，亲率轻骑兵数千急行军闪击占据云中的柔然主力。柔然酋长郁久闾大檀阵前下令他的侄儿郁久闾于陟斤为总指挥，回师把拓跋焘团团围住，铁骑一波一波地冲击，喊杀声、活捉拓跋焘的叫嚣声震天动地。年仅十六岁的拓跋焘却神色自若，给魏军士气很大的鼓励。拓跋焘指挥神弩手组成箭阵，重点狙击，柔然军中箭倒地的数以千计。郁久闾于陟斤身中数十流箭而阵亡，郁久闾大檀下令撤退。

拓跋焘初伐柔然

拓跋焘登基第三年(公元425年，北魏始光二年)的冬十月，正是中国北方酷寒开始，柔然亟须南下逐水草的季节。拓跋焘决定先发制人，动员五路人马自大同出发北伐柔然。

东路大军出黑沙漠(山西省大同市振武故城之北)，由司徒长孙翰总指挥。

中路由拓跋焘亲率禁卫军。左卫部队由廷尉长孙道生率领自黑、白沙漠(白沙漠在阴山以北翰海大沙漠中)之间出发。右卫部队由娥清率领自栗园(山西省大同市东北)出发。西路大军由奚斤指挥，自尔寒山(山西省大同市北塞外)出发。五路大军各在前进基地屯储粮秣、辎重，以轻骑兵前进，每人携十五天干粮，配副马两匹，约定在蒙古乌兰巴托西会师。

柔然举国震惊，全部军民向北撤退到俄罗斯境内高车部落边境。魏军见作战目标消失，于是下令班师。

北魏与胡夏

胡夏的开国皇帝赫连勃勃的父亲刘卫辰，三十年前败在拓跋珪手里，因而被乱兵杀死，又被拓跋珪斩尸投入黄河。所以赫连勃勃念念不忘北魏这个杀父之仇，只是实力不敌北魏以致饮恨二十年而终。到他儿子赫连昌做了皇帝，也已淡化了与北魏的“杀父之仇”。而拓跋焘也不记得他祖父拓跋珪那段“杀父之仇”的过去，只知道他祖父留传下来最具侵略性的基本国策——兼并诸胡，统一华夏。

北魏拓跋焘始光三年、胡夏第二任皇帝赫连昌的承光二年，公元426年，在北中国正是秋高马肥好用兵的季节。自公元425年秋赫连勃勃去世以来，他的儿子们为了争权、争产而不断内哄。拓跋焘认为这是灭夏的大好机会。

这时候胡夏的首都在陕西靖边的统万城。领地东到黄河以东的蒲阪、陕州(河南省三门峡市陕州区)，南到长安，西达今甘肃东部与宁夏。北魏如直接进攻统万城，必须等到严冬到来，河水结冰大军才可冰上过黄河与无定河。拓跋焘的大战略，先在距离统万城较远的河东(山西省)、河南动手，使胡夏有“鞭长莫及”的困扰。于是派司空奚斤率四万五千步骑南下，

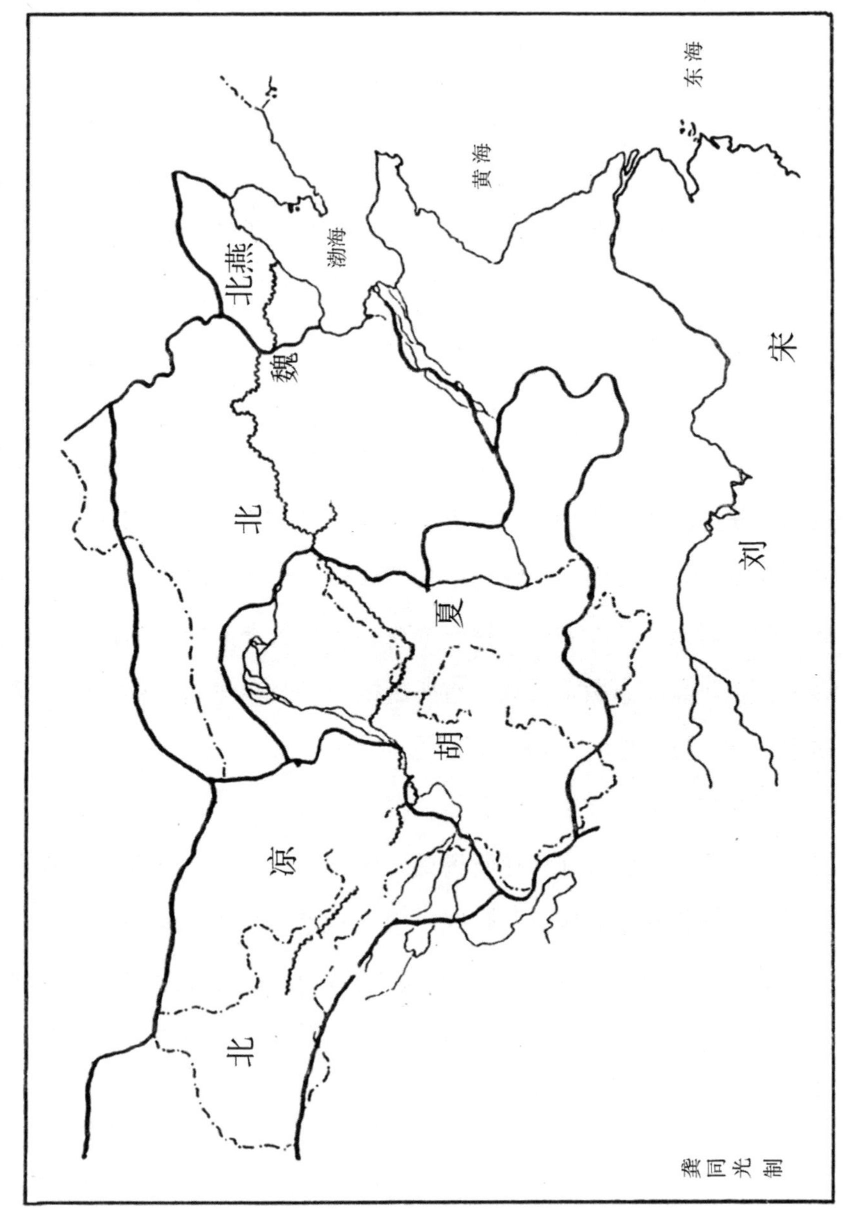

北魏、北燕与胡夏位置图
（公元432年）

会同山西夏县的河东郡守薛谨的地方部队，攻击胡夏黄河以东的蒲阪。命驻镇河南洛阳的宋兵将军周几率于栗磾部一万骑兵，直接进攻胡夏在黄河以南的陕州，然后会同奚斤西攻长安。

十月冬季到了，中国北方的大小河流统统结成坚实厚冰，拓跋焘率轻骑兵自平城出发，在今内蒙古自治区托克托县的君子津悄悄渡过黄河，大军西南下五百多里直趋胡夏的首都统万城。在是年冬至那天，胡夏皇帝赫连昌正在和群臣欢宴过节的时候，北魏大军突然到达距统万城三十里路的黑水上游扎营。赫连昌仓促出城应战，被魏军以压倒兵力蜂拥冲击，赫连昌紧急退回统万城。拓跋焘穿着士兵武装身先士卒，在混乱中随着胡夏败兵冲进统万城中。

统万城的建筑设计、军事设施的结构非常精密。赫连昌下令关闭所有宫门，使拓跋焘如入迷魂阵，几乎被擒，幸有禁卫军战士豆代田的营救，剥下胡夏的宫女衣服、结绳缒墙易装出城。胡夏闭城固守，魏军在城外大肆掳掠，屠杀俘虏上万人，掠获牲畜、战马数十万匹，裹挟当地居民一万多家，拓跋焘下令撤军。只可惜所裹挟的民众在强制迁移途中冻饿而死的很多，到达目的地的不到一半。

周几擅骑射，驻镇河南四年，很有威信，与奚斤都是北魏的名将。胡夏驻守陕州的弘农太守曹达听说周几已自洛阳出发，立即弃城逃走。驻守蒲阪的赫连乙斗也弃城逃往长安。魏军两路会师西攻长安，胡夏守将赫连助兴等不敢迎战，逃往安定(今甘肃省泾川县)。是年十二月北魏的周几与奚斤没有经过战斗而进驻长安城。胡夏的秦州、雍州境内的氐族、羌族部落也都向北魏表示投降。

再攻统万城

次年(427)春，胡夏赫连昌派他的弟弟赫连定率领统万城的卫戍部队两万多人南下，准备收复长安。统万城防务顿显空虚，拓跋焘先派龙骧将军陆俟，统领北方各路胡汉混合兵团进驻大碛(河北省张家口至蒙古国乌兰巴托间)，防备柔然南犯。另派执行首都警备的执金吾桓贷，在君子津(内蒙古自治区托克托县黄河渡口)乘五月春泛刚过，水位平稳的机会搭建浮桥十几座，准备夏季渡河。在黄河扩大储备攻城器械，准备再攻统万城。

拓跋焘自率大军很快渡过黄河进驻拔邻山(内蒙古自治区鄂尔多斯市东胜区)。这里是胡夏三十年前的根据地，在统万城北约四百多里地方，中间还有一段沙漠。拓跋焘在拔邻山兴建大型仓储，积存大批军糈辎重，然后率领三万轻骑兵南下统万城。这一行动大出赫连昌意料。赫连昌总以为北魏去年吃了败仗退回平城，现在黄河已经解冻，魏军不可能轻易过河远征两千多里。等到赫连昌接到魏军已经越过毛乌素沙地的第一次战报时，立即派人去长安征召赫连定部队回师保卫统万城，赫连昌则固守等待赫连定的援助。

拓跋焘一面通知驻镇长安的奚斤，务必设法缠着赫连定，使他不得脱离长安战场。一面下令包围统万城，把精锐主力部队埋伏在城外深谷，只率少数骑兵在城外游动骂阵，引诱夏军出击。赫连昌自知不敌魏军，一连二十天闭城固守。拓跋焘知道统万城的建筑非常坚实，结构布阵也很怪异，所以不敢攻坚，只求在城外决战，消灭胡夏军主力。于是使中领军娥清和永昌王拓跋健率五千骑兵，裹挟附近居民近万人，佯称撤退回师平城。同时释放被俘的胡夏士兵，使他们回去报告说魏军粮尽，不得不撤军。赫连昌在城头上也看到魏军撤退的样子，所以不疑是计，就率三万步骑兵倾城而出击魏军。拓跋焘在退兵队中殿后指挥，胡夏军前锋官斛黎文见拓跋焘在阵前跌下战马，于是在马上跃身扑向拓跋焘。他本来是想活捉拓跋焘的，可是由于他用力过猛，竟扑到拓跋焘的矛尖上，被刺穿透后心。胡夏军一见前锋指挥官阵亡，加之北魏伏兵四起，喊杀之声震天动地，胡夏军崩溃。

赫连昌来不及逃回统万城，只好突围南窜，打算投奔长安。行经贰城(陕西省黄陵县)被魏军狙击，掉头西窜高平郡(宁夏回族自治区固原市)，魏军又紧紧追到，于是又南向奔往上邽。

拓跋焘苦战两个月，他虽然身中数十流箭，但仍奋战不退。这是魏军士气一直旺盛，是最后获取胜利的主要因素。

七月初魏军完全占领统万城。俘虏胡夏的王公大臣、文官、武将，还有开国皇帝赫连勃勃的妻室、妃嫔，现任皇帝赫连昌的妻妾、三个女儿，还有宫娥美女以及贵族人等三万多。俘获战马三十多万匹，上百万头牛羊，还有国库中无数的奇珍异宝，古董器玩，皇帝的御辇车辆、仪注旌旗等。魏军打开监狱，释放上万囚犯，其中有西秦将领库洛干、东晋的冠军将军等一百多人。

拓跋焘任命拓跋素为征南大将军，代表皇帝行使职权(持节)，率执金吾桓贷、莫云所部镇守统万城。并命奚斤、娥清、丘堆等部继续追击胡夏赫连昌残余。

平凉之战

翌年(公元 428 年，北魏始光五年、胡夏承光四年)春，魏平北将军尉眷进攻上邽。赫连昌退守平凉(甘肃省平凉市)，打算凭借崆峒山区苟延残喘。

奚斤部进抵甘肃平凉东南五十里路处的泾川县，和娥清、丘堆会师。当时奚斤所部突然流行瘟疫，战马大批死亡，粮秣又接济不上。奚斤下令一面扎营固守，一面派丘堆分头四处征收粮秣。由于魏兵军纪太坏，乡民和胡夏串通，使赫连昌率部突击。丘堆大败，士卒被胡夏、乡民杀死不少，仅剩数百残兵败将逃回泾川。赫连昌乘胜进兵围住奚斤大营，以致魏军外无援军、内无粮草，军心士气发生动摇。

尉眷与部将安颉选拔敢死队埋伏在附近树林里，等胡夏军又来挑战时，在夏军队后突袭赫连昌。魏军敢死队蜂拥而上，赫连昌战马受惊，一撂蹶把赫连昌掀翻落地，魏军敢死队乃活捉赫连昌。

胡夏军败退，赫连昌的弟弟赫连定整合残兵败将几万人，逃回平凉，自己宣称继任胡夏皇帝。

赫连昌被押到北魏的首都平城，拓跋焘为了还要利用他来收服逃到西方的残余势力，所以给他很优厚的待遇，还封他为“会稽郡公”，后来又封为“秦王”。拓跋焘又把妹妹嫁给赫连昌为妻，但是以前掳来的赫连氏家属，仍然和他隔离。

拓跋焘把妹妹嫁给赫连昌，好像有些不甘心，于是把掳来的赫连昌的三个女儿统统纳入后宫。

安颉擒得赫连昌，立下盖世大功，升为“建节将军”，并封“西平公”。尉眷指挥有方，升“宁北将军”，封“渔阳公”。担任这次战役总司令的奚斤自己觉得惭愧，又怕拓跋焘怪罪下来，遂决心戴罪立功，于是下令全军备战。命丘堆留守安定，全军步骑战士只带三天的干粮自安定出发，急行一百八十里进攻胡夏新皇帝赫连定的首都平凉。从泾川到平凉，应溯泾水而上，既可节省人力，又有很好掩护。可是奚斤却走陆路，故意显示盛壮军容，希望赫连定闻风败走。

赫连定获自魏军情报，知道魏军没有后继粮食，于是派出别动部队控制当地水源，使魏军无水可汲，再派精骑猛烈侧面冲击，于是魏军大败。士卒战死六七千，奚斤、娥清全被俘虏。

留守安定基地的丘堆，听说前方失利，奚斤被俘，立刻放弃基地的军糈物资而逃奔长安，还邀同长安守将拓跋礼放弃长安逃往蒲阪。胡夏遂又兵不血刃地收复了长安。

魏军反攻长安，把长安城中各行各业的技术工人两千家，以及各郡县逃亡长安的“漏户”“逃亡户”，编成“绫罗户”迁到平城，为魏朝廷做工奴。赫连定又退守平凉，与北魏对峙数年。历经上邽之战、鹑觚原（甘肃省灵台县）诸战役，都是败多胜少。赫连定想着吃掉西秦，占了西秦领土，再西进掠取北凉地盘以作永久之计。北凉与占据青海为王的鲜卑族吐谷浑可汗慕容璝订有协防之约，当赫连定的西犯大军正在渡河时，被慕容璝拦腰截击。赫连定大败，军队溃散，赫连定被擒。

拓跋焘把胡夏西半部以及后来兼并了北凉的领土（甘肃省中部、西部）一大块草原划为畜牧专区。强制当地平民迁出，以便在此大量繁殖牛、羊、骆驼、马。六十年后，到拓跋宏时代才把这牧场逐步迁移到河南北部。

北伐丁零与柔然

游牧在蒙古、俄罗斯地区东胡族系的柔然和匈奴族的丁零、高车等部落，占有东自朝鲜故土之西，西到西域的焉耆（新疆维吾尔自治区焉耆回族自治县），北自贝加尔湖，东西三千多里、南北两千多里的地方，是最接近北魏的北方大患。柔然的领导中心（可汗庭、王庭）在蒙古乌兰巴托西南约七百多里的“厄尔德尼招”（柔然语中“厄尔德尼”为宝也，“招”为佛寺也。地产金银，故名宝寺），在土谢图汗部和三音诺颜部之间。北魏在建国之初拓跋珪就曾不断征剿，企图灭其族而据其地。可是柔然在那纵深度很大的大漠南北，都是采用“你来我走，你走我回”的游击战法。虽然北魏是每战必胜，但是大戈壁中地形复杂，始终不能占据其地。使北魏“南下中原”的政策，受到很大的牵掣。拓跋珪时曾发动过一次毁灭性的大战，除了屠杀不可计数的丁零族众之外，还把存活的丁零族众强制南迁，分别安置在太行山的东西麓，没收他们的战马，使他们失去游牧、游击的机动能力，强制他们散居太行山脉中从事农耕。

北魏神麚元年(428)被强制移民在太行山以东定州的丁零部落酋长鲜于台阳，因不满北魏军事管制的高压政策，率两千多家族众叛变，逃入太行山区，打算与山西的同族结合。拓跋焘派镇南将军叔孙建讨伐。叔孙建以搜山断粮战法阻住鲜于台阳的去路，半年后鲜于台阳走投无路了，只好又向北魏投降，回到原地方。拓跋焘也赦免鲜于台阳的叛乱罪，命令他领导族众安居在原地方。

丁零部落对北魏的历次叛乱，都和柔然有关。拓跋焘在这次制服丁零之后，决心要消灭柔然族。彻底铲除北方大患，才可南下和南朝的刘宋政权争霸中原。

翌年(公元429年，北魏神麚二年)五月，拓跋焘命长孙嵩都督京畿诸军事，楼伏连副之，留守平城，然后在平城南郊誓师主动北伐柔然。

拓跋焘的战略构想是对柔然的领导中心(西库伦)发动钳形攻势，一举而擒其首脑，摧毁其领导层，对散居各地的帐篷户，施行重点打击、各个招降。

拓跋焘派高凉王拓跋那、安集将军长孙翰、安北将军尉眷等率骑兵自西路直趋西库伦的外围要隘哈布尔山口。拓跋焘自率精锐禁卫军，进驻蒙古距离西库伦还有七百多里的涿邪山(蒙古三音诺颜旗境内古尔班察汗山)督战。

魏军把大批辎重粮秣屯储在河套以北巴彦淖尔盟乌拉特旗(今巴彦淖

尔市乌拉特前旗)的栗水地区(栗水，刘著《中国边疆民族史》二〇一页注丁谦考证："栗水即翁金河。"翁金河在外蒙古土谢图汗左翼后旗南。而《读史方舆纪要》说是在内蒙古自治区巴彦淖尔市乌拉特境内，近稽落山。比较合理)，每人只配正、副马各一匹，携十二天干粮，轻骑疾进，很快突入柔然腹地。时值仲夏，正是游牧民族歇暑放牧的季节，魏军突然如闪电冲来，以至柔然措手不及，各部落都失去控制。除了投降者外，其余都在惊惶恐惧中四散，逃入荒山野谷中躲避起来。柔然的可汗郁久闾大檀下令贵族各帐篷放出所有马、牛、羊，让魏军士兵争着去抢，他们好乘乱狙击。可是拓跋焘治军极严，不许士兵擅自离队，更不许去抢牛马牲畜。郁久闾大檀见计不得逞，就放火烧了营帐，率领贵族群男女落荒而逃。

在这个地区里有很多大小沙漠群、大小湖泊、河流和星罗棋布的山丘，他们只要一进山中谁都没有办法追踪。郁久闾大檀向西方逃去。他的弟弟郁久闾匹黎先自东部率领部众西来支援首都，中途听说郁久闾大檀败走，正在不知何去何从之际，被北魏的平阳王长孙翰拦腰截击，郁久闾匹黎先被斩，主要官员数百人被杀，余众溃散在大漠中。

在柔然北方的贝加尔湖地区是高车族东西两部的游牧区。魏军于是趁火打劫，乘机侵入柔然境内奸淫烧杀，迫使柔然残余只好西奔新疆阿尔泰山中的北山逃命去了。

拓跋焘一面下令追击，一面加强扫荡柔然残余，并派遣后勤部队收拾柔然所留下的军事物资。掳获战马一百多万匹，牛羊无法计算，车辆帐篷等堆满路旁。柔然前后投降的三十多万帐篷(家)，所获粮秣足够魏军大兵团再战一年之用。

拓跋焘沿栗水西行，去平城三千七百里，经过西汉大将军窦宪北征匈奴的古战场，凭吊窦宪故垒，联想到喂养他长大成人的奶妈窦氏，回师就封她为"保太后"。

大战经年，尤其在沙漠中作战，其苦况真是难以言喻。东自翰海，西到居延，北至蒙古三音诺颜部的燕然山(杭爱山)，魏军在东西五千多里，南北三千里的大战场上，逐步予以清理。对于没有随军逃走的十多万帐篷的柔然遗民，都给予安抚，强制迁移关内。

柔然的郁久闾大檀在逃亡途中病死，他的儿子郁久闾吴提继立。随军西迁的残余族众只剩一两千人。郁久闾吴提检讨现实，只有投降一条路。于是在公元431年向北魏进贡名马两千匹求和，两年后(433)又要求与北魏和亲。拓跋焘将西海公主嫁给郁久闾吴提为妻，郁久闾吴提也把他的妹妹嫁给拓跋焘为左昭仪。就是这样的裙带和平，勉强维持不到五年。

拓跋焘正要班师回朝，又接获情报说在巳尼陂大水(贝加尔湖)以东游牧的高车部落正在准备南下占领柔然退走的地方。拓跋焘想：赶走了柔然，如果听任高车南来的话，岂不是前门逐狼、后门引虎？所以他不假思索，立刻命令随行的左仆射安原率领一万精锐轻骑兵北上进攻高车部落。拓跋焘驻跸原地，准备随时策应安原的北伐大军。魏军一千四百多里路的长程急行军，一到高车境内，高车部落纷纷投降。安原俘虏了几十万家(帐篷)，获战马、养马以及牛、羊等近两百万头。

移民实边与大屠杀

是年(429)冬拓跋焘班师平城。下令内蒙古内东自濡源(内蒙古自治区多伦县境，一说在河北省丰宁满族自治县)西到阴山，三千多里，南北近一千里地方划为边防军事管制区。把柔然、高车部落投降的或掳来的人口都安置在这个区内农耕、畜牧。马匹、武器由军管司令部列册管制以防他们再武装。派老将平阳王长孙翰为镇守使，尚书令刘絜、左仆射安原为辅，并派侍中古弼为监镇诸军事，共同驻镇这个边防要地。

翌年(公元430年，北魏神䴥三年)，上开新移民对北魏的军事管制严酷政策与官吏的贪污腐化、暴虐迫害普遍不满。三千多家高车部落暗中相约准备集体逃回他们贝加尔湖的故乡。拓跋焘下令把他们再集中到河西(河套)大牧场中。这个广大的牧场四面八方都设有军事重镇，把这个大牧场四面包围起来，固定的岗哨、游动的骑兵、紧密的巡逻，将这个牧场变成了一个大监狱。这批高车族人们深恐一进入这个地区就很难再出来，将来可能会被集体屠杀。于是冒死向北奔逃，深入大沙漠中又被魏军围住。在没有水又没有粮的状况下，这批没有武装、失去抵抗力的高车族众们互相挽着手、拥抱着，悲壮地活活饿死、渴死！

以后又有一万多户柔然族叛变，集体逃亡，都被魏军追到大沙漠中集体屠杀！

南北战争

北魏的传统国策是“统一华夏”，但他必须先统一中国北方的诸胡族，尤其是对他最具威胁的北方匈奴族、柔然、丁零和高车部落。近十年来他都在忙着平定西域、讨伐北方。南朝的刘宋政权也没有真正力量北伐，所以今后十年中北魏和南朝这段历史中没有战争。

南朝的刘宋政权皇帝刘义隆，总是希望能够收复黄河以南的失地，可以提高他的公权力，稳定其统治。他曾派使节以口头向拓跋焘交涉，可是拓跋焘曾在七年前(423)占领了河南的许昌和山东泰安的钟城，并将许昌、钟城七百多里画一道直线作为南北朝的国界。现在当然不肯拱手让人，于是拓跋焘立即下令备战，命冀州、定州、相州建造战舰三千艘。并征调幽州以南各地驻军集结黄河北岸戒备。派大鸿胪阳平王杜超都督冀、定、相三州诸军事(战区总司令)，驻镇邺城。

刘宋元嘉七年、北魏神麚三年，公元430年夏，刘宋皇帝刘义隆下令北伐。命右将军到彦之率水师由建康沿大运河北上。由于天旱水浅，船行很慢，秋七月间才到山东，进入黄河溯水西上。

拓跋焘派驻在黄河南岸碻磝、滑台、金墉(河南省洛阳市)各地的兵力不足以对抗刘宋军。而且金墉城是防守洛阳的重要据点，由于连年战争的破坏，防御设备已经不堪使用了。加之黄河北岸的补给、运兵等都不能及时到达。所以拓跋焘下令三镇(碻磝、滑台、金墉)撤守，退回黄河北岸布防。于是刘宋军没有经过大的战斗，就收复了司州(河南)、兖州(山东)之地。

到彦之的前锋抵达冶坂津(河南省孟州市，黄河北岸)，就派勇敢善战的副将姚耸夫率军登岸，试图向北扩大战果。可是北魏虽然放弃了河南三镇，但是他的战略是坚守河北防地，等待冬天到来黄河结冰后，再运大兵团来渡河反攻，当然他也不会容许刘宋再越黄河一步的。

拓跋焘接到战报后，立即派遣冠军将军安颉率一万精骑快速部队，堵击刘宋姚耸夫军。大战一天一夜，一场恶斗，双方伤亡惨重！拓跋焘再派丹阳王拓跋大毗的河防部队增援，斩杀刘宋军数千人，姚耸夫大败！败兵为逃生而跳水淹死的很多，姚耸夫狼狈退回黄河南岸，又整合残部逃到安徽寿阳去整补。北魏的安颉部队乘胜收复洛阳，生擒宋将二十多人，屠杀守城将士五千多人。

在蒙古地区，风沙太大，每年唯有八月、九月、十月才是所谓“秋高马肥”好用兵的季节。拓跋焘的整套作战计划就是先稳住河防，利用这段时间去消灭胡夏在平凉的残余势力，免得他们和刘宋勾结，等黄河结冰之后再驱大军南下与刘宋决战。

是年(430)十二月十五日，北魏攻下平凉稳住西战场后开始调集河防部队，打算沿大运河顺流南下。刘宋前锋右将军到彦之派副将王蟠龙乘夜掠夺魏军所备船只，结果被魏军击破。王蟠龙战死，刘宋军溃退。

北魏冠军将军安颉、龙骧将军陆俟联合西上进攻河南巩义的虎牢关。

大军所至，刘宋守将司州刺史尹冲等开城投降。

刘宋的北伐总司令右将军到彦之在须昌（山东省东平县）听说洛阳、虎牢已经失守，各地守军或失败南逃、或举城投降，在七百多里之外的到彦之已经吓得魂不附体，遂下令抛弃所有军事物资、装备，轻兵撤退到彭城。又命兖州刺史竺灵秀放弃须昌沿大运河南撤退守湖陆（山东省鱼台县），以致整个山东陷于大混乱中。彭城是刘宋的北疆重镇，湖陆又是彭城北防重要据点。北魏的南下部队紧追着竺灵秀的部队，使他来不及布防就追到湖陆。竺灵秀回头迎战，由于士气涣散，所属部队将士被杀的、逃散的，只剩少数逃回彭城。湖陆不守，彭城已经危在旦夕。山东的青州、历城虽然还在南宋手中，但是都被魏军的紧箍咒战法围得水泄不通，水源、粮源都无以为继了。

这一仗打得很奇怪！到彦之的主力大军都没有出战就撤退，刘宋损兵折将，又失去一大块领土。兖州刺史竺灵秀一心只想保命，可最后还是被他的主子刘宋皇帝刘义隆以“临阵脱逃”罪斩首，到彦之等高级将领们也都以“作战不力”而下狱。

檀道济援救滑台

北魏神䴥四年、刘宋元嘉八年，公元431年春，黄河解冻。刘宋皇帝命檀道济率军北上驰援滑台。在山东东平西南的寿张高梁亭和北魏安平公乙旃眷军遭遇。刘宋前锋将军王仲德年前因作战不力而判罪下狱，这次是檀道济保他随军立功赎罪，因而上阵非常勇敢。一经交绥，大破魏军，并斩北魏济州刺史悉烦库结。

檀道济大军到达历城（山东省济南市），正在部署水陆两路西向援救滑台，北魏的轻骑兵突然四面八方围来，对檀道济所有补给物资发动突袭。

原来打算运补滑台的军糈、粮秣、军械等都被连船烧掉。使檀道济的主力大军被困在历城，不能动弹。

北魏的将军安颉、安南大将军司马楚之以及楚兵将军王慧龙等三方面大军联合围攻滑台。南宋滑台守将朱修之坚守滑台城，粮食吃完了，吃树叶树皮、吃民间粮食、吃副马，战马吃完了，罗雀掘鼠。士兵到处挖洞烧火熏老鼠，到处张网捕飞鸟，自然无力作战。是年(431)二月北魏攻破滑台，朱修之和一万多南宋将士全做了俘虏。拓跋焘特别嘉许朱修之的忠贞情操，希望能为他利用，还把皇族侄女儿嫁给朱修之为妻，并派朱修之为云中镇将。

被困在历城的南宋征北大将军檀道济，粮秣吃完了，所需补给又都运不进来，而且滑台已经陷落北魏之手，他只有撤退这一条路可走了。他这一撤退的影响所及，青州刺史萧思话也放弃他的治所益都，撤到以东百十里的平昌(山东省安丘市)。驻守下邳(江苏省邳州市)的刘振之也弃城南逃。

北魏的统治势力已经延伸到淮河流域了。拓跋焘一面下令新占领区的赋税免征一年，以示好于汉人百姓。一面派散骑常侍郎周绍到刘宋报聘，表示双方和平相处，结束战争，息兵养民。可是真正的赢家是北魏。

胡夏国亡、赫连族灭

胡夏胜光四年、北魏神䴥四年，公元431年秋，鲜卑族吐谷浑可汗慕容璝为讨好北魏，就把月前俘虏来的胡夏末代皇帝赫连定送给魏廷。拓跋焘下令把赫连定斩首。五个月前赫连定屠杀了乞伏暮末全族五百多人而灭了西秦，三个月后吐谷浑活捉了赫连定而灭了胡夏王国。三年后(公元434年三月)拓跋焘又追杀胡夏逊帝赫连昌及其随行的皇族，贵族一千多人，赫连氏族灭。至此，五胡中除了吐谷浑还没有建国外，已建国的五胡只剩北魏、北凉与北燕三个了。

南北战争打得双方都已筋疲力尽，战事就在这种状况之下暂时停了下来。武功之后，讲究文治，这是古今政治家的共通理念。这时候北魏的内政是极需健全户政，因为兵源、粮源、赋税等都靠健全户口制度来支持的。当时的田赋是以“粮”完纳的，“税”则是以绸缎、布匹缴征，这在拓跋珪时代就已制定过一套相当完整的制度。可是二十多年下来，占领区不断扩张，加上战争的破坏，新的移民对于军事管制的高压统治极其不满而集体逃亡的、武装抗暴的，在各地区时常发生。

拓跋焘先行重划行政区域，把不满百户的郡县归并到邻郡邻县，施行合理的土地分配。严格规定“流民归户”“户户归农”，促使所有胡人都和原住民汉人互相辅助，增加农业生产。

增订文字、强化法治也是拓跋焘积极推行的文化建设。鉴于传统的象形文字“经历久远，传习多失其真”，所以“初造新字千余”应用(《魏书》卷四上)。

三十年前拓跋珪时代的法律规定：造反的叛乱犯首恶不赦，诛杀全族。其他死刑犯可以用钱或马匹赎罪。杀人犯可以用牛、羊、棺材等赔偿被害人家属来私下和解。窃盗公家财产的赔五倍，窃盗私人财产的赔十倍，可免坐牢。拓跋焘下令增订法律，规定凡用巫术符咒为人治病或暗害他人的，把他(她)胸前绑一只狗、背后绑一只羊，投入河中淹死。九品以上的官员犯了法，可以用免除封爵或降等级的处分来赎罪。犯了死罪的孕妇，等她分娩一百天后再行刑。

拓跋焘还在河北境内设立很多军事基地，加紧训练部队作战能力，准备进攻北燕。

东征北燕

北魏的传统国策是兼并诸胡、统一华夏。这时候在中国北方的“诸胡”，除了他自己外，只剩下北燕、北凉了。

就地理环境和种族因素来衡量，北凉所据有的甘肃中部，地瘠民贫。而北燕所占领的辽东地带：辽河平原占东北大平原的大部分，土地肥沃，粮产丰富。辽西走廊是沟通鲜卑族发祥地——辽东的重要通道，辽东又出产最有名的精良兵器楛矢和石砮。就种族因素的省思，北燕是汉人当家。所以拓跋焘要先对北燕下手。

北魏延和元年、北燕太兴二年，公元 432 年秋，拓跋焘下令进攻北燕。派昌黎公拓跋丘为前锋，率军直趋北燕首都和龙(辽宁省朝阳市)。平东将军贺多罗进兵和龙以东，占据兵略要地、堵住和龙退路。派抚军大将军拓跋健进兵和龙以南，占领北燕的海防重镇建德(辽宁省锦州市境内)。骠骑大将军拓跋丕进攻和龙北防。安东将军奚斤负责征发新占领区幽州(北京市大兴区)居民，密云(北京市密云区)境内丁零部落一万青年，编成运输兵团，以卢龙(河北省卢龙县)为基地，运送攻城武器与粮秣给和龙前方。拓跋焘也率禁卫军进驻前线督战。

拓跋焘完成包围和龙的军事部署，虽然没有攻下和龙，但和龙四周的各外围据点都已分别占领。连拓跋焘的禁卫部队也都派到前线去督战。在拓跋焘大营中，只剩下少数卫士保护拓跋焘。

公元 431 年，在滑县被俘虏来的朱修之，以云中镇将身份随侍拓跋焘，他(朱修之)见大营空虚，打算策动军中汉人来劫持拓跋焘。阴谋败露，军中一百多汉人被杀，朱修之只身投奔北燕，借道海路潜回南朝。

北燕天王冯弘的庶生儿子冯崇、冯邈、冯朗等兄弟三人驻守辽西(河北省迁安市，一说卢龙县)，举城降魏。拓跋焘任命冯崇为都督“幽平东夷诸军事”“车骑大将军”，幽州、平州牧，并封为“辽西王”。接着北燕的石城(辽宁省凌源市)等十郡郡守李崇等相率来降北魏。

两个月的包围战争没有攻下和龙，拓跋焘下令征发当地三万民众，筑长墙、挖壕沟，断绝其粮源、水源，重重包围和龙。北燕天王冯弘被迫出城应战，被北魏的拓跋丘打得落花流水，一万多人被杀。尚书高绍固守和龙城外的羌胡固，被魏军攻破，高绍及其下属被集体屠杀。拓跋焘下令把各部队占领区内居民三万多家强制迁到幽州(北京市大兴区)境内。战斗经年，双方都已疲惫不堪，无形中休战。拓跋焘下令各作战部队就地整补，严密监视和龙。

公元433年六月，北魏探知北燕和刘宋签定密约，联合伐魏。于是拓跋焘再下令总攻击，并派永昌王拓跋健增调步骑大军直接进攻和龙。拓跋健先遣五千轻骑突袭北燕的国防重镇凡城(河北省平泉市)，凡城距朝阳仅三百多里，北燕守将封羽献城降魏。和龙吃紧。北燕天王冯弘派尚书高颙向北魏请求和解自称藩属，并送还二十一年前被扣留在北燕的北魏使节于什门。冯弘还把他的最小女儿送给拓跋焘做妾侍。

当时由于匈奴部落在甘肃造反，拓跋焘亟须调回部队平乱，于是达成和议。不过他的附加条件是要北燕太子冯王仁到平城做人质。魏、燕之战才暂时休兵。

西伐山胡

原来在甘肃平凉一带游牧的匈奴部落酋长金崖，时任北魏的征西将军，公元433年，联合羌族泾川刺史狄子玉攻击北魏安定(宁夏回族自治区固原市)，被安定守将陆俟生擒囚禁在长安。金崖的继任酋长金当川在平凉起兵，进占阴密(甘肃省灵台县，在平凉东南一百公里处)，意图进攻长安，劫回金崖。拓跋焘亲率征西大将军拓跋素截击，金当川战败被俘，与金崖一同被斩。

以前，北魏曾把匈奴族分化成许多小部落，强制迁移到太行山的东西麓定居，并且没收了他们的马匹，使他们没法放牧。另配给牛、羊和耕具，使他们安于农耕。可是北魏施行的军事管制压力太大，所以各地时常发生反抗、叛乱。只是北魏的分化政策确实使那些少数民族小型部落很难成大事。

被迫移民在山西阳城(晋南太行山北麓)的西河山胡部落酋长白龙很有作为，北魏没收了他们的马匹，使他们无法放牧，但他却训练他的族众擅于山地步战。北魏延和三年(434)秋，白龙率领他的族众据城起义。

拓跋焘自认为他对诸胡的分化政策和孤立战法都很成功，以前很多小族群的叛离，都是由于孤立战法使之势力无法扩散而平定的，这次他还是没有把山胡部落放在眼里。拓跋焘派阳平王拓跋它率军攻击山胡部落，拓跋焘也随军前往山西汾阳西北的美稷，再到汾阳(隰城)督战。魏军骑兵占据优势，可是骑兵最怕山地作战。白龙派出数组神射控弦战士，分别埋伏在多处，当拓跋焘经过时，对拓跋焘发动奇袭。飞箭、矢、石如雨打来，拓跋焘的随从侍卫们和战马纷纷中箭倒地。拓跋焘的坐骑受到箭伤，把拓跋焘掀翻落地，山胡步兵群拥上前来活捉拓跋焘，就在千钧一发之际，拓跋焘的侍卫陈建一马冲来，砍杀山胡十多人，把拓跋焘扶上战马逃离战场。

九月间，拓跋焘下令大批增兵，大肆报复。魏军攻陷山胡的根据地西河城(山西省阳城县)，俘虏了白龙，将他五马分尸处死。又下令屠城，把没有来得及逃走的山胡，不分男女老幼全部屠杀，放火焚城烧尸。十月又继续扩大战果，把据守五原(山西省沁水县)的山胡族男人一律屠杀，妇女则分配给兵士做妾侍。部分武装山胡逃入深山，北魏又连续花费了四年的时间才把西河山胡余党完全消灭。

拓跋焘也因此次胜利而改延和四年为太延元年，以示庆贺。同时拓跋焘又鉴于风调雨顺、连年丰收，他下令解除以前对佛、酒等禁令，特别准许民间祭拜各种神祇，表示感谢神佑。

我们称“五胡乱华”之所以为“乱”，这不是种族意识的歧视，完全是因为在他们占据之下，根本没有一定的规章制度，所作所为，都是统治者兴之所至。才刚刚下令对宗教的解禁，拓跋焘突然又要消灭佛教。他下令凡是未满五十岁的和尚、修士一律还俗归农或应征为军夫或备役。废除民间供养，凡造泥佛、铜佛者，一律灭门。严禁再修庙宇，以致寄生在名门豪族之家的修会等活动一概被禁止。

拓跋焘又下令把他父亲拓跋嗣时代的宫女们完全释放，任由其嫁为百姓妇。

北魏与西域

古史上的西域，就是概指葱岭以东，玉门、阳关以西，新疆维吾尔自治区的巴尔喀什湖以南地带。现在的新疆维吾尔自治区和青海省都在其中。史所谓“三十六国”，以前也曾是五十五国乃至一百多个独立的城邦王国，经过长年的你争我夺、杀杀砍砍之后才兼并成为“三十六”或“五十五”个城邦王国。这些撮尔城邦，在两汉时代对于汉王朝时叛时顺，各据一方、各自为政。到北魏拓跋焘时代只剩以下十个自以为是主权独立的王国。

一、鄯善(以前称楼兰，现在新疆维吾尔自治区孔雀河以南沙漠中还有“楼兰遗迹”)，匈奴族。游牧在新疆维吾尔自治区罗布泊西塔里木盆地西沿叶尔羌河流域。国都扜泥城(若羌县)为通西域必经之地。

二、焉耆，现在新疆维吾尔自治区焉耆回族自治县。焉耆国时都员渠，在天山南麓塔里木盆地北缘的博斯腾湖西畔哈拉沙尔地区。曾灭龟兹，称霸西域。

三、车师，或称姑师。在新疆维吾尔自治区吐鲁番市西雅儿湖畔的昌吉回族自治州。

车师有车师前国和车师后国及山北六国。车师前国在新疆吐鲁番市西，首都交河城。

车师后国在新疆吉木萨尔县南，首都在务涂谷。

天山以北六国：东且弥国、西且弥国、卑陆国、卑陆后国、蒲类国、蒲类后国。另有车师都尉国，在吐鲁番市以东，原本是汉置都尉以监视车师的驻在机关，以后成为地方主权之国。其地又名高昌壁。

四、于阗，国都新疆南境和田市。信奉伊斯兰教，安于农收。民族性格好战，曾被莎车部落兼并，但又终于灭了莎车，击败焉耆归顺北魏。

五、龟兹，都延城，在天山南麓，为通西域北道要冲。以今新疆维吾尔自治区的库车为中心(故又称库车)，兼领轮台、姑墨、温宿、尉头、沙雅、新和、拜城、阿克苏等地。最后为焉耆所灭。

六、乌孙，匈奴族裔，都赤谷城，在新疆维吾尔自治区天山南麓的伊宁市。汉时为西域大国。其先原在敦煌、祁连山之间伊犁河上游牧，后向东发展，驱逐大月氏部落(在阿富汗北部)，建立乌孙王国。北魏初，被柔然击破，其与柔然本属匈奴族，后得魏助，公元439年入贡于魏。

七、疏勒，又称“沙勒”。在新疆维吾尔自治区塔里木盆地西境，喀什葛尔及英吉沙尔都是它的属地。都疏勒城，就是现在的疏勒县。

八、渴盘陀，在新疆维吾尔自治区西南角边区的帕米尔高原上，穆斯塔格山南，叶尔羌河西塔什库尔干塔吉克自治县。国都在山谷中，城周围十多里，有十二城。其信仰习俗与于阗同为伊斯兰教。

九、粟特，汉称奄蔡国。《读史方舆纪要》说："在康居(古国名，领有今新疆维吾尔自治区北境至中亚之地)西北两千多里。"《隋书》说："其国在葱岭之西，去代一万六千里。"可能是在中央亚细亚巴尔喀什湖畔。拓跋焘时归魏。

十、悦般，原为匈奴族。《北史》说在乌孙西北，距离平城(魏都)一万九百三十里。国都列普西，在新疆西邻境外阿拉木图的巴尔喀什湖东畔。拓跋焘时归附北魏。

他们在新疆维吾尔自治区内各据一方，有以部落而设"王庭"，俨然小朝廷的；有联合城池而自称王国的；有一族分为几个部落或城邦。这些胡族、胡邦、胡部落，其中有由东胡游牧去的柔然族，也有西方东来的一些其他少数民族。

当时拓跋焘也曾派中央大员带着大量物资前往宣慰。于是北魏的威望在西域以至中亚细亚盛极一时。北魏除了大力推广商业活动外，最要紧的是严密控制，以防柔然与高车的渗入。

余如依《汉书·西域传》考，还有在新疆境内的精绝(于田东北)、若羌(若羌县)、戎卢(和田东南)、且末(且末县)、扜弥(于田克里雅河东岸)、莎车(莎车县)、小宛(且末县戈壁中)、渠勒(洛浦县沙漠中)、孤胡国(鄯善西南)、危须国(焉耆回族自治县东北)、乌垒城(轮台县东)、姑墨国(拜城县西南)、尉头国(乌什县，北魏时属龟兹)、休循国(葱岭西，苏约克山口)、山国(《水经注》名墨山国，吐鲁番市西南)、尉犁国(尉犁县西北)、渠犁城(轮台县西南)、温宿国(阿克苏市，三国后属龟兹)、蒲类国(巴里坤县，治天山西疏榆谷)、蒲类后国(在蒲类国之西北巴里坤湖之北)、卑陆国(又称毕陆，占有阜康市、吉木萨尔县之地。三国时属车师后部)、卑陆后国(在卑陆国东北，治番渠类谷)、单桓国(在卑陆国西北，阜康市境，三国时属车师)、乌贪訾离国(三国时属车师后部，治娄谷)、东且弥国(昌吉回族自治州呼图壁县)、西且弥国(乌鲁木齐附近)。

车师后城长国：新疆奇台县北。

郁立师国：新疆奇台县北。

劫国：新疆昌吉市。

以上都在经济发达的乌鲁木齐地区。

皮山国：新疆南部皮山县，北魏称于阗，《魏书》作“蒲山国，居皮城”。

西夜国：新疆赛图拉附近。

于合国：新疆赛图拉西部。

蒲犁国：新疆西南隅英吉沙县与叶尔羌河之间。

依耐国：新疆英吉沙县。

以上五国都是在新疆西部、西南部，再向帕米尔高原的国：

无当国：帕米尔高原北部。

乌托国：帕米尔高原南部。

难兜国：帕米尔高原中部。

桃魂国：葱岭西部。

葱岭以西的七国：

大月氏：阿富汗北部。

罗宾国：阿富汗南部。

大宛国：费尔干纳盆地一带。

奄蔡国：哈萨克斯坦西北部。

康居国：巴尔喀什湖西哈萨克地。

乌戈山离国：俾路支地。

安息国：波斯(伊朗)。

拓跋焘征北燕

北魏的西域政策做得相当成功，远在东方的高句丽长寿王高琏也向北魏朝贡。这时候又勾起拓跋焘消灭北燕的念头。北魏太延元年、北燕太兴五年(435)的六月，拓跋焘命骠骑大将军拓跋丕率镇东大将军屈垣所部骑兵四万，借口北燕背信(不送人质)而进攻和龙。北魏兵临和龙城下，北燕再度表示臣服，又答允送太子到平城为人质。于是拓跋丕掳掠不少民间财物牲畜，并裹挟男女六千多人而班师。

翌年(436)春，北燕仍然没有送来人质。北魏又派平东将军娥清率精骑一万人第四度进攻北燕，拓跋焘并命平州刺史拓跋婴，率领辽西地方团队与娥清会师和龙。

北魏自十六年前拓跋嗣(拓跋焘的父亲)时代对北燕数次用兵不计，拓跋焘自北魏延和元年(432)开始，三年来曾四次大举进攻北燕。这次北燕王冯弘在屡战屡败、众叛亲离的处境下，不得不请求高句丽出兵接他出亡。北魏才算顺利占有北燕的全部国土。两年后高句丽杀了冯弘，并灭了冯氏全族，北燕算是正式亡国。此时的五胡政权，只剩下北魏与北凉了。

再伐柔然

公元434年柔然与北魏和亲。不过魏廷深深了解柔然善变，难以驾驭，所以时时注意加强北防。

两年后(公元436年，北魏太延二年)，柔然果然没有任何理由就宣布与北魏绝交，并且出兵南犯魏境。翌年，拓跋焘在五原誓师，兵分三路北伐柔然：

拓跋丕、贺多罗率十五个野战单位自东线出发。

拓跋健、穆寿率十五个野战单位出西线北上。

拓跋焘自帅精锐禁卫军由浚稽山(喀尔喀蒙古境)再兵分二路。一路由拓跋崇率领从六泽取涿邪山(蒙古三音诺颜境内)。另一路由拓跋焘自帅禁卫军进抵天山(匈奴所称的天山在新疆境内)不见柔然而还师。

"六泽"，《通鉴》称之为"大泽"，误。按刘著《中国边疆民族史》上册注四一谓：六泽谓六水泊，均在浚稽山北：

一、呼尔罕鄂伦泊。

二、齐果音泊。

三、奔察汗泊。

四、鄂罗克泊。

五、吉尔吉郎图泊。

六、察汗泊。

北魏自拓跋珪称帝就曾定下统一中原的宏观大略，但在那时候他的国际环境是四面皆敌，北方大敌柔然给予强大压力，西方胡夏挟世仇而时予威胁！东方有北燕的强邻，使他的南下政策也不敢轻举妄动。到拓跋焘灭了胡夏，匈奴族群只剩下北凉政权了。北伐柔然又获得大胜，北燕也在数战之后败亡。接着西域诸国的臣服，使雄踞平城的北魏王朝可以说已四平八稳了。这时候北魏征服北凉真如探囊取物了。

北魏太延五年(439)春，氐王杨难当的侄儿杨保宗驻守甘肃天水东北的童亭，向北魏投降。童亭是北凉的南疆重镇。拓跋焘立即任命杨保宗为征西大将军，都督陇西诸军事，封武都王，镇守上邽，并且还把公主下嫁杨保宗，对北凉已经形成南北夹击的态势。

拓跋焘知道上邽(天水)产漆，而漆在当时是军事工业上很重要的资源，他就命杨保宗把当地的漆农、制漆工人和漆器艺术匠人等，全部迁到北魏首都平城集中生产。

是年(439)夏，拓跋焘派大将军长乐王嵇敬、辅国大将军建宁王拓跋崇等将兵强马壮、武装精良的两万大军，进屯大汉以南构筑坚强防御阵地，监视柔然。又派侍中宜都王穆寿辅助太子拓跋晃留守国都平城。这都是全国总动员准备进兵北凉的战备部署。

派平西将军源贺率领没有武装的政工人员，先行渗透姑臧城外各鲜卑部落中，一面刺探军情，一面游说鲜卑族众群起响应。

源贺，原名秃发贺，是鲜卑族南凉末代皇帝秃发傉檀的小儿子。公元414年西秦灭南凉，秃发贺和哥哥秃发保周逃到北凉，再投奔北魏。当时的魏主拓跋嗣封秃发保周为“张掖王”，封秃发贺为“西平公”。拓跋嗣喜爱秃发贺的才华，使他改姓“源”，以示祖先同源之意，从此秃发贺便是“源贺”了。

北魏的武威公主，三年前嫁给北凉西河王沮渠牧犍为王后。这种政治婚姻虽然在那个时候是常见的事，只是根本没有伦理情感可言。以大事小的武威公主对于她的丈夫西河王沮渠牧犍和他的嫂子公然通奸的行为大为不满，是年(439)沮渠牧犍的嫂子就暗地下毒，打算毒死这个外族的王后武威公主。所幸经北魏派去的医师紧急抢救，武威公主才得活命。北魏借着这个理由向北凉施压，先是要求引渡凶手，而沮渠牧犍拒绝；然后动员大军进攻北凉首都姑臧。

拓跋焘于是年(439)秋八月命抚军大将军永昌王拓跋健、尚书令刘絜、常山王拓跋素、乐平王拓跋丕等率步骑大军进攻姑臧，拓跋焘亲临前线督战。

北魏大军兵临城下，城外各鲜卑部落三万多帐篷群起响应北魏。北凉沮渠牧犍的侄儿沮渠万年等明知不敌北魏，乃率城内守军集体投降，在众叛亲离的窘况下，沮渠牧犍只好率领文武官员、皇亲贵族五千多人出城投降。北魏接收姑臧城内胡汉居民二十多万户，宫中所藏珍宝、珠玉古玩和兵器不计其数。沮渠牧犍被押解到平城，北凉政权国亡。但其残余向西逃亡，所以拓跋焘仍以御妹之亲礼遇沮渠牧犍。沮渠氏家族沮渠安周、沮渠天周、沮渠无讳等相率残余部众向西逃到新疆、青海境内，到处流窜闯荡，总是想着借土复国，结果还是失望。就是这样又苟活了二十多年(详见北凉篇)后被柔然屠灭沮渠家族，余众星散在西域各地。这时候沮渠牧犍既然没有利用价值了，也就被拓跋焘赐死平城，沮渠氏在亡国二十年后族灭。

拓跋焘命秃发保周、源贺、穆罴等分头扫荡各郡，清除沮渠族系残余势力，并分别任命各级地方行政首长后班师回平城。

“五胡乱华”这个用血用泪写成的历史名词，历经沧桑，走过了一百三十多年后才算进入历史。剩下一个集五胡十九国之大成的胡族——北魏，也被后历史家承认是正统北朝了。

秃发保周本来是南凉的遗臣，南凉被西秦灭了，他们兄弟俩投奔北凉，又投北魏，很受当时拓跋嗣的赏识，拓跋嗣封他为张掖王。张掖，是北凉的领地，拓跋焘灭了北凉，就命秃发保周率军扫荡北凉残余而就国。秃发保周就据张掖城(甘肃省张掖市)宣布独立，打算恢复他的“南凉”故国。第二年的夏四月，先被前北凉的残余军阀沮渠无讳攻击而退保龙首山的删丹(甘肃省山丹县)，旋又被北魏永昌王拓跋健围攻，在走投无路之下自杀！一场八个月的复国梦，盖棺论定。可是他的弟弟源贺一直效忠北魏，终老于北魏。

拓跋健收编了秃发保周的残余部队。占领山丹城，下令把山丹所有制作烙画艺术的工匠，全部迁到平城去制造，供拓跋焘皇室欣赏。在此避难的学者们中最有名的如常爽、索敞等，都率领他们的门生千余人投奔北魏，成为北魏此后的文化建设上一支很有实力的生力军。

北魏、北燕、柔然与吐谷浑疆域图

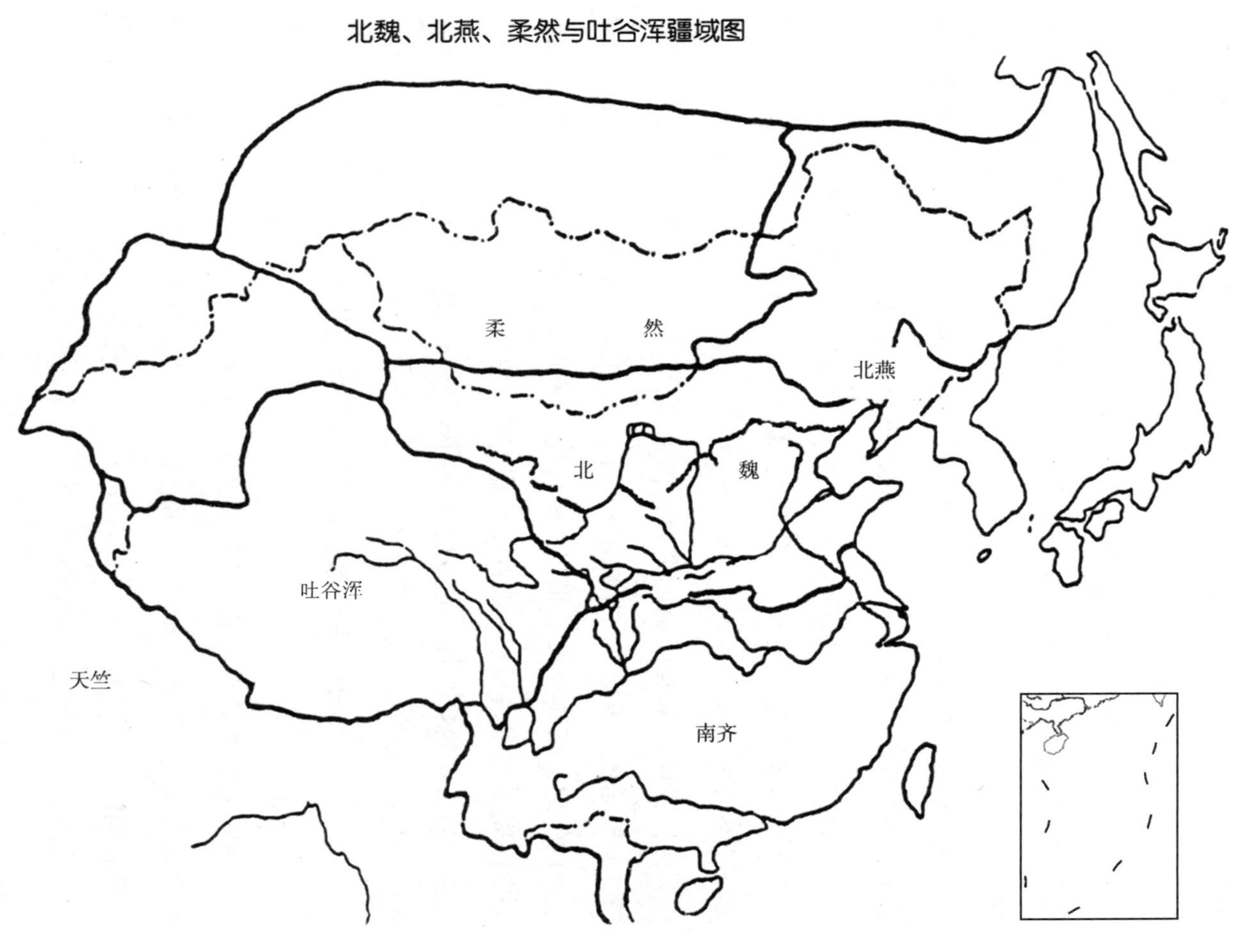

龚同光制

再战柔然

早已自称“汗国”的柔然族，听说北魏用兵北凉，可汗郁久闾吴提下令动员大规模的军事南下犯魏。命郁久闾乞列归进攻北镇(内蒙古自治区包头市北的固阳县)牵制魏军主力拓跋崇部。郁久闾吴提亲率精锐骑兵突破边墙要塞，直取善无(山西省右玉县)的七介山，距离大同只有七十五里路，震惊北魏首都。北魏司空长孙道生率征北大将军张黎所部迎击。拓跋崇在东战场的阴山下击溃来犯的柔然军，俘虏了郁久闾乞列归和他的叔叔郁久闾他吾无鹿胡等五百多将领，斩杀战士一万多人。郁久闾吴提在西战场见魏有备，又听说东战场大败的消息，于是立即下令退走。这是柔然一贯的战法。

拓跋焘为了分化柔然，特别封郁久闾乞列归为“朔方王”。二十年前背叛北凉逃奔新疆哈密伊吾地区投靠柔然的李宝、唐契、唐和等西凉遗臣，眼看北魏国势强盛，就分别占领了敦煌和前北凉败将沮渠安周所盘踞的交河城(新疆维吾尔自治区吐鲁番市西)等地向北魏投降。拓跋焘任命李宝为镇西大将军、沙州牧、都督西垂诸军事，并封“敦煌公”。

北魏的建设

北魏统一了整个中国北方，稍事休兵，从事建设。拓跋焘除了招揽现有人才、积极培养新的人才之外，就是注重地政、户政与文化的重建。

文化方面，命中书博士索敞执掌文化建设，搜集民间藏书，统归中央整理和应用。在京畿区内设太学多处，强令贵族子弟必须入学，功勋(汉人或杂胡)子弟选拔入学。设专门组织，加强皇家子弟的教育。但是严禁私人设立学校，教师违令者处死，设立者全家处斩。工匠商贾之后，一律各继先世行业，不准改行。把长安城内两千多家工匠技术人员强迫迁到平城，以繁荣首都经济。

命司徒崔浩兼任秘书监，负责整合历史资料，编撰国史，考订历法。并接受崔浩的建议，废除鲜卑族固有传统习俗，完全采行儒家礼仪，祭祀天地、祖庙以及汉人传统的神祇。

进行宗教信仰革命，佛教一直都是五胡的传统信仰，北魏也曾把它视为国教。这时候在北魏当和尚可以免兵役、赋税，因而北魏境内有大约十分之一的人口是和尚、尼姑。还有不少依附在那些特权之下的僧祇户(寺庙的佃户)、封户(杂工)们。寺院庙宇有三万多所，寺庙除极尽豪华奢靡外，还都拥有大量不纳税的土地、庄园，百姓苦于赋役大量逃入寺庙荫庇。这些现实情形对于国家经济与社会秩序危害很大，于是拓跋焘兴起了打压佛教的念头。

宗教革命

道教是中国本土的宗教，渊源于古代的五行方士、卜巫、符咒等学说，以神仙为中心思想。东汉顺帝刘保时代张道陵创“五斗米道”，汉末在天下大乱之际流传于民间，乃形成有组织而且政治化的宗教。黄巾军领袖利用人心望治的现实乃假借道教为“太平道”以诱导民众从事政治叛乱。黄巾乱平，又自称“天师道”，逐渐进入学术领域。南北朝时道教已是根深蒂固的本土文化了，并成为纯粹的宗教，以炼丹、符箓、行气导引等活动而深入民间。

在教义方面，南朝有葛洪(284—364)，专以炼丹、修道、养生求仙为主旨，葛洪著有《抱朴子》一书。葛洪与陶弘景可以说是道教理论的老祖先。

寇謙之昌平人少遇仙人成功興與之遊嵩華拾仙藥遂
隱嵩陽元魏始光中召至闕崔浩師事之一日謂弟子
曰昨夢功興召我于中嶽仙宮遂坐化有青氣如煙從
口出至半天乃消其體漸縮縮者謂其尸解後東郡沈
獻見謙之在嵩山身作銀色光明如月始知其為仙矣
一云功興嘗出遊謂謙之曰吾去後當有人持藥相遺
但食之果如所言視其藥皆臭蟲惡物謙之難之其人
還以對功興嘆曰謙之未易得仙耶一日功興謂謙之
曰吾明日午時當去子幸為沐浴自當有人見迎功興
即入石室而卒謙之親為沐浴浴畢果有扣石室者謙
之出視見二童子一持法服一持鉢杖謙之引入至功
興尸所功興倏然而起著衣持鉢執杖而去魏明帝神
瑞二年一日老君乘白馬車九龍駕降嵩陽山頂命
仙伯王方平引謙之至前曰汝向道殊處今授汝天師
之任汝其勉之又遇神人李譜文云老子之玄孫也授
以圖籙真經六十餘卷自是道益精羽化而去 附成功興

明王世贞辑《列仙传》

北魏太武帝拓跋焘时，嵩山道士寇谦之自称太上老君命其出佐“太平真君”，深得拓跋焘与士族大臣崔浩等的信奉。谦之到了平城，广建道观，组训道士，于是道教开始盛行于北方。拓跋焘曾亲至道场接受符箓，在他的心理建设上认为他的统治权力是上天所授予，自是无上的保证，无上的权威了。同时他也想到过本土的神明应比外来的神明切近些。

葛洪，字稚川，东晋丹阳句容人。自幼好神仙导引之法，由其祖得炼丹秘术。葛洪除炼丹外兼习医术。晚年隐居罗浮山，其《抱朴子》一书《内篇》发挥道家理论，谈神仙方药、养生延年、禳邪去祸之术，颇适合当时士族的信仰。

下图为葛洪所著《抱朴子》书影

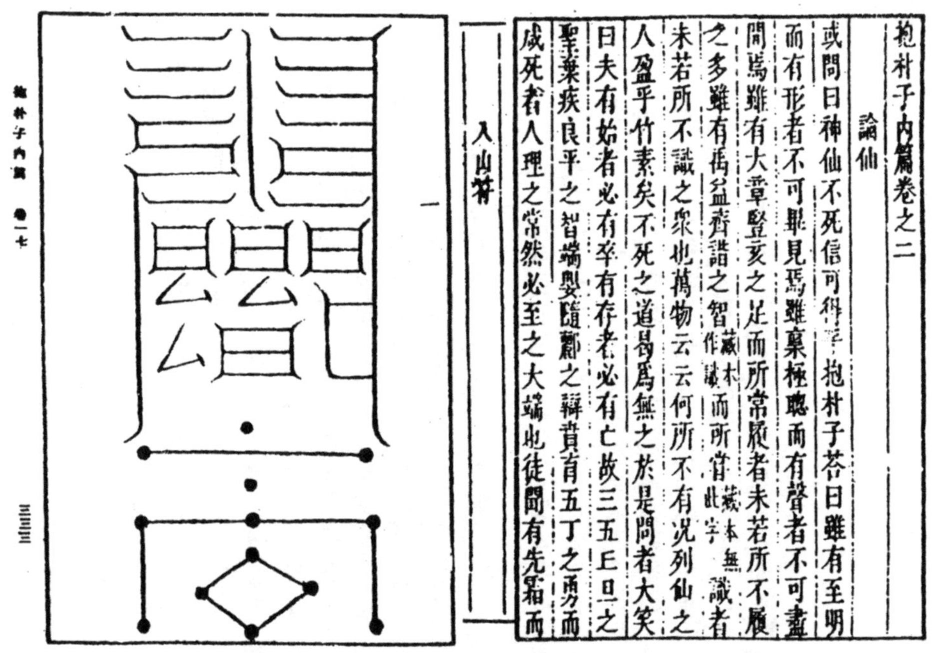

抱朴子內篇卷之二

論仙

或問曰神仙不死信可得乎抱朴子荅曰雖有至明而有形者不可畢見焉雖稟極聰而有聲者不可盡聞焉雖有大章豎亥之足而所常履者未若所不履之多雖有禹益齊諧之智（藏本作識）而所嘗（此字藏本無）識者未若所不識之衆也萬物云云何所不有況列仙之人盈乎竹素矣不死之道曷爲無之於是問者大笑曰夫有始者必有卒有存者必有亡故三五丘旦之聖棄疾良平之智端嬰隨酈之辯賁育五丁之勇而咸死者人理之常然必至之大端也徒聞有先霜而

入山符

抱朴子內篇 卷一七

拓跋焘的“统一”大业已经完成一大半了，刚刚定下心来就想着“天下太平”和“长生不死”。于是，接受他的御用道士寇谦之的建议，依道家《图箓真经》的预言而把太延六年(440)改为“太平真君”元年。并兴建“净轮天宫”，翌年(441)，拓跋焘又在盛大典礼中登台接受“天书”。这是拓跋焘宗教大革命的开始。

三年后，拓跋焘下令自王公以至于庶民，把在家中供养的佛教僧侣、男女巫师一律送交官府。违令者僧侣、巫师处死，供养人全家斩首。送来的僧侣、巫师，年轻的被发配从军，年纪大的还俗务农；违令者处死。

五年后(446)，拓跋焘在长安一个佛寺中发现和尚饮酒，又发现寺内藏有兵器。拓跋焘乃借口下令诛杀所有和尚，并抄出地方官员和豪门寄存在寺庙中的很多珠宝、金银财物，还有窝藏美女的地下密室。于是拓跋焘立即下令全国各级地方政府，全面性地摧毁佛像、焚烧佛经、铲平寺庙和佛塔；对于僧侣，不分男女老幼一律活埋坑杀。这是北魏有史以来佛道两教第一次大对决。

在大同与长安之间的羌族部落，没有遵行这个消灭佛教的命令，拓跋焘竟下令把这地方的羌族人统统杀了。

地政与户政

在当时，中国北方的豪门大户、巨商富贾，大部分随晋室南迁；中小户人家因战乱而逃离家乡的也不少。广大的土地都被北魏收归国有，辟作大小不等的牧场，还有许多广达数百里地的狩猎场。

拓跋珪与拓跋嗣时代都曾规划过土地，只是打仗的时间多，很多政策都没有具体实施。拓跋焘读书很多，研究过曹魏时代的屯田制、西晋时代的占田制(男子限占田地七十亩，女子限占三十亩，故名为“占田制”)，以及他的祖父拓跋珪曾施行过的重划土地、游牧区、计口授田等史实。现在他接受中书侍郎高允的建议，把新占领区逃亡地主的土地收归国有，分配给当地没有土地的佃户、难民和各胡族的流民；并分配耕牛、耕具，使流民地著化，安于农耕，增加生产。这对国家的经济建设、笼络汉人，都是很有功效的。

依照游牧民族的传统观念，是不太重视土地问题，也不注重城池的防守。过去几十年来，他们都是扩大新占领区以开辟粮源。现在知道必须以后方支援前方，后方必须有充足厚实的资源生产力。所以调节人力的分布，把土地分配在粮食与丝绸的增产方面。人民缴纳的赋税是粮食，政府一切开支(包括军公人员的薪资)是粮食，最大宗的支付军糈还是粮食，所以说粮食是当时最重要的国家资源。北魏的衣着大部分是皮毛，丝绸大部分外销西域各国。拓跋焘时刻想着南下淮河流域的鱼米之乡，也就是这个原因。

为仇池而战——第二次南北战争

这时候北魏的周边情势：北方有柔然不断地骚扰，南方有相当强的南朝刘宋，他们都是北魏处心积虑要消灭掉的。

北魏太平真君三年、刘宋元嘉十九年，公元442年，刘宋派龙骧将军裴方明率同梁州刺史刘真道所部自陕西南部的汉中发兵，一路很快攻下武兴郡(陕西省南部勉县，距汉中数十里)后，直向西北挺进略阳而下辨(甘肃省成县西南)。另一路向西南迂回攻下白水(四川省广元市昭化区，在甘肃省成县南方二百里)，预约再北上甘肃成县会师。

氐王杨难当派建节将军苻弘祖在略阳境内的兰皋迎击宋军，派杨和率主力大军为后援，双方大战一昼夜，苻弘祖战死。氐军大败，杨和退守成县外围。南线的刘宋军又攻下武都(成县西南)，进迫甘肃成县近郊。镇守阴平郡(甘肃省文县，在成县西南)的杨虎也退守成县西南外围据点的下辨，被刘宋裴方明的儿子裴肃之截击，杨虎被俘，解送到建康斩首。杨难当见大势已去，弃城逃奔上邽郡的北魏驻军。仇池遂为刘宋所占有。

刘宋派胡崇之驻镇仇池，另一边封杨保炽为氐王。杨难当时期的仇池就相当于北魏的附庸，这样一来对北魏的南疆已经构成严重威胁了。于是北魏一边派大员迎接杨难当到首都平城，一边部署大军准备全面进攻刘宋。

在西战场上拓跋焘派安西将军古弼动员驻在甘肃东部各郡的地方部

队，会同驻镇上邽的武都王杨保宗所部，沿祁连山南下直取仇池。征西将军皮豹子率同琅琊王司马楚之所部兵马，自长安西上支援，约定会师仇池。

开辟东战场

拓跋焘派谯王司马文思动员驻守河南的洛州、豫州各地方部队进攻湖北襄阳，牵掣南宋军增援西战场。又派征南将军刁雍以精锐骑兵突袭长江北岸的江苏江都的广陵城，作战略性牵掣刘宋的军事部署。

杨保宗是仇池王杨难当的侄儿，司马文思、司马楚之都是东晋遗臣。南朝刘家先灭了司马氏的东晋，又占据了杨难当的仇池，可以说是司马文思、司马楚之和杨保宗的世仇大敌，所以拓跋焘就利用这个机会驱使他们报复国仇家恨。实际上是叫他们去打代理战争，对北魏来说，胜也有利，败也没有重大损失。这是用兵艺术呢，还是政治权术。

翌年(公元443年，刘宋元嘉二十年、北魏太平真君四年)春，北魏征西将军皮豹子和琅琊王司马楚之所部先进入攻击阵地，在甘肃成县东北的乐乡和刘宋军展开激战。战斗非常惨烈。山地作战，宋军以步兵为主，采取守势比较占上风。北魏骑兵多，以控弦战士为主力，阵地争夺，得而复失者再。胡兵体力较强，越战越勇。最后宋军大败。杨保宗部越过成县，挺进到城西下辨，进攻宋军的前进基地。杨保宗一马当先，斩杀刘宋将领强玄明等数百人，刘宋军溃散。驻在仇池的刘宋秦州刺史胡崇之出城迎战。宋军士兵对于胡人的野蛮勇敢普遍存着几分畏惧。一经接触，就被魏军的装甲骑兵冲得阵脚大乱。胡崇之被俘，偏将姜道祖阵前降魏。刘宋派的“仇池王”杨保炽弃城逃走。北魏占领仇池，只派皮豹子为仇池镇将。

仇池，是氐族杨家的发祥地，也是他们世代传承的地方，所以杨保宗的内心想法是回到仇池为王。可是拓跋焘却认为氐族的共同性格是反复无常。因此，不仅没有让保宗回仇池，反而命令他移防仇池东北四百多里陕西盩厔的骆谷，并派拓跋济驻防附近，严密监视他。

杨保宗的夫人原是北魏皇族的公主，四年前(439)杨保宗投降北魏时，拓跋焘为了笼络杨保宗，除了封他为武都王、派驻上邽外，还把这位公主下嫁杨保宗为妻。这位公主很有政治头脑，这时候就煽动保宗背叛北魏，引兵南下仇池称王。如果成功，他可为一国之尊，她也可以称为国母了。可是当杨保宗将要行动之际，就被拓跋齐设计诱捕，押解平城斩首。这位公主投奔杨保宗的弟弟杨文德，三年后被北魏俘虏赐死。

杨保宗的部属任朏(丕)、苻达纠合氐族的散兵游勇数千人，共推杨保宗的弟弟杨文德为盟主，在陕西宁强东北的白崖宣布杨文德为征西将军，梁州、河州、秦州的领导人，并自封"仇池公"。一边部署族众对仇池构成包围态势，一边派使节向南朝的宋廷求援。是年(443)秋，刘宋任命杨文德为征西大将军、北秦州刺史兼都督秦雍二州诸军事，并封为"武都王"，只是没有发兵。

杨文德也任命官员，进驻武都东南的葭芦城。于是武都、阴平(甘肃省文县)一带氐族也都群起响应。

北魏仇池镇将皮豹子调来关中各路部队，安西将军古弼也动员上邽、高平(甘肃省固原市)、三城(甘肃省陇县)各郡地方部队，联合进攻杨文德。

杨文德向刘宋紧急求援，宋廷派姜道盛率军会同杨文德反攻，结果被北魏的皮豹子打得落花流水，姜道盛战死，杨文德落荒而逃。

北魏与刘宋就在这个地区拉锯了三年，北魏由于柔然不断骚扰北疆之防的缘故，所以兵力不敢撤减。而杨文德虽然屡战屡败，却没有退出战场。公元446年，北魏太平真君七年、刘宋元嘉二十三年，杨文德又在成县西南的武都山区成军，并联合盘踞上邽反抗北魏的羌族酋长边固、氐族酋长梁会等一万多户族众，还有匈奴族休官部落、屠各部落二万多人，组成联合战线。当时北魏的秦州刺史封敕文率兵进剿，先斩边固，梁会败走。叛军除投降者外，余众溃散。

翌年(447)冬，杨文德回师反攻，夺回葭芦城，号召氐族、羌族群起反抗北魏的暴力统治。邻近的武都郡、天水郡、汉阳郡、仇池等地的氐族群起响应。

第二年(公元448年，北魏太平真君九年、刘宋元嘉二十五年)春，北魏仇池镇将皮豹子集合各部队中精英，组成山战突击队，用放火烧山的战法攻陷杨文德的基地。杨文德仓皇逃出，投奔刘宋下辖的汉中(陕西省汉中市南郑区)。皮豹子俘虏了杨文德的眷属、禁卫部队以及军用物资甚多。又逮捕了杨保宗的遗孀(北魏公主)，一并押送平城。拓跋焘下令把杨文德的妻女们分配给有功将士为妾侍，公主依叛乱罪赐死。杨文德的军队完全被消灭了，固有的国土也被北魏占去了，反攻复国无望了。杨文德当然也没有政治价值了，刘宋下令撤销他的所有封号和官职，还表现了大气风度，没有借口杀掉他。

三征柔然

北魏最大的外患是北方的柔然、高车和丁零，高车和丁零先后被北魏消灭，只有柔然使北魏如芒刺在背。柔然对北魏的惯用战法是敌来我化整为零而走，敌走我再化零为整地反攻。大戈壁的地形复杂，有寸草不生的大小沙漠，也有茂林密布的丘陵地，柔然的可汗庭(西库伦)青山绿水，游牧、农耕都很发达。北魏虽然也是游击起家，但对这种环境和战术却一筹莫展。屡次深入柔然腹地，既不能彻底消灭敌人，当然也没办法久驻生根。北魏不能消灭柔然，也就不敢对南朝发动大型战争。

拓跋焘统一了西域，占领了环境最复杂的与甘肃、陕西和四川接壤的仇池地区，在青海的吐谷浑也表示臣服了。华北地区已趋稳定，在华东地区其影响势力已达淮河流域，只是不敢长期驻军，就是因为向南发展，军力过于分散，害怕柔然抄他的后路。因此，拓跋焘要想达到统一华夏的目的，必须先消灭柔然。

这时候柔然的武力虽然不敌北魏，但是其各小族群、部落的分布极广。以西库伦为行政中心，东由克鲁伦河流域，西至新疆哈密以东、甘肃西北隅的北山山区，北到俄罗斯境的贝加尔湖附近。东西达三千里、南北一千多里的蒙古高原上到处有柔然族的游牧群。

北魏太平真君四年，公元 443 年秋，拓跋焘下令北伐柔然，命乐安王拓跋范等率大军由右翼北进，旨在切断蒙古乌兰巴托以东的柔然各部落。命乐平王拓跋丕率大军自左翼出发，旨在切断散布在西库伦以西的柔然各部落，阻挡它东来援救西库伦。拓跋焘亲率精锐骑兵和御林军，由中央直指西库伦的柔然可汗庭(中央政府)。中山王拓跋辰为后勤总管，琅琊王司马楚之为督运总监。

柔然的敕连可汗郁久闾吴提，一向是不和北魏打硬仗的，他料定北魏军不可能久占他的地盘，所以仍然是敌来我走。拓跋焘追到西库伦以北鄂尔浑河的哈能山口这个地方，随军尚书令刘絜向拓跋焘建议说，我们都是轻装骑兵，副马仅载十二天的干粮，军糈补给以及左右两翼部队，都还没如期会师，加之前方贝加尔湖附近还有更强悍的高车族，如再孤军深入敌境，恐怕陷入被围状态。他并强硬要求班师。刘絜是拓跋焘做太子时的辅佐大臣，就是因为这个关系，他才敢向拓跋焘强烈建议，而拓跋焘也不得不勉强接受他的建议，下令班师。十二月回到平城后才听说柔然军退过鄂尔浑河，并恐惧万分，军心大乱。丢下所有辎重和不必要的伤员、装备等，仓皇向北逃窜。如果魏军继续追去，准可生擒郁久闾吴提和他的皇族群。消灭了柔然的领导中心，柔然族众各部落自然都会归顺。拓跋焘听了这个情报后，懊恼不已，同时也恨透了刘絜。

以杀人来诿过、泄愤，是历代帝王们的独有方式，也是他们的特权。拓跋焘怀着悔恨交并的闷气回到平城，首先把中山王拓跋辰等八人以贻误军机罪问斩。再把刘絜和他的同党一百多人统统戴上“通敌”的大帽子，屠灭三族。拓跋焘这一杀，又把他的弟弟拓跋丕吓得精神分裂而死了，因为拓跋丕也曾在此战役中担任左翼总指挥而没有完成任务。

西征吐谷浑

吐谷浑占有青海的大部分地盘，他的开辟者是鲜卑族的慕容吐谷浑。早在公元258年也就是三国时代，慕容吐谷浑率领一千七百户族众自东北的辽宁顺着内蒙古向西方游牧。经甘肃北部翻越阴山、祁连山，渡过黄河、长江源，才在柴达木盆地找到可农可牧的青海湖畔安顿下来。经过多年的经营，游牧势力扩及数千里的通天河流域，在青海湖以西的伏俟城建立政治中心。到他的孙子慕容叶延那一代才正式以“吐谷浑”的名字而命名其地。

五胡的各国一向是以强凌弱、以众暴寡的世界。吐谷浑虽然名不列十六国中，但它那一块又大又肥沃的土地怎能不使北魏垂涎？青海的青海湖以东地区经济价值比较高，青海湖以西是一大片人烟稀少的高山荒漠，只可游牧，缺少可耕之地。

北魏太延二年，公元436年，吐谷浑可汗慕容璝死，他的弟弟慕容慕利延继立。拓跋焘册封慕容慕利延为西平王，拜镇西大将军、仪同三司。当时慕容慕利延又与刘宋勾通，并接受刘宋“河南王”的封号。拓跋焘曾发兵凉州，扬言讨伐吐谷浑。慕容慕利延恐惧万分，率领所部向西逃走。拓跋焘也没有进军吐谷浑境。拓跋焘派人游说慕容慕利延，表明同为鲜卑族，北魏为感念慕容璝的合作，不会再进兵吐谷浑境内了，于是慕容慕利延才得平安回到伏罗川(青海省西宁市)。慕容慕利延大肆整肃内部，以致他的侄儿慕容吡力延等多人相率逃奔北魏投降。北魏施展心战谋略，封慕容吡力延为归义王，负责对吐谷浑展开统战。

北魏太平真君五年，公元444年秋，北魏应慕容吡力延的要求，派征西大将军拓跋那率军增援，继续进攻白兰山。吐谷浑可汗慕容慕利延派慕容被囊率军迎战。黄河源头地带，地形极其复杂，有连绵不断的山岳，有纵横交错的河流，还有大大小小的湖泊、沼泽，在这种地形中作战，受限制的地方很多。魏军以步骑联合作战，运用得当，加上人多势众，一种泰山压顶的态势，把慕容被囊打得大败。慕容被囊率残众向昆仑山逃去，又被魏军北路骑兵截击，生擒慕容被囊和慕容什归。

慕容慕利延眼看魏军席卷而来，主力大军又战败，只好率领皇族和禁卫部队向西逃去，一口气翻过昆仑山，侵入西域最弱势的于阗(新疆西南隅的和田市)，赶走于阗原住民的统治者，占领于阗国土，鸠占鹊巢，打算苟安于此。

这时候北魏国内发生变乱，拓跋焘已下令拓跋那迅速回师。魏军退守枹罕、乐都等地，大军回师平乱，慕容慕利延才又回归故土。不过吐谷浑已沦为北魏的附庸，对北魏贡赋税、壮丁、战马等。由于北魏的战争需要，对于吐谷浑的压力也一天比一天更严重。吐谷浑的可汗慕容慕利延曾暗中向刘宋上书，要求举族越过巴颜喀拉山南下，迁入越西(四川省西昌市)游牧。因为这地方接近云南，在当时地广人稀，为少数民族游牧区，但为北魏吓阻了。

盖吴起义

鲜卑族自以为是所有胡族中最优秀的族种，所以对臣服于他的少数族群都是施以严酷的军事管制。在甘肃成县一带氐族聚居的地方设有仇池镇，在陕西大荔境羌族聚居的地方设置李润镇，在陕西黄陵卢水胡聚居的地方设置杏城镇，各镇都驻重兵镇守，由鲜卑将领执掌军政大权，任由其生杀予夺。上列各地，在当时的总人口中氐胡、羌胡、卢水胡共占有一半，还有匈奴族的屠格部落与山胡等杂胡部落。他们都散居在关中(陕西、甘肃)已经一百多年了。早在一百年前，西晋的山阴太守江统就觉察到这地区胡患之可怕，他曾建议晋廷把长安、咸阳一带的氐胡，以及渭水流域的羌胡等以武力驱逐他们回到西域的老窝(见《晋书·江统传》)。

北魏虽曾驻有重兵看守少数族群，也曾施行“以胡制胡、以汉制汉”的分化政策，可是不甘忍受残酷统治的少数族群及汉人的反抗运动，仍然是此起彼落。

北魏太平真君六年，公元445年秋，曾被北魏强制迁移到杏城(陕西省黄陵县)的卢水羯族部落，其领袖盖吴聚众起兵，宣布反抗北魏的暴力统治，附近的匈奴族纷纷响应，聚合族众十多万人，并派特使到建康报告给刘宋中央政府，要求举兵北伐，他们愿做内应。刘宋中央封盖吴为“北地公”，颁金、铜印一百二十一颗，要他们自行封官派将，但是没有发兵。

盖吴的起义规模之大、声势之强，使北魏举国震惊。是年(445)冬，北魏令长安镇副将拓跋纥率军讨伐，被盖吴的叛军打败，拓跋纥战死。这时候新平(陕西省彬县)、安定(甘肃省泾川县)一带匈奴族的新移民都起而响应盖吴，于是盖吴的义师声势大振，盖吴也自称“天台王”，设官分职，俨然一个独立王国。

拓跋焘下令征调驻守高平(甘肃省固原市)的另一匈奴族的高车部落骑兵部队进驻长安，又命统御地方部队的叔孙拔，集合并州(山西省)、秦州(甘肃省)、雍州(陕西省中北部)的地方部队，分别进驻渭水布防，阻止盖吴的叛军南下。

以前被北魏自四川强制移民到黄河以东山西夏县一带的汉人领袖薛永宗与薛安都，曾盗得官马数千匹，聚众三千多人进占毗邻闻喜，响应盖吴东渡。薛安都已经渡河占领河南灵宝，预为南下先驱。盖吴派部帅白广平率领一支别动部队，突围东犯临晋(陕西省大荔县)，计划渡河东进，意图与刘宋取得联络，结果被北魏将军章直截击，被打得三万多人落水。

盖吴又派军南下进犯长安，也被北魏善于骑射的高车部队迎击，在渭水一战，打得盖吴死伤三万多人。盖吴到处碰壁，只好退守根据地——杏城。

拓跋焘善于运用统战来分化敌人，使用各个击破的战法。这时他想起二十多年前，姚秦的平阳太守薛辩来降，当时他的父亲拓跋嗣就委任薛辩为河东(山西省夏县)太守，薛辩一家也就落地生根在山西夏县。拓跋焘找到薛辩的孙子薛洪祚，赐爵永康侯，并赐名“薛初古拔”。由他出来号召薛氏家族做内应，又组成地方武装部队，坚守河防，切断薛永宗与盖吴部将白广平之间的联络。拓跋焘亲自督同殿中尚书元处真，率精骑二万讨伐薛永宗。元处真行军急速而秘密，直接对薛永宗大营施以闪电式攻击，薛永宗出战失利，所部乌合之众作鸟兽散，薛永宗在走投无路之下与亲信数人投汾河而死。拓跋焘捞出薛永宗的尸体，先斩首、再碎尸，并把当地凡是与薛永宗叛军有关系的居民一律斩杀灭族。曾进驻黄河以南的薛安都也只好率其余部将投降刘宋。这是公元 446 年春天的事。

临晋这个地方地理环境很复杂，本地居民都以窑洞为家，民性彪悍，因而时常发生叛乱。年前羌族部落叛变，被拓跋焘在大荔东北的李闰大肆屠杀数万人才算被平定下来。现在又被盖吴的白广平盘踞，拓跋焘恨透这个地方了。所以当他消灭了薛永宗以后，就立即回师大荔地带展开扫荡、地毯式的搜捕、灭族性的屠杀，消灭了盖吴的别部帅白广平所有部众。然后沿渭河南岸西进，一路大肆屠杀匈奴族人或与盖吴叛军有关系的汉人、胡人与佛教徒众。

盘踞在渭河以北的盖吴部队，得到魏军的资讯，马上化整为零，大部逃入九嵕山(陕西省礼泉县东北)，一部分又夺回被魏军占领的杏城根据地。当年(446)秋，盖吴又回到杏城，重整旧部，并自称秦地王，声势再度大振。

内乱日益扩大，拓跋焘计划下达总动员令。但他也知道北方柔然的每次南侵，都是利用可乘的机会。虽然都没能够得逞，但也都是很危险的挑战。所以他这次必须先做好防御柔然的部署。他下令动员司州(山西省北部)、幽州、定州、冀州(河北省)民兵十多万，整修他二十四年前做太子时兴建的北疆长城各要塞、关隘。另在终南山各要隘关口增加守护兵力，严防盖吴假道南山而与刘宋接触。

拓跋焘发动四路大军围剿盖吴，最后突破盖吴防线。杀死盖吴兵士无数，活捉盖吴的亲兵一百多人，其中有盖吴的两个叔叔，盖吴只身逃入深山。

拓跋焘多方优待俘虏，他放回盖吴的两个叔叔，施以厚禄利诱，使他们回去诱捕盖吴归案。此计果然生效，数天后，盖吴的这两个叔叔真的携盖吴的人头回来缴案，盖吴之乱才告平定。

北魏自灭了胡夏、北凉、西域之后，十多年来发生大小战乱数十起。除了匈奴族外，还有汉人和其他少数族群的小部落。有的不甘强制移民，有的不甘暴力统治。而拓跋焘只知一味地满足自己的权力欲望，拼命扩张统治地盘，对于政治建设只知弄权、不务实际。对于异族、异议者，动辄族诛。各级官员新贵们，光知道争权夺利、贪污受贿，盲目地跟着领导层喊口号、说空话，已成一时风气。南朝是文人清谈，北魏则是武人弄权。据《通鉴》载，太平真君八年(447)，北魏讨伐盖吴各军的将领扶风公拓跋处真等八人抢掠民间财物各以千万计。

在盖吴之乱刚平定，战地还在继续清理中，安定新移民一万多卢水胡起而反抗北魏的暴戾政权。拓跋焘授意驻镇长安的陆俟，单骑深入叛军大营与叛军领导刘超和平谈判。几经樽俎折冲，最后利用“诈醉之计”刺杀了刘超，收服了所部义军。

翌年(447)春，拓跋焘据报，前被强制移居在太行山东麓(定州)的丁零部落蠢蠢欲动。拓跋焘就下令迁其中三千多家到平城，以便就近监视。这一调动又激起前被迫迁居在山西石楼的匈奴族吐京胡和山胡部落的不满，而由酋长曹仆浑等领导起义。拓跋焘派武昌王拓跋提率军讨伐，拓跋焘进驻中山督战。

这一仗虽然只打了一年的时间就平定了，可是战争中胡人杀胡人、胡人杀汉人、汉人杀胡人。就在这样杀杀砍砍的过程中死了多少人？没有人知道。

再略西域

每到寒冬必须南下牧马是柔然族的传统政策，可是它的南方却是比它强大很多的北魏。过去几十年来，它曾多次乘间伺隙，利用北魏的弱点来南犯魏境，但都没有达到目的。因此它就进窥新疆东北部阿尔泰山以南地区，企图兼并西域准噶尔盆地各部落。北魏经营西域也已二十多年了，况且北魏时刻想着消灭柔然，而今哪能容忍他向西域渗透！

拓跋焘采取逐城作战法，先攻焉耆的国都——员渠(新疆焉耆县)。焉耆是有名的丝路要冲。焉耆国王鸠尸卑那逃往龟兹首都延城(新疆吐鲁番市西库车市)。拓跋焘再调驻镇车师(新疆昌吉市)的部将，率同车师的部分军队一面截击鸠尸卑那，一面继续接力西进。拓跋焘又命成周公万度归率军进驻龟兹的首都延城(新疆库车市)。是年(448)在西域西疆的悦般汗国(首都列普西，在中亚巴尔喀什湖东畔，距离平城一万多里)宣布臣服北魏，并愿出兵配合北魏讨伐柔然。于是西域再度统一在北魏的保护伞下。

拓跋焘进驻阴山广德宫，召见太子拓跋晃共同策划北伐大计。拓跋焘进军受降城(内蒙古自治区额济纳旗境内)，柔然早已闻风北遁。时值严冬，只在受降城屯储军糈，建立前进基地，准备再伐柔然。

北魏太平真君十年，公元449年元旦，拓跋焘在受降城大宴群臣，夸下海口必消灭柔然、再南下建康。当时下令高凉王拓跋那、略阳王拓跋羯儿和太子拓跋晃，各率大军，兵分三路北进涿邪山(蒙古境内古尔班察汗山)。柔然处罗可汗郁久闾吐贺真明知不敌北魏，统率所部向北逃去。他的别部帅尔绵他拔等率一千多家投降北魏。

柔然族天生的侵略性很强，而上天赋予他们的韧性更强。在他们那个时代里，柔然算是挨打最多的一族。他们好战，虽然每战必败，可是败了再战。二十年前(公元429年，北魏神䴥二年)，拓跋焘曾对柔然作大规模灭绝性扫荡。在东西五千里、南北三千里之内大肆屠杀，不知道有多少柔然族被杀。以后又有多少次大小战争，柔然始终不屈不挠。它一贯运用“敌来我走，敌走我来”为最高指导原则的游击战法，使北魏对它也无可奈何。

是年(449)秋，拓跋焘在涿邪山设总指挥部，派高凉王拓跋那率主力大军，向柔然的国都——西库伦进军，略阳王拓跋羯儿由西路助攻。

柔然的处罗可汗郁久闾吐贺真以拓跋那孤军深入，犯了兵家大忌。于是调集所有精锐部队在西库伦以南地弗池把拓跋那的部队团团围住。拓跋那一面派飞骑情报员向总部告急，一面下令战术单位各自掘壕筑城。只能固守，不许出战。一百多个深坑高垒的壕堑，形成一个广而坚强的堑垒阵，保卫着拓跋那的指挥中心。柔然部队屡次进攻，都被魏军猛烈箭阵击退。柔然精锐骑兵虽然运动灵活，但却没法子飞越壁垒，这是柔然第一次也是最后一次和北魏打硬仗。这样僵持了二十多天，西路拓跋羯儿的部队已经迫近西库伦，柔然的处罗可汗郁久闾吐贺真误以为拓跋那是故意布下的诱敌之计，于是立即下令径向北方紧急撤退。拓跋那会合拓跋羯儿所部紧追九天九夜，郁久闾吐贺真情急，舍弃辎重，轻装急逃。魏军俘获其兵士，掠得战马、牲畜一百多万头，辎重、军备无数。

这一仗打得柔然军战死的、病死的、受伤的、投降的、被俘的、临阵脱逃的，总其损失十之七八。郁久闾吐贺真带着他的皇族、近亲、王公大臣和一些禁卫部队，向北逃了一千多里，翻过蒙古的穹隆岭，投靠贝加尔湖畔的高车部落。从此无力南犯魏境。

拓跋焘虽然格于大沙漠中地理环境复杂而没有全面占领柔然的所有地盘，但重点性的强制迁入关内来的柔然部落也有十多万帐篷。

关于涿邪山

涿邪山，就是蒙古三音诺颜旗境的古尔班察汗山(史称：杭爱山南支沙漠中)。两汉以来它就是中原与匈奴开战的重要战略地。北距蒙古首都乌兰巴托西南柔然的首都西库伦(额尔德尼召)约七百四十里，南距受降城(内蒙古自治区居延境内)一千多里。

据《读史方舆纪要》和《中国历史年表》记载：山在高阙塞(陕西省榆林市)北一千多里。西汉天汉二年(公元前 99 年，汉骑都尉李陵在浚稽山——乌兰巴托北肯特山，一说就是在涿邪山投降匈奴。同年司马迁也就是因此而下狱)，汉政府派遣公孙敖、路博德等讨伐匈奴(柔然族的先世)

会师涿邪山。东汉永平十六年(73)度辽将军吴棠受命限时到达涿邪山会师，可是他没有如限到达，以致受到军法严惩。东汉建初元年(76)汉政府动员南匈奴的单于和乌桓兵在涿邪山出击匈奴军，并将之击败。东汉元和二年(85)汉政府又命南匈奴与北匈奴在涿邪山会战。又三年后，窦宪出鸡鹿塞(内蒙古自治区境内阿尔坦山之南麓)、邓鸿出固阳塞(内蒙古自治区包头市固阳县)、南匈奴单于兵出满彝谷(陕西省榆林市东北)联合讨伐北匈奴，约在涿邪山会师。东晋太元十六年(391)拓跋珪进攻柔然，追至涿邪山。北魏神䴥二年(429)拓跋焘讨伐柔然，循弱水至涿邪山。北魏太延四年(438)自五原(内蒙古乌拉特中旗的五原县)出兵伐柔然，从大泽(内蒙古居延城)北至涿邪山，不见柔然而还师。北魏太平真君十年(449)拓跋焘再伐柔然，出涿邪山，追过西库伦(额尔德尼召)，柔然远遁。可见涿邪山是当年的战略要地。

挑起三次南北战争

拓跋焘平定西域，又把柔然打得一时无力南犯，于是兴起南下犯宋的念头。

北魏太平真君十一年、刘宋元嘉二十七年，公元450年春，拓跋焘进驻洛阳，二月就在河南商丘境举行以狩猎为名的作战演习。紧接着就是发动步骑十万大军分别进攻南顿(河南省项城市)和颍川(河南省禹州市)。南顿在河南的东部，颍川在河南的西部、洛阳正南方二百多里处。拓跋焘的这一战略部署，可能只是以攻击姿态来巩固前进基地——洛阳，还没有大举进犯南朝的打算。可是在他意料之外的是刘宋颍川太守郑道隐、南顿太守郑琨等都是不战而弃城逃走的人。北魏军遂占领颍川(河南省禹州市)、南顿(河南省项城市北)继续南下进攻悬瓠(河南省汝南县)。

当时刘宋派参军陈宪代理悬瓠太守，当地仅有一千多战士驻守。魏军日夜不停地围攻，制造很多木楼车，内藏控弩战士，把车推近城墙向刘宋守军射箭，飞矢如雨。刘宋守军仍以城堞掩护，坚守不移。魏军又造冲城战车，把车推近城墙，战士攀上城墙抛出重型铁锚，用力拉垮城堞，使守城战士失去掩体，暴露在魏军弓箭之前。刘宋守军拆来民房门板挡箭，上城的二人一组，前人举着门板挡箭掩护着跟进的运载补给或茶饭，下城的每人背着一个门板去打水或换防。城墙冲破了，宋军立即拆来民房的梁柱作拒马堵住缺口。拓跋焘派永昌王拓跋仁率步兵一万多人到附近农村裹挟民众来参军，不分男女老幼编成先锋队形成挡箭墙，像一群蚂蚁一样往前涌。城上鼓声震天，箭如雨下，城下呼天抢地，尸首把城壕填平了，魏军督战队仍驱民众冲锋陷阵，前仆后继。积尸与城墙等高，魏军踩尸登城，双方短兵相接，白刃血战！宋军也愈战愈勇，杀死魏军数以万计。拓跋仁又裹挟附近居民编为民团，进驻汝南以北的汝阳(河南省周口市商水县)，打算长期奥援悬瓠之战。驻守彭城(江苏省徐州市铜山区)的刘宋徐州刺史刘骏，征发辖区内民马一千五百匹，编练一千多民兵，分别由参军刘坦之、垣谦之、尹定、臧肇之、杜幼文、程天祚等五路进攻汝阳。拓跋仁在商水所得的军事情报是，彭城军力单薄，自顾不暇。所以他只注意防御来自南方安徽寿县刘宋军事基地的进攻，没料到宋军东发彭城。宋军突袭商水，放火烧了北魏的军糈辎重，杀死魏军三千多人，被拓跋仁裹挟来的当地民团和被俘虏的宋军士卒等乘机逃散。

拓跋仁指挥他的鲜卑卫队反击这批孤军深入的刘宋军，垣谦之首先敌前撤退，宋军惊恐大乱。投降的、逃亡的、被杀的，一发不可收拾，刘坦之战死，程天祚被俘。垣谦之、尹定、杜幼文等逃回彭城的残兵败将只剩八九百人，马四百匹。这一仗打得双方损失都很大，北魏军围城一个多月也没有攻下。四月是夏季的来临，是军队服装换季的时候了，穿着皮衣南下的北魏军开始烦躁不安了。刘宋派内史臧质率同在安徽寿县军事基地的司马刘康祖所部北上救援悬瓠(河南省汝南县)，北魏拓跋乞地真迎战阵亡，魏军才撤围北去。

杀崔浩以立威

拓跋焘时代的幕僚人员大多数是汉人，帮助他推行国家建设的是汉人，建立各种制度的还是汉人，而当时的国家大权全掌握在拓跋焘和少数军事将领手中，可是战略的厘订、战后的建设规划还是靠汉人。例如崔浩建议以面制点为南犯作战的最高指导原则就非常成功，并且行其终生。拓跋焘为鼓励汉人立功，常对汉人说他最关心汉人、最尊重汉人。可是当他将要整杀汉人的时候，他先挑起胡汉情结，使胡人仇视汉人，使汉人分化汉人进而自相残杀。他常要求汉人对他要诚实，而他也自诩为人诚实。可是他所说过的话，一翻脸就不承认了，别人一揭穿，他就诿过于他身边的汉族官员们。

拓跋焘为了掩饰他在中原打了败仗这一事实，于是就在文官群中找了个出气筒。以前拓跋焘曾叫秘书监崔浩撰写北魏国史，并且嘱咐崔浩“务从实录”。崔浩有些恃才傲物，仗着拓跋焘的宠信，竟和当时的太子拓跋晃抗衡。拓跋晃深深了解拓跋焘的疑心，于是唆使族人向拓跋焘检举崔浩曾经利用拓跋焘南征的时候，秘密发动汉人造反。拓跋焘立即下令先把崔浩的部属、奴仆共一百二十八人全部诛灭五族。又收斩崔浩故乡——清河郡(河北省清河县)所有与崔浩有血缘关系的民众。崔浩母舅家族的范阳郡(河北省涿州市)卢家，崔浩姻亲河东郡(山西省夏县)的柳家，崔浩妻娘家太原郡(山西省太原市)的郭氏家族，不分男女，一律屠杀，死难的有两千多人。

拓跋焘把崔浩装在特制的大木笼里，放在街上，任其风吹日晒，任人自由辱骂，还叫行人在他头上拉屎撒尿，极尽侮辱虐待之后才把崔浩五马分尸。这是太平真君十一年，公元450年的事。

崔浩的父亲崔宏，曾做过拓跋珪的吏部尚书。为北魏制订官制、制订法律、协调音乐，等等，总理朝中三十六部门，可以算是很权威了。崔宏为官清廉而俭约自居，所以他能善终任所。崔浩家有仆役一百多人，其他财富之多可想而知。最后落此下场，可见财富不能保障权位与生命，权位也不能保障其名节与人格。

钱忠，是拓跋焘最信任的侍从参军，盱眙之役被南朝俘去。过几天南朝释放钱忠回营，拓跋焘要他报告被俘以后的经过，并问他："南军交付给你什么任务？"钱忠回答说："没有。"

当钱忠退出后，拓跋焘令随侍的皇家杀手跟踪钱忠，在路上把钱忠掐死。杀手复命时拓跋焘告诉杀手："晋人(胡人通称汉人为'晋人'，自称为'国人')用兵的传统最讲究用间。钱忠以亲信身份被俘，晋军不以他是胡人而不杀他，且又放他回来，一定是利用他回来做卧底刺探情报的。钱忠回来不自首，又不承认晋军给他的情报任务，就是掩盖受命于晋军，所以必须及时除掉。"

拓跋焘对汉人残忍，其对胡人也是既不信任又极残忍的。

刘宋北伐

当悬瓠之战正在胶着的时候，北方的柔然曾派外交使节绕道海路和刘宋中央联络，表示愿在北魏的后门开辟新战场，与刘宋南北夹击北魏。同时在北魏占领区内也时有义民请缨。

是年(公元450年，北魏太平真君十一年、刘宋元嘉二十七年)秋，刘宋皇帝刘义隆认为北伐时机已至，于是下令进行全国总动员。自朝中王公大臣及郡县官员，以至巨商富农，发起“爱国捐献”运动。并对淮河以北六州(青、冀、徐、豫，南、北兖州)施行“三五发丁”的征召令：家有壮丁三人的应征一人从军，家有壮丁五人的应征二人从军。长江北的东海、兰陵、琅邪、东莞、晋陵等五郡的应征壮丁，十天之内在广陵集合。沿淮河的临淮、下邳、淮陵三郡的应征壮丁，十天之内在江苏的盱眙集合。另公告全国招募特技人才，凡会马术、会使用特种武器的，都予录用并给高待遇。筹募军费方面，调查京畿地区(包括扬州、南徐州、江州、南兖州)的富豪之家(包括富有的和尚、尼姑在内)，向他们征借其所有财产的四分之一，注明北伐完成后全部归还。

七月是秋高马肥的最好作战时节，刘宋的北伐战斗序列被划分成三个战区。东战区总司令是青州刺史萧斌，王玄谟为指挥，率同沈庆之，申坦等的水师，先攻碻磝(山东省聊城市茌平区)——北魏的济州政府。北魏的济州刺史王买德见宋军锐不可当，就弃城逃走。刘宋将军崔猛顺流进攻北魏青州政府所在地乐安(山东省广饶县)，北魏守将张淮之也弃城逃走。青州、济州都是山东战略要地，萧斌遂率步兵校尉沈庆之进驻碻磝。东可遥控青州，向西又命王玄谟进围滑台(河南省滑县——旧黄河以南)。

中路宋军由豫州刺史刘铄自江北军事基地(安徽省寿县)出发，派中兵参军胡盛之自河南汝南出发，派梁坦从河南上蔡出发，联合进攻北魏荆州官署所在地——长社(河南省长葛市)，北魏荆州刺史鲁爽弃城逃走。

刘铄又命禁军主将王阳儿进驻河南荥阳城北的小索，准备围攻北魏的豫州官署所在地——大索(河南省荥阳市)。北魏豫州刺史拓跋仆兰以攻为守，立即出城突击。两军血战一日一夜，宋军正要撤退，适逢刘宋刘坦之兵到，拓跋仆兰才退守虎牢关。宋军紧追不舍，刘铄下令安蛮司马刘康祖增援，进逼虎牢。

西路方面，八月才由湖北襄阳基地下达攻击令，由雍州刺史刘诞为总司令。刘诞派中兵参军柳元景、振威将军尹显祖、奋武将军曾方平、建武将军薛安都等分道进攻河南卢氏。打了一个多月才攻下了卢氏和弘农，这时宋军声势大振。刘诞又命后军外兵参军(军事参议)庞季明会同卢氏人赵难等领导宋人进入敌后地下工作。于是陕西中部的义军风起云涌，各胡族部落也群起响应。薛安都所部顺利翻过卢氏东熊耳山，配合庞法起乘势攻下陕县(河南省三门峡市陕州区)、弘农、潼关。魏军死亡一万多人，嗣因东战场失利，宋廷下令柳元景退兵。

如果这路宋军自襄阳西上，或经陕西南部武关之路径取长安，战事将是另一种结果。

拓跋焘反攻

北魏太平真君十一年、刘宋元嘉二十七年，公元450年九月，拓跋焘下达动员令，命太子拓跋晃驻镇瀚海之南以防柔然，命吴王拓跋余留守平城，同时征召各州、郡、县青年五万人补充各野战部队。

这时宋军的主力是围攻滑台的王玄谟部，他的部队都是经过严格训练、武器又特别精良的强劲野战部队。宋师北伐时，沿黄河、洛水一带的居民莫不箪食壶浆来迎王师，敌后青年也都竞相投效。可惜的是王玄谟这个人疑心重、自私自利心更重，以致军心不能团结。

拓跋焘侦知王玄谟爱财而残暴、任意杀人的个性后，就在宋军中布下密探，散播谣言说，北魏一百万大军已经在浚县淇门渡过河，并致送王玄谟黄金五千两买路南下。谣言在王玄谟军中不断流传，以致宋军人心涣散。

是年(450)冬，拓跋焘进驻浚县西南八十里的枋头(淇门渡)，与宋军王玄谟所包围的滑台一河(卫河)之隔。十月九日，拓跋焘乘月黑风高之夜下令强渡卫河，数百战鼓齐鸣，战士大声喊杀，鼓声、杀声震天动地！王玄谟大惊，于是下令撤退。魏军乘势追杀，宋军战死的、自相践踏而死的、逃亡的，几乎十之八九；遗下的武器、粮秣、装具堆积如山。王玄谟以宋军之精锐围困滑台两个月，败在拓跋焘的心战，一夜之间最后仅剩数十近侍随他逃回碻磝向萧斌复命。萧斌命王玄谟驻防碻磝，命申坦率军驻守碻磝以南东平县的东平湖东岸，他自率主力部队移防历城(山东省济南市)，东战场遂成僵持态势。

这时候西战场的宋军节节胜利，收复卢氏、弘农，潼关已经危在旦夕。

拓跋焘跃马长江边

北魏大军在中原作战，它具有两个特点是宋军所不能及的：一、“因粮于敌”，这是《孙子兵法》所说的。北魏野战军的兵糈马秣是随时随地掠自民间或战利而得。它不用大批的后勤部队，每个战士的副马只驮枪箭兵器，不载粮秣，抢来粮食吃粮食，抢不到粮食吃俘虏。所以兵士负荷很轻，运动速度比较高。二、运动灵活：拓跋焘一直执行着崔浩给他的献议——与南朝战，只“略地而不攻城”为最高指导原则。他的骑兵部队在大平原上驰骋千里、朝发夕至，这是游牧民族的传统特性，拓跋焘特别会发挥自己这个优点。是年(450)冬十月，拓跋焘打败刘宋的王玄谟解除虎牢之围后，立即下令反攻。可是西线战事连失数城，潼关吃紧而他并不去救，他要对宋军发动一次震动刘宋中枢、闪电式的“神经战”，于是决定孤军深入、临江挑战。他要使刘宋在东战场上所据有的碻磝、历城、彭城、盱眙、寿阳等重要战略据点都变成死城，西战场上自动撤退。

拓跋焘命驻守洛阳的永昌王拓跋仁不问潼关战事，立即率领所部南下径取悬瓠(河南省汝南县，距洛阳五百多里路)建立前进据点。再东南下安徽寿县、历阳(安徽省和县)而取得江苏六合的瓜埠(步)，做好渡江准备。瓜埠距江南岸的建康最近，从瓜埠渡江就是紫金山，就可以居高临下俯瞰建康。这个将近两千里路孤军深入的作战计划，只有在马上生长、在马上创业的拓跋焘才有这种出人意表的惊人胆识。这一闪击战虽然没有完全成功，但也把刘宋朝廷吓了一大跳。

东战场上拓跋焘命主将拓跋那收复青州(山东省广饶县)后南下六百里路的广陵(江苏省扬州市江都区，南京城的长江对岸)准备渡江攻南京。

江苏盱眙和淮阴，扼淮河下游交通，地形险要，是拱卫建康的江北重镇。它在广陵北二百多里路，距离六合的瓜埠一百多里。北魏如在瓜埠或广陵渡江，必须先拿下盱眙城，否则将会腹背受敌。所以拓跋焘就命已进驻钟离(安徽省凤阳县)的拓跋建部即速顺淮河而下进军盱眙与他会师，合力攻击盱眙城。

刘宋焦土抗战

刘宋得到北魏是以广陵为目标的作战计划后，立即下令把广陵城内居民全部迁到江南，再放火烧掉城中房屋和江上船只，使广陵变成焦土。拓跋焘也改变作战计划，把三路大军集结在六合南的瓜埠渡口，扬言就要强渡长江。

刘宋的盱眙太守沈璞也很懂军事，他知道北魏善于人海战法，所以先引洪泽湖水到护城河，修缮城墙，大量屯储粮食和兵器，在城内设置各种兵器的制造厂。城墙上储备了很多滚木、弹石，甚至拆了民房上的砖瓦。并且在城外周围，到处都有拒马、障碍等防御工事。

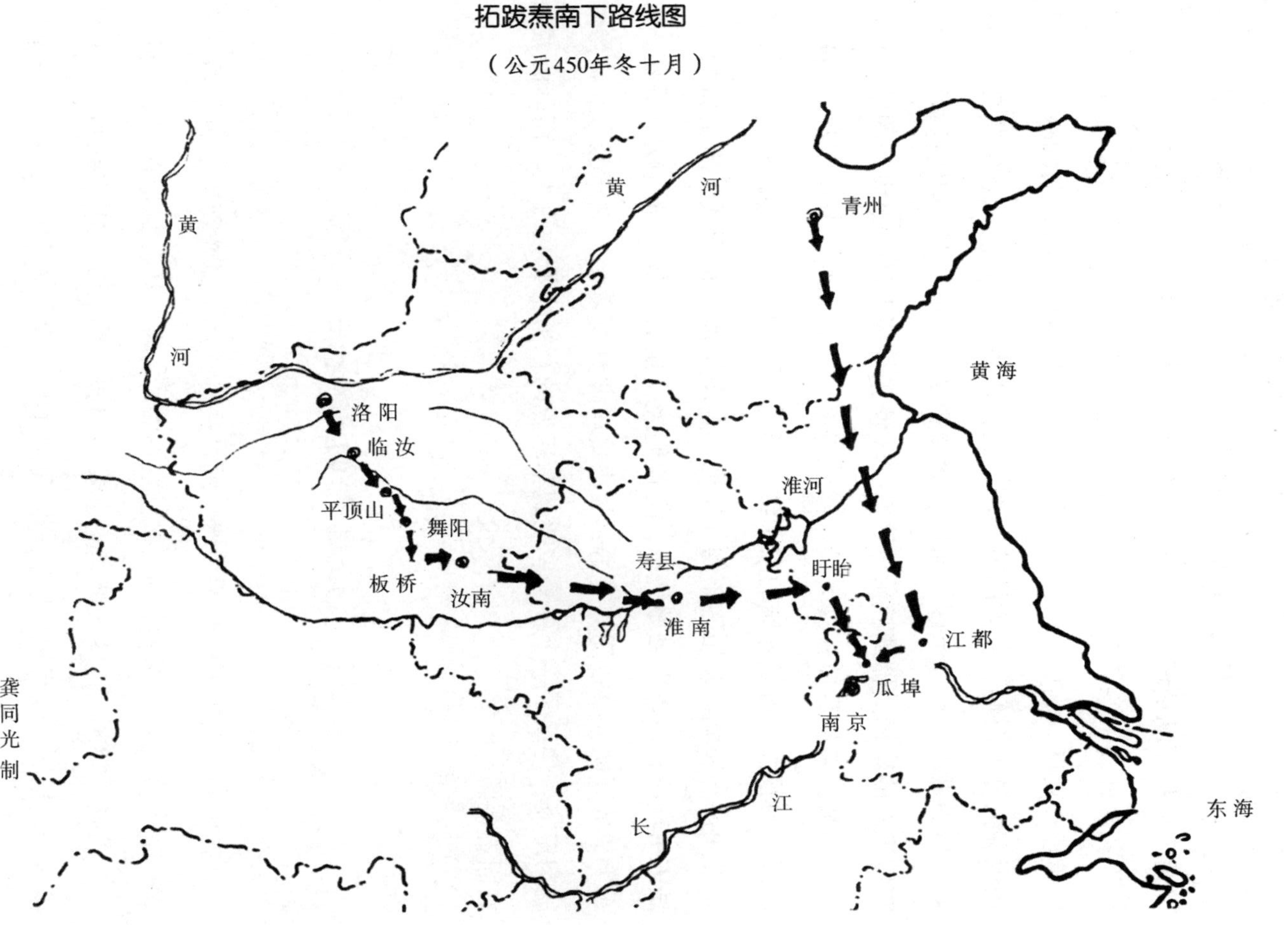

拓跋焘南下路线图
（公元450年冬十月）
黄河
黄河
青州
黄海
洛阳
临汝
平顶山
舞阳
板桥
汝南
寿县
淮河
盱眙
淮南
江都
瓜埠
南京
长江
东海
龚同光制

拓跋焘先把盱眙包围起来，一夜之间筑成长墙，再把通水的地方搭浮桥以断宋军退路。长墙上的控弦战士，日夜不停地向守城兵士发箭。步兵一波又一波的人海爬墙，城墙上的箭如雨下，滚木、弹石砸得北魏军头破血流，死尸填满护城河！北魏军踩尸爬城，结果都失败了。

拓跋焘在中原战场上惯用的攻城战法就是人海战法，先把掳来的人分别编成儿童队、妇孺队、老年队、少壮队。儿童队专事阵前呐喊尤其是利用夜深人静的时候，儿童的呐喊声，更会动人心。妇孺、老年队分成梯次被驱填满城壕。少壮队踩尸而过，架梯爬城，冲锋陷阵，用他们的生命把守城宋军的防御兵器消耗殆尽之后，才使正规军上阵。正规军的编组以汉人为多数，杂胡兵监视汉人兵，鲜卑胡再监督杂胡兵，分层督战，所形成的战斗力很强。可是守城的宋军都是经过严格训练的，他们愈战愈勇。魏军再用冲车撞城，并用钩车钩住城堞，企图使他的正规战士攀上城墙。守城宋军特制火炬攻击攀城魏军，把他们烧得焦头烂额，纷纷跌下摔死。宋军组成敢死队，乘夜缒城突击，放火烧了北魏军营帐，大声喊杀。这惨烈的肉搏战，持续了一个多月。北魏军战死的至少也有数万人，而盱眙城依然固若金汤。

拓跋焘的心战法

拓跋焘久攻不下盱眙，当然也没办法过长江。他就写了一封信给刘宋的盱眙守将沈璞、臧质，大意是说：我攻城的士兵，都是匈奴人、丁零人、氐人、羌人。这些人都是犯了罪的囚犯，本来都是应该死的。你们替我杀了，很好！免得他们以后再回我国作乱。你们杀得越多，对我越是有利，杀吧。希望你继续杀吧。

拓跋焘过去动员汉人当兵、替他冲锋陷阵的时候，他都是对汉人说，他最关心汉人，最照顾汉人。可是当他对胡人讲话的时候，就刻意挑起胡、汉情结。在北魏的军队中，汉人占大多数，诚如《通鉴》所说：“虏(胡)驱民使战，后出者灭族。”《宋书·柳元景传》说：对仗时都是“虐虏见驱，后出赤族，以骑蹙步，未战先死”。可是拓跋焘这次给沈璞、臧质的信中却只字不提汉人，可见拓跋焘的心战策略是多么老谋深算了。

拓跋焘见写信也没有用，于是就留下韩元兴所部数千人在盱眙城外扎营，监视盱眙。拓跋焘亲自率主力大军南下瓜埠(步)，又命驻在历阳(安徽省和县)的拓跋仁部也来瓜埠会师。并大肆搜掠民间木材，拆下民房的梁柱、门板、床、桌等都搜集来造船。砍伐江边的芦苇、竹子编制轻筏，扬言就要渡江进攻建康。以致南朝宋廷大惊，在丹阳境内征发壮丁数万，自瓜埠对岸的采石矶到暨阳(江苏省江阴市)布下七百里长的沿江防线。其实拓跋焘也明明知道他的军力不可能渡过长江，只是虚张声势罢了，向刘宋迫和才是他的真正目的。

拓跋焘对战略与政略的配合运用更是高明。他以前对诸胡族的每次战役结果，胜则和亲，败也是和亲。和亲只是一种政治渗透，下一步棋就是再给敌人一个意料之外的打击。这种战略运作，过去都很成功，现在他又想运用在刘宋的头上。

拓跋焘一面在瓜埠准备渡江，一面在长江中的瓜埠山上布置很多帐幕，储备很多换季用的军事装备，示意要在这里长期驻扎；另一面间接派人和长江对岸的刘宋试探结亲媾和。

拓跋焘这一招，使在淮河以北刘宋所据有的彭城、寿阳两城都成为外援断绝的死城。刘宋的江夏王刘义恭、武陵王刘骏被困在彭城，南平王刘铄被困在寿阳，他们都是皇室亲王，拓跋焘料南朝宋廷为了拯救他们，最后一定会愿意和北魏媾和的。

刘宋也深深知道北魏孤军深入，难以持久，就以空间换取时间的战略来拖北魏。翌年(公元451年，南宋元嘉二十八年、北魏太平真君十二年)

春，宋廷命盱眙守将沈璞重整洪泽湖的水师，扬言将与宋廷由长江出海的水师联合北上入淮，切断北魏退路，配合建康的反攻计划，要把北魏军彻底消灭在长江边。

拓跋焘得到这个资讯，加上魏军水土不服，军中正在流行传染病。还有即将入夏，换季的时间已到，胡军还穿着皮衣，士兵烦躁不安。于是拓跋焘不得已乃下令焚毁瓜埠(步)山上和江边的攻击设备而急急撤退，拓跋焘也径自回到平城。

这一仗北魏大军掠遍了河北、河南、山东、安徽和江苏，所到之处，烧、杀、奸淫，无恶不作。当地幸存居民都被掳去北地做奴工、奴婢。自江淮以至河北山东，数十万户而遗者百不及一，以致千里不见人烟，村井荒芜，无复鸡鸣犬吠。偶见故老残弱，只是躲在断壁残垣之下暗自哭泣。

南朝刘宋政权把国防一再南移，公元469年时，淮河以北的青、冀、徐、兖四州以及淮西九郡完全陷落北魏之手。淮北的遗民在哭嚎，而南朝的官僚们躲到大中国的东南一角里仍在争权夺利、自相残杀。

拓跋焘把他在江苏、河南、安徽裹挟来的五万多民众，分配在北魏首都平城的京畿地区。有技术的编为“工户”，成为工业生产的工奴。一般农民编成“营户”，在严密的军事管制之下从事农业生产。

就在拓跋焘被弑的一个月前，被发配在中山的五千多家移民起义反抗暴政，被拓跋焘下令全部屠杀。连他所委派的冀州刺史沮渠万年也被疑与义民勾结而下令自杀。

拓跋焘在黄河以北的政治环境是胡汉杂处，他以独霸天下的统治者自居。这次他深入淮南地区，经年地直接与汉人接触，他才领悟到汉民族的生活、文化对他的政治野心的关键性。所以当他回到平城后，就命他的汉人幕僚修订新的法律，把以前那些与汉民族风俗习惯相抵触的条文删除。是年(451)夏，改“太平真君”十二年为“正平”元年。

拓跋焘之死

拓跋焘死在宦官宗爱手里。《人名大辞典》说："宗爱，后魏阉人，侍太武帝为中常侍。天性险暴，行多非法，累官太师、都督中外诸军事，封冯翊王。迭构弑逆，权恣日甚。文成立，爱伏诛。具五刑，夷三族。"《魏书·阉官列传》说："宗爱，不知其所由来，以罪为阉人，历碎职至中常侍。……为秦郡公。"北魏有个不成文的传统法规：贵族(皇族近亲)、功勋或王公大臣，犯罪处死者，他的子女得配入宫中作奴婢。由此推断，宗爱可能是鲜卑族。

宗爱仗着拓跋焘对他的宠爱，"行多非法"也是必然的事。当拓跋焘南征时，太子拓跋晃监国，常派在皇帝左右办事的给事中仇尼道盛、黄门侍郎任平城等监视宗爱，这也是很自然的事。等拓跋焘回到平城后，宗爱唯恐太子揭发他的恶行，就来一招恶人先告状，向拓跋焘检举仇尼道盛、任平城等阴谋叛乱，拓跋焘立即下令把仇尼道盛、任平城等一干数十人斩首，并各诛三族。

当时在拓跋焘高压统治的威权之下，不论皇亲国戚、王公大臣，只要沾上"叛乱"二字，一定是诛杀无赦。皇太子的近侍犯了叛乱罪，势将牵涉到皇太子，这一下竟把年仅二十四岁的太子拓跋晃给吓死了。

事后，拓跋焘发觉仇尼道盛、任平城等是冤枉的，太子拓跋晃又为这件事而吓死，内心非常后悔。而宗爱又怕拓跋焘追究他的过去，于是就在第二年(公元452年，北魏正平二年)的二月五日那天晚上，趁着他在寝宫侍奉拓跋焘的机会用剑把拓跋焘刺死，而且还秘不发丧，朝臣议立拓跋焘的次子拓跋翰继立。宗爱则设计杀害了参与议立的大臣左仆射兰延、侍中和疋等，又杀了已立的拓跋翰，径自迎立拓跋焘最小的儿子拓跋余为帝，改年号为承平。弑帝凶手宗爱竟然做了宰相。

拓跋焘的五个儿子：太子拓跋晃、秦王拓跋翰、燕王拓跋谭、楚王拓跋建、吴王拓跋余。

宗爱利用职权擅杀异己，拓跋余有意剥夺宗爱的权力，宗爱先发制人。就在是年(452)冬十月，命小黄门(宦官)贾周等乘拓跋余在平城东白登山祭祖的机会，当天晚上把做了七个月皇帝的拓跋余刺死。

殿中尚书源贺是拓跋嗣时代的老臣，可以说是北魏的四朝元老。他听到羽林郎刘尼的报告后，立即会同尚书长孙渴侯等率领禁卫军进驻皇宫，拥立拓跋焘的皇长孙(拓跋晃的长子)拓跋濬于公元452年(拓跋余的承平元年)十月三日即皇帝位，改年号为兴安。史家称他是“文成皇帝”。

盖棺定论拓跋焘

拓跋焘死得非常离奇，夜间被一个寝宫侍候他的宦官刺死，可见当时在他身边只有这一个宦官——宗爱。宦官刺死了皇帝，又能秘不发丧，偌大皇宫、偌大朝廷的功能何在？而后朝臣议立拓跋翰，而凶手宗爱竟又设计杀了参与议立的大臣，又杀了已立的拓跋翰。凶手再立拓跋余而又杀了拓跋余，可见凶手宗爱的权势之大已压过皇族了。一个宦官竟有如此大的权势，可以想见的是拓跋焘的纵容使然。为什么拓跋焘会给予一个罪犯之后的宦官如此大的权势呢？折腾了八个多月的宫廷大血案，先后三个皇帝都死在这一个宦官之手，到了拓跋焘的孙子拓跋濬继任，虽然诛杀了宗爱，但并没有宣布凶手的弑君之罪。

拓跋焘自十六岁那年(424)登基，到四十五岁(452)被弑，共计做了二十九年的皇帝，改了六次年号(始光、神䴥、延和、太延、太平真君、正平)，是北魏所有皇帝中在位最久、改年号最多的一个。拓跋焘赋性好战嗜杀，在过去这二十九年中，好战以致国库空虚，占领区的差徭税负让人叫苦连天还不算，因战争被征当兵而战死的，因战争而枉死的、病死的、饿死的老百姓还不知道有多少。嗜杀，从朝中的王公大臣以至庶民百姓，因不合他意而被杀、被灭族的也不知道有多少。

拓跋焘是一个很奇怪的皇帝，他明明知道宗爱是犯过罪的宦官，而他却又异乎常理地溺爱于他、听信于他，最后又死在他的手中。

拓跋焘的先人都信奉佛教，可是拓跋焘却迷信道教，而且还狠狠打杀佛教徒。一次宗教大革命，烧毁全国庙宇，所有和尚、尼姑一律强制还俗，也有不少被杀的。直到他的孙子拓跋濬做了皇帝才下令恢复佛教徒的活动，有限制地建造佛庙和恢复出家人的修行。

拓跋焘常常要求臣下对他要诚实，可是他对臣下却口是心非、朝令夕改。当他有些谎言被人揭穿后，有时候派他的幕僚出面顶罪，有时候就干脆推到身边的汉人幕僚身上，杀之以灭口。

他在汉人大臣面前常说，鲜卑族跟汉族一样，同是黄帝的后裔，所以儒家主张“天下为公”。但他认为有史以来都是汉人统治诸胡族，实在太不公平。汉人用武力缔造天下，胡人还是吃胡人的饭，今天在胡人的领土上，汉人吃胡人的饭，当然应该由胡人来做皇帝了。

他常呼吁胡汉是生命共同体，应该团结一致。他在汉人面前说他最会照顾汉人，可是在背后却专门挑拨胡汉之间的关系，教唆胡人各种打压汉人，霸占汉人财产，强占汉人妇女。他利用汉人才俊为他制订典章制度，还要利用汉人以分化汉人，而他却在利用完了汉人之后不是杀了他们，就是唆使胡人诬陷他们而借口治之以罪。他对人对事专门玩弄权谋，假冒好人、伪装行善，而他却说那是“民之所欲”，他还自诩“常在我心”。

论武功，拓跋焘曾翦灭群胡，统一中国北方，又曾问鼎南朝、跃马长江，这是多么神气的一辈子。他的版图北逾阴山(大碛)以北，西至中亚，东接高丽，南临江汉，有一百十一州，五百十九郡，一千三百五十二县。

经济建设上，实施土地重划，分露田、桑田、麻田。计口授田，保障桑田、麻田为私有制。对于原住民(汉人)还没有南迁的名门土豪们极尽结纳之能事，保障他们的各种特权，使之笼络汉人、豢养流民。由于战争的破坏，以致国库耗尽，仓廪虚罄，他又实行“入粟授爵”(卖官)之制以济时艰。

在文化建设方面，大力推行胡人汉化，胡汉通婚。广设国立学校，强制胡族子弟接受汉文化教育。但他却又严禁汉人私设学校，违者杀全家，灭三族。

拓跋焘是北魏在位最久的皇帝，也是最残忍，开拓疆土最广的一位胡人皇帝。总结他的性格是有机必投，肚量太小，睚眦之怨必报。他要求他人诚信，而自己却待人不诚，治事无信。如果他再不死，北魏恐怕就亡在他的手里了。

拓跋濬时代

(452—465)

公元452年冬十月，拓跋濬登上北魏第五任皇帝宝座之后，第一件大事是杀人，杀与他有杀祖杀叔之仇的大敌——宗爱。

宗爱扶持拓跋余为帝，拓跋濬虽然没有公然反对，但他不同意则是事实，朝中大臣也多不赞成。因为依北魏传统的宗法伦理，拓跋余不是嫡长。只是权力还在宗爱手中，天怒、人怨，谁能奈他何？宗爱由权力逞快时，可是也因此而死得很惨。

拓跋濬下令逮捕宗爱和他的同党贾周等，先把他们的罪名刺在他们的脸上，再削掉他们的鼻子，砍掉双脚，用皮鞭抽死；再斩首、剁成肉酱(是谓五刑)；最后屠灭他们的三族。

年仅十几岁的拓跋濬依例晋封皇亲、国戚和功臣之后，接着就是再一波杀人，杀朝中那些不听话的人们。先斗主持国家机要(录尚书事)、都督中外诸军事的骠骑大将军拓跋寿乐，尚书令长孙渴侯等，下令让他们自杀。再把太尉张黎、司徒古弼二人免职后斩首。命乐陵王拓跋周忸为太尉，不到一个月又把拓跋周忸赐死。有人密告京兆王杜元宝谋反，拓跋濬下令收斩杜元宝。有人密告建宁王拓跋崇和他的儿子拓跋丽父子和杜元宝有旧，拓跋濬又下令拓跋崇、拓跋丽父子自杀(因为他们是皇族不能问斩)。

这样残酷无情的杀戮，以致他的朝臣们人人自危，朝政也因之日益混乱。已是四朝元老的源贺，忧心如焚，冒死陈情，要求修改法律，减轻对叛乱罪犯家属的处分。拓跋濬下令修法，同时下令启用北魏新制的“玄始历”。

拓跋焘时代发动全国性的宗教大革命，和尚、尼姑死难的不计其数，还没收所有佛寺的财产，焚烧所有寺庙，这已经是六年前的事了，为了平抚民怨，大臣们谏议解除此禁。拓跋濬乃下令全国各州、郡、县，在居民集中地区，准建寺庙一座。大州准五十个人自由出家为僧，小州准四十个人当和尚。于是全国各地寺庙兴起。

原籍西域罽宾国的师贤和尚六年前为躲避教禁之难而还俗为医，现在又复请求出家，拓跋濬还亲自给他剃度，封这位外籍和尚为“道士统”，于是佛教又很快地复兴起来。

乱世人人需要平安，求之不得，就寄望于神祇宗教，于是其就成为灾难百姓的庇护神。那时候的百姓为了寻求平安，再穷再苦也要倾其所有奉献给神祇。寺庙主就利用机会聚积民脂民膏，加之开当铺、卖青苗、放高利贷，囤积居奇，重利盘剥，以致寺庙金碧辉煌，民无隔夜之粮。至于和尚尼姑进入寺庙的行为，很少有纯为修行的或学术的，大多数是为了精神解脱，为了逃避税赋差徭而甘心去做寺庙的农奴、工奴。

刘宋第二次北伐

刘宋皇帝刘义隆听说拓跋焘被弑，立即下令准备北伐。是年(452)五月十九日刘义隆下令总攻击，第四次南北战争爆发。

刘义隆当时的处境是内部不稳，对外缺乏持久之力，他的北伐构想只是盼望能收复黄河以南领土以稳定其政权而已，所以他并没有接纳他的青州刺史刘兴祖的参谋作业。派抚军将军萧思话为东路总指挥，率冀州刺史张永所部进攻碻磝，这里是旧黄河的重要战略渡口。派司州刺史鲁爽为中路总指挥，率征北将军府参军程天祚、颍川郡守鲁秀及荆州地方部队四万人进攻许昌、洛阳。派雍州刺史臧质为西路指挥官，率军自襄阳进攻潼关。

是年秋七月，南宋的东路军张永邀同历城郡守申坦出兵进攻山东茌平东城，命扬武将军府司马崔训率所部攻茌平西城，张永自己率军攻茌平南城。在平北临大河，三面受敌。一月多来虽经过多次猛烈攻击，但仍能坚守苦战，刘宋只好采取围困战法以待整补。北魏军侦知宋军病患日增，于是秘密挖掘几个地道，乘八月五日月黑风高之夜分头出击，攻入宋军主营区，放火烧了宋军指挥官的营帐和所储备的军糈粮械。宋军在睡梦中遭此突如其来的夜袭，一时惶恐万状，全军大乱，自相践踏、推撞。到处都有喊杀声、呼救声，人喊马嘶。火光照耀，流箭乱飞，把指挥官吓得魂不附体，顿时失去控制，又来不及通知其他友军，他就杂在乱军中逃离战场。北魏的守城军队也乘机出击，踏着遍地都是宋军的死伤士卒，追击四散败逃的南宋军。

刘宋的萧思话率军来援，见张永所部已经溃不成军了，于是又下令退守历城(山东省济南市)。

宋军中路的司州刺史鲁爽率军开到长社(河南省长葛市)，北魏驻军秃发幡因得魏廷政变的消息而不战弃守。刘宋的鲁爽大军一路顺风抵达大索(河南省荥阳市)，击败北魏守将拓跋仆兰而进攻虎牢关。当时他(鲁爽)听到东战场失利的消息，遂率同各部军队撤回长社。

宋军西路的雍州刺史臧质的大军一直停留在襄阳附近。他只派冠军司马柳元景、后军参军薛安都等进据河南灵宝西南的山区洪关。梁州刺史刘秀之派司马马汪会同左军中兵参军萧道成，率氐羌部落武装部队进驻武都(甘肃省陇南市武都区)准备进攻长安。北魏冠军将军封礼自逗(邱)津(函谷关北渡口)渡过黄河，南下增援弘农(河南省灵宝市)。九月，北魏司空贺儿乌干进驻潼关，平南将军拓跋辽进驻河南(河南省沁阳市)。刘宋的马汪、萧道成等得到以上资讯后立即向仇池(甘肃省成县)方向撤退。

公元453年春，刘宋爆发宫廷流血政变，四十七岁的皇帝刘义隆被太子刘劭杀害。

北伐，也就无疾而终。

在陇西郡(甘肃省陇西县)游牧的匈奴族屠各部落酋长王景文，乘魏廷内部激烈斗争之际，领导族众三千多家发起抗暴运动，并组织临时政权，派任官员，宣布脱离北魏独立。

是年(453)拓跋濬派驻镇统万(陕西省靖边县北)的南阳王拓跋惠寿，会同外部大官于洛拔，征发秦、雍、河、凉等四州的地方部队敉平王景文这一叛乱。把王景文部落全部迁移到河北与河南交界的地方编为“营户”，从事农垦。

同年河间任丘一带盗贼四起，拓跋濬派军清剿，竟下令当地十五岁以上的男子统统杀光。

拓跋焘在世时四方用兵、南征北战，开拓疆土，给他的子孙留下一个东亚大国，也给他的继承人——拓跋濬留下一个民生凋敝、财政空虚的烂摊子。拓跋濬虽然是年轻的承业王子，又喜好狩猎闲玩，但面对着赤地千里、民不聊生的残破现实，他确实是想休兵养民，增加农业生产，使国家富足。所以他尽量裁减兵员，尽量使战事息争。

公元454年(北魏兴安三年)春，解除佛教禁令不到两年，拓跋濬又在道坛上登受图箓——这是道教的最高洗礼。拓跋濬又走上他祖父的求仙之路，嗣后他虽然还没有像拓跋焘那样用激烈手段来对付佛教，可是他仍依道教的立场，利用他自己的权威给予佛教一些限制。

是年(454)秋，西域库莫奚国(新疆焉耆回族自治县)进贡一匹名马，头上有角、两胁生麟。道士向拓跋濬进言说是不祥之兆，应验在首都之内将有变数。拓跋濬乃下令戒严，关闭所有城门，施行全城临检三天，逮捕各式各样、胡汉都有的不法分子数百人，拓跋濬下令一律处斩。

这一件事之后的公元455年七月五日，拓跋濬的长子拓跋弘诞生，为庆祝这件国家的大喜事，拓跋濬下令把现行的兴安四年改为“兴光”元年。翌年(456)春，为封这位刚满周岁的皇儿为太子，又改兴光二年为“太安”元年。

命运坎坷的母与子

太子拓跋弘是李贵人所生。这个李贵人是安徽寿县的汉人，她的父亲李方叔曾做过刘宋的济阴太守。魏永昌王拓跋仁随拓跋焘南征时，为游说她的哥哥李峻投降，而见她长得美丽大方，于是利用权势把她霸占为妾侍。后来拓跋仁犯罪被赐死，依法这位妾侍李女士被发配到皇宫中做奴婢。一天拓跋濬在白楼斋宫望斋，见这位正在工作中的奴婢美艳动人，气质不凡，一时兴之所致，就把她叫到斋库行其好事。而后这位奴婢也因而怀孕，还给拓跋濬生下第一个儿子，取名拓跋弘。这位奴婢——李贵人也因而升等为皇宫第二号人物——仅次于皇后的贵人。豪门千金贵族的妾侍，都是养尊处优的特权阶级，一下子以犯罪而被发配到皇宫做奴婢，身份卑贱，没有地位，还得任由皇帝为所欲为，自是可悲可怜！承蒙皇帝的宠幸，又怀了皇帝的龙种而做了皇宫第二号人物，应该是扬眉吐气的日子了。可是没有两年的时间，她又因皇家的陋规而必须自杀，死后仅得一个徒具虚名的“元皇后”之名。

公元456年，北魏兴光二年春，拓跋濬册封年仅两岁的拓跋弘为太子，改年号为“太安”元年。同年正月间先封由奴婢升为贵人的冯女士为皇后，二月间册封太子，同时又把太子的生母李贵人依例赐死。同样都是由婢女因受皇帝宠幸而升为贵人的两个女人，一个因生太子而被迫自杀，而另一个冯女士却再升级为皇后，而且还有更多更热闹的故事在后面。谁幸？谁不幸？公平？不公平？反正她们就这样子走入这样的历史了。

赐死太子生母的陋规，在拓跋珪时代就已施行了。据说这是西汉武帝刘彻留下来的恶毒政策，这也是鲜卑人早已施行汉文化的一点表现。

丁零部落叛逃

二十年前拓跋焘征服匈奴族，当时把匈奴族中的丁零部落全部自蒙古迁移到关内太行山，把他们分成两个生活群，分别安置在太行山的东西两麓。没收了他们的马匹，使他们失去游牧能力，分配给他们土地、农具、耕牛，使他们安于农耕；再从生活文化方面教育他们，严格规定他们不得越过太行山，使他们不能相互呼应。拓跋焘自诩为已经把丁零族消灭了。可是由于严酷的军事管制，加之鲜卑官吏的贪污、腐化，丁零族和其他匈奴族群始终不服，于是反抗暴戾运动风起云涌。

被限制定居在定州(河北省定州市)地带的丁零部落数千家，联合逃入太行山，占据险要关隘——井陉山。拓跋濬命尚书陆真率同定州刺史许宗之、并州刺史乞伏成龙组成联军东西夹击。

许宗之效法拓跋焘的饥饿战法，先把丁零族群包围起来，使他不能继续西进。既不能与西太行山的丁零部落联络，也断绝了外援。最残忍的一招是断绝他们的粮源，使他们饥饿难忍的时候自动投降。果然，丁零部落将随身携带的干粮、牛等吃完之后，被迫宣告投降，退回原住地。

西征哈密

拓跋焘早年经略西域(新疆)，主要目的是营造政治条件来抵制久思染指的匈奴族系(包括柔然)渗入西域。这时候的西域各地方部落、汗国，大部分都已明确归附北魏，即使有少数匈奴、柔然族系的偏远部落也仅仅是阳奉阴违，不敢公然反叛。在哈密定居的匈奴族伊吾部落，拥有广阔肥沃土地，水草茂盛、农产富饶的哈密盆地，自以为富裕自足，时常抗缴北魏派征差徭。拓跋濬派平西将军尉眷率军进驻他们的首都——新伊吾城，坐催差粮，大肆掳掠而去。尉眷也因此功而晋升太尉，并封渔阳王。

由于拓跋濬的息兵养民政策，使这几年没有大型战争，不过天灾不断，旱灾之后接着涝灾、蝗灾，以致粮食歉收。人民常以树叶、草根为食物，因而各种疾病流行，饿死的、病死的、吃尸肉的、人吃人的，到处都有。

到处流传着不满情绪，到处都有官方甚至宫廷勾结盗匪和反叛的事情发生。拓跋濬下令修改法律，加重治罪条文。扩大内外特务组织，专司朝中以及全国各州、郡、县官员们的忠贞调查。并严格施行连保、连坐之法，迫使上级监督下级、同僚监视同僚，到处都有穿着便服或伪装成小贩的秘探的活动。可怕的乱抓人，残酷的滥刑。到处都有枉死的、秘密处死的、弃尸荒野的，造成人人自危的恐怖气氛。父子、兄弟、亲友之间都不敢相信，也不敢互道心声。这种可怕的萧杀景象，普遍存在于北魏占领区的各角落。

震慑内部不安的最好办法是发动对外战争，这是历代政治头目们的传统法宝。公元 457 年，北魏太安三年、刘宋大明元年春，北魏出动精锐骑兵向山东试探性地侵入无盐(山东省东平县)地区。刘宋立即派太子左卫薛安都率领骑兵部队，东阳郡守率领水师在淮北基地彭城(江苏省徐州市铜山区)，由徐州刺史申坦总指挥迎战。北魏见宋军有备而退回河北。

再战南朝

拓跋濬接到特务的报告说，很多知识分子不满现状，常常借酒浇愁，酒醉滋事来发泄不满情绪。于是拓跋濬于公元 458 年春下令禁酒，凡是酿造、买卖与饮酒的一律处斩。他禁酒的理由是节约粮食，事实是控制人民，以防人民借酒发泄积愤。

是年(458)秋，刘宋驻防北疆的积射将军殷孝祖为了加强边防，乃在山东郓城的济水河东岸建筑两座城。这时候北魏与刘宋的不成文国界是黄河，新筑两城虽然在黄河之南，但在军事形势上说这是对北魏的一种挑衅。北魏当然不容许刘宋在这里构筑固定防御工事。北魏派镇西将军封敕文率骑兵进攻殷孝祖的防地，大军刚刚渡过黄河，在山东东平西的清口就遭到刘宋振武将军傅乾爱的迎头痛击。刘宋又派虎贲禁军将军庞孟虬增援清口，并派司空参军卜天生督战。经过多次激烈会战，北魏的封敕文沿黄河且战且退，到山东长清南的沙沟水，又遇到刘宋中兵参军苟思达的截击，封敕文大败，只好率残部退回河北。

拓跋濬派征西将军皮豹子率骑兵三万进攻刘宋的山东长清来声援封敕文，也遭到刘宋青州刺史颜师伯的猛烈抵抗。大军团野战数天，双方都已疲惫不堪。颜师伯的辅国将军焦度，把皮豹子一枪挑下马来，皮豹子狼狈逃回整军再战，并且沿着黄河南岸，向刘宋的前进基地——郓城推进。

宋廷也命驻守湖陆(山东省鱼台县)的兖州地方部队出击巨野，和北魏军展开激战。这场战争打到次年(公元 459 年，北魏太安五年、刘宋大明三年)的正月。宋军全面退守独山湖西畔的鱼台。北魏的皮豹子军追到高平(山东省金乡县)，斩杀宋兵五千多。两方面都因师老兵疲，无力再战而歇兵。

北征柔然

北魏北方的柔然常乘北魏南下用兵的机会南犯魏境，是北魏每次南犯时最严重的后顾之忧。北魏太安四年冬发动步骑十多万，战车十五万乘，北上反击柔然，拓跋濬御驾亲征。

北魏对南朝作战，常用随时随地“因粮于敌”的战法，不需要后勤部队，所以他的军队运动灵活。但对柔然作战就不同了，因为在大沙漠中作战，没有因粮于敌的条件，必须具备强大有力的后勤部队支援。拓跋濬的大军自山西大同北塞外的车仑山誓师出发，采先声夺人战法。旌旗蔽日、鼓声喧天，大军进入瀚海沙漠。柔然的领袖处罗可汗郁久闾吐贺真仍然是用他祖传战法——敌来我走，向北撤退。他族系中的乌来驾颓、库世颓等部落数千帐篷向北魏投降，拓跋濬立石记录后班师。他又顺便移驾阴山行宫享乐去了。

河西胡与吐谷浑

北魏和平元年(460)春，新移民在陕西北部的河西胡在陕西榆林境起义，反抗北魏的暴政。拓跋濬派卫将军乐安王拓跋良督率东雍(山西省新绛县)、吐京(山西省孝义市)两郡的地方部队迎战。征西将军皮豹子督率河西郡(山西省临汾市)部队，联合出兵讨伐河西胡。大军刚到榆林境，叛胡酋长宣布投降，被带到长安自首认罪，族众回到移居地。

吐谷浑的新任可汗慕容拾寅继承了北魏给他的“西平王”封号，但却不甘心承受北魏以宗主国的强大压力，所以又和刘宋勾结，并接受刘宋的封爵。公元460年(北魏和平元年、南宋大明四年)夏，拓跋濬派征西将军阳平王拓跋新城等率驻守高平(宁夏回族自治区固原市)的骑兵部队进驻青海西平(西宁市)，派南郡公李惠率驻在凉州(甘肃省武威市)的部队南下与拓跋新城在青海西平会师，联合进攻吐谷浑。

慕容拾寅得到情报，没有抵抗就撤退到巴颜喀拉山以南的白兰(青海省青海湖西南)。九月间北魏大军自野马滩(青海省果洛藏族自治州玛多县以南二十五公里)渡过黄河南追七十五公里到巴颜喀拉山口，由于山区瘴气正盛，北魏掳得牲口三十多万头回师。

北魏自消灭诸胡后，在地广人稀的中国北方的广大平原上为所欲为，到处都有广袤数百里的狩猎场和牧场。为了皇帝游猎方便，公元461年，北魏和平二年春三月，拓跋濬下令征发并州(山西省南部)、肆州(山西省东部)地方民工五千人修筑一条向河西狩猎的专用御道，由专任官员和军队守护，人民不得使用。

以前强制移民在山西吕梁山区石楼的匈奴族酋长贺略孙聚众起义，反抗北魏的暴戾统治。北魏和平三年(462)夏，拓跋濬命长安镇将陆真出兵讨伐，陆真大军一到，没有经过战斗，贺略孙就宣布投降。

拓跋濬又命陆真在陕西陇县西南的陇山上筑城防御清水氐胡，为当地氐族豪门仇傉聚众反抗，陆真移师击败之。

耀兵与兴佛

北魏和平三年(462)冬，依例由皇帝主持驱除疫疠大祭祀，拓跋濬要在这个万国(各部落)来朝的盛大聚会中炫耀他的军事实力。他下令禁卫军操演他所制定的战阵十法，步兵、骑兵各穿不同颜色的军装，各持不同形式的兵器，分别南北列阵。司令官以击鼓、鸣锣为指挥信号，各部队的前进、后退、跪下、起立，一律符合指挥节奏，行动一致。步兵布下联车方阵，军容整齐；骑兵犹如飞龙乘云、腾蛇游雾一般出神入化。显示出北魏军容之盛、战法之精，使各部落使节无不叹为观止。

每年秋他必率满朝文武到狩猎场地讲武。所到之地，必先建立行宫、佛坛或道场，耗费公帑甚多，可是他却为自我满足而对于民脂民膏毫不吝惜。

拓跋濬在十年前解除他祖父拓跋焘的禁佛之令，恢复佛教徒有限度的自由。这年因大旱成灾，拓跋濬下令全国寺庙一律洒扫干净，整修完好，鼓励民众来焚香祈雨。于是过去被拆毁的大小佛庙，全都恢复旧观。拓跋焘的宗教大革命也被这一股新的时代潮流所湮没。

拓跋濬下令放宽出家为僧的限制，大州为五十人，小州四十人，边远郡县十人。

师贤是西域克什米尔(罽宾)游方北魏的高僧，适逢拓跋焘禁佛令下，师贤乃伪装行医，但仍持守佛法。等拓跋濬恢复佛教后，敦请师贤为佛教领袖——道人统。

公元455年(北魏兴光二年)秋，拓跋濬下令在五级大寺庙中用赤铜(金)二十五万斤为太祖以下五祖各立一丈六尺高的铜像一尊。所谓五祖是指拓跋濬的高祖道武皇帝拓跋珪、曾祖明元皇帝拓跋嗣、祖父太武皇帝拓跋焘、父亲景穆皇帝(死后追赠)拓跋晃以及拓跋濬自己。

北魏的首都——平城(山西省大同市)西三十里，接近右玉境有武周(州、冈)山，又名云冈山。西汉时称武州塞，为与北胡匈奴族间的交通要道。北魏开国皇帝拓跋珪于公元398年自内蒙古和林格尔(盛乐)迁都到平城(故城在今大同市东)，武州塞也就成为他的北防门户了。

公元414年，北魏明元皇帝拓跋嗣的神瑞年间，著名的凉州禅师昙曜曾在武周山中凿石崖为灵岩寺，洞大可容三千人听道，所以时人称之为灵山。

昙曜又名法世，罽宾（即北天竺——今克什米尔）人。二十六岁那年（公元439年，北魏太延五年）东游北凉传道。是年北魏灭北凉，昙曜跟一般僧俗一样被北魏掳到平城，于是昙曜就在平城弘法传道。

公元446年，北魏太平真君七年，太武帝拓跋焘下令灭法（消灭佛教），昙曜亡命中山（河北省定州市一带）。这时候定州的佛教盛行，时称佛教圣地，但是昙曜仍然不敢出头。

大同示意图

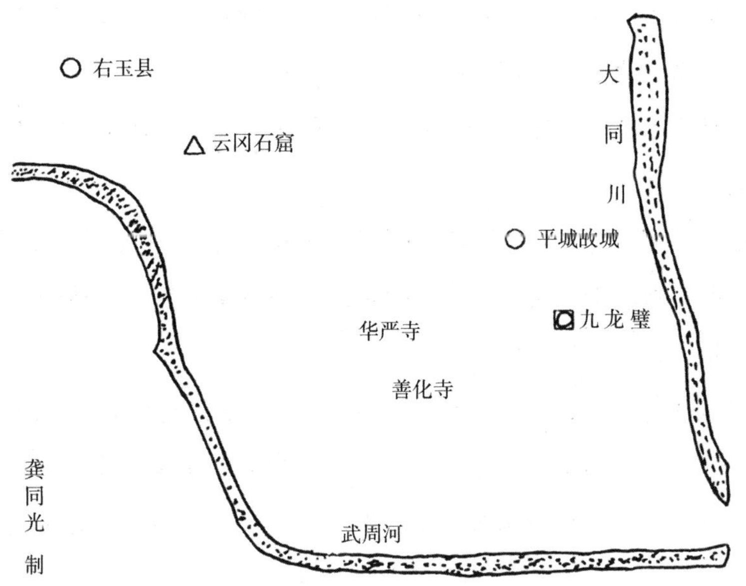

公元452年，北魏太武帝拓跋焘死，其嫡长孙拓跋濬继立，是为文成帝，改元兴安。翌年（公元453年，兴安二年）拓跋濬下令复法（恢复佛教的合法地位）。同时命昙曜到平城来弘法，史籍说453年是他主持开凿云冈石窟的开始。而1994年出版的《北朝研究》（第二、三期合刊）却说：“复法之明年。即兴安三年（454）是昙曜自中山被命赴京遇帝于路之年，与下文‘开窟五所’无关。过去有些研究者曾以复法之明年为昙曜开窟之年，显系误解。”(见宿白著:《平城实力的集聚和“云冈模式”的形成与发展》)可是宿白先生也没有提示出来昙曜开窟的正确时间。

笔者按当年昙曜亡命的中山距离平城约二百五十公里计算。昙曜被召赴京(平城)即使徒步，也不过五天至十天的行程，同年主持开凿五窟，应为可能的事。

公元460年，北魏和平初，昙曜四十七岁，继师贤为沙门统。公元493年(北魏太和十七年)，昙曜八十岁死。魏孝文帝以僧显继之。

“五祖造像”的总检讨

在中国的大西北，冬季是天寒地冻，夏天则酷热难耐，先民们为了适应这种自然环境乃自然而然洞居穴处，因为山洞石窟都是冬暖夏凉的处所。北魏之所以选石窟、凿石窟为讲道译经之所就是取其冬暖夏凉，能够使很多人来安心听道，定下心来读经、译经。云冈石窟之所以能够成为今日之名胜古迹也缘于此。所以佛学名家吴文成先生曾力主石窟文化是从冬暖夏凉的生活环境中孕育出来的。

神话是历史文化的先锋队，它不仅可以引出鬼神，还可以制造神迹，美化历史，但本书不录。

北魏和平元年(460)，拓跋濬出巡大同以西的武周山(时人称之灵山)访高僧昙曜，问道数天。拓跋濬此行也有一段“马识善人”的神话(见《魏书·释老志》)，这里从略。

智慧很高的昙曜给政治人物论道数天，除论佛法外，一定还会涉及政治的。他可能讨好拓跋濬献计向南方发展，南方大平原水草肥美、粮食充沛；南朝政治不稳，正是可乘之际；南人思想空虚，佛法可安其心。鲜卑需要南方无限大的生存空间，如果得而有之，就是泱泱大国之君。

就在当年(460)师贤死，拓跋濬征召昙曜为佛教领袖，封号沙门统。

不久以前拓跋濬曾下令在五级寺庙为“五帝”铸过释迦铜像。而今昙曜建议造金(铜)像不如镌石为像，石可与权力传之永恒。山川可以终天，孽障自然消除。

昙曜建议镌石为佛的基本动机，后来的研究专家们都认为可能是他对拓跋焘二十多年前(446)下令毁佛像、坑沙门的一种反动。他(昙曜)认为要使佛法绵延后世，代代相传，只有“山川可以终天”，镌石为佛后人永远无法破坏。

拓跋濬就命昙曜在灵山(武周山)之阳直立千仞的峭壁上开凿五个名窟，每窟雕建主佛像一尊，意即拓跋濬所谓的“五祖”(拓跋珪、拓跋嗣、拓跋焘、拓跋晃、拓跋濬)。主佛石像之高三十五米到六十八米。

关于云冈石窟在古籍中虽有记载，但都是写实不详，除了日本人和法籍学者有些专论外，很少有深入研究。加之过去保护不周，有遭外盗窃的，令人痛心！

1992年8月出版的杜士铎先生主编的《北魏史》对于云冈石窟有以下的记载：

依公元1961年调查资料：云冈谷深三十里，东为僧寺，西头尼寺。现有主要洞窟45个，大小窟龛252个。分东部、中部、西部三部部分。东部有4个窟(编号114号)。中部有9窟(编号5—13号)。西部32窟(编号14—45号，著名的昙曜五窟——16至20号在内)。

云冈石窟现存大小造像51000多尊。最大的高17米，最小的只有2厘米。

根据云冈石窟文物保管所1977年调查统计：现已编号的大

型石窟21个，中小型32个；连同其他尚未编号的小窟小龛总计将达千数，大小造像据不完全统计约51000多躯。

云冈石窟创建于公元5世纪。根据窟型及佛像雕刻风格，可分为早、中、晚三期，东、中、西三区。

早期为昙曜五窟(编号16—20窟)，当为5世纪中叶。它是以文成帝拓跋濬、景穆帝拓跋晃等五个帝王的形象雕造的。《魏书·释老志》载："诏有司为石像，使如帝身。"它是吸收了北凉造像匠师而集体完成的。形象多广额高鼻，长眉丰颐，很似北魏鲜卑族的体征。体态衣纹多劲直，形象严肃。特别是大像更显得雄伟健壮，显示北方游牧民族彪悍粗犷豪放的气质。服装则仍是印度的偏袒右肩的袈裟，衣褶多紧密贴体，且有犍陀罗式的造型风格。

考古专家们的实地考察，也没有证明某窟的佛像是依某帝的形象雕成的，仅仅是描绘气质与神韵的概念而已。

在文人笔下昙曜五窟的五祖佛像，如第十六窟的主佛，厚实健壮的体貌，庄严肃穆的神情，明显流露着马上鲜卑人的气魄。丰满的面庞，大耳垂肩，嘴角紧扣显示强烈的自信心。粗眉大眼里流露着南望中原大地、泱泱大国的憧憬，有一种非常强势的盛气。与后来各佛像那阖目微笑的神韵迥然不同。

山西云冈石窟文物研究所的《研究报告》说："在昙曜五窟中，第十六窟主像相当于当时在位的文成帝(拓跋濬)。第十七窟弥勒主像相当于还没有即皇帝位就死去的景穆太子(拓跋濬的父亲拓跋晃)。第十八窟应相当于太武帝(拓跋焘)。十九窟为道武帝(拓跋珪)。二十窟应为明元帝(拓跋嗣)。"

这篇报告的分析法，不知何所本，全文发表在《北朝研究》专号所刊日人吉村怜著《昙曜五窟的修建情况》一文。

云冈第十六窟(昙曜五窟)的主佛。后世人认为是象征北魏文成帝拓跋濬的形象。

第十七窟明窗主佛为交脚弥勒菩萨，东侧有太和十三年的题记。
依山西人民出版社出版《云冈石窟》所载考古专家的研究报告说：“这尊佛像就是景穆太子拓跋晃(拓跋焘的儿子，拓跋濬的父亲)。”因为照片不清楚，无法辨认。

这尊佛像是从云冈石窟第十八窟拍来的。主佛像被人断其右手，摄影师又特别在管理单位补拍其断下来的右手，用符合调查报告中“左手抚胸成扪心自问的姿势”补全。但仍看不出拓跋焘的相貌。(取自山西人民出版社《云冈石窟》)

第十九窟主佛，依山西人民出版社《云冈石窟》的研究报告说："依昙曜的构思，本尊应为道武帝拓跋珪。"

这篇为现代考古专家的研究报告又作解析说："第十六窟佛像面部清瘦，年青英俊，两眼有神，颧骨较高，与鲜卑人相仿。"又说："身着厚厚的毛质料衣，胸前饰戴带结，袒露前胸，是完完全全一副鲜卑人穿鲜卑服的样子，所以与其说此像是佛像不如说此像是人像更为准确。因为昙曜立意要为文成帝——拓跋濬造像，既报文成帝复法之恩，又讨文成帝的欢心。"（附图之一，像是《研究报告》所说的"面部清瘦……"那样子吗？）

第十七窟为穹隆形，窟平面为椭圆形，窟底低于自然地近一米。佛像为交脚弥勒菩萨，躯体魁伟，衣纹特殊，别具风格。可惜损毁严重，研究员认为这尊造像象征还没有即皇帝位就死去的景穆太子——拓跋晃。

629 页附图是在云冈山第十七窟拍摄来的佛像。请看最上面的交脚菩萨有如《调查报告》所说"躯体魁伟"吗？

《研究报告》说："十八窟佛像立在莲花座上，目视远方，神态肃穆。身着千佛袈裟，体形丰腴，魁伟雄健。昙曜对此尊的立意是手抚胸成扪心自问反省的姿势，昙曜的如此设计有可能是针对拓跋焘的灭佛运动有关。"使佛像披千佛袈裟，示意千佛在身，佛是永远灭不掉的，也含意于公元 423 年拓跋焘灭佛运动中死难的大小沙门都已得到正果，进入佛国矣。

研究员还发现一个极其有趣的特点：就是在本尊佛像头部东西两侧各雕五个西域僧人头像，研究员认为这是昙曜别具匠心地为他自己和文成帝（拓跋濬）时代另九位西域高僧所雕刻的形象，示意被迫害者与迫害者永远同在。

昙曜五窟的窟形大致相同，只有第十九窟门外呈八字型，云冈独此一例。东西壁上各有耳洞一个，洞里雕有八米高的坐佛各一尊。中央雕有十七米高的坐佛，为吉祥式结跏趺坐，手结定印即羯磨印，背后光环镌刻精致。依昙曜的构思，本尊应为道武帝拓跋珪。

拓跋珪是北魏的建国皇帝，崇信佛法，曾多次到武周山礼佛，所以昙曜给他设计一个很安详的吉祥式结跏趺坐姿势。

这尊佛像是翻拍自山西人民出版社《云冈石窟》所载的第二十窟的佛像。

第二十窟的前额建筑物已坍毁，佛像已成露天之佛。露天的主佛高三十七米，薄唇高鼻子，两耳垂肩，面貌丰满，两肩宽厚，雄伟壮硕，佛像三十二相本尊兼备。雕刻精美绝伦，为云冈第一代表作。本尊应为北魏二代皇帝太宗明元帝拓跋嗣的化身。

以上各文都是现代专家们主观的研判，至于写实佛像与人像笔者仍泥于“令如帝身”（《魏书·释老志》）这句话，也曾搜遍典籍并且还曾两次造访云冈石窟，都没发现“令如帝身”的东胡特征。对于前文研究员们文艺笔触下所描绘的神情韵致、风格、气象，给读者一种只可意会，不可言传的无形感受而已。

这篇研究报告说“佛像三十二相，本尊兼备”。所谓“三十二相”是天竺国流传的“应是佛肉体上之妙相”（《百科全书》）。

《法苑珠林》说：“佛有三十二相如：目如青莲华，手如兜罗绵，胸有卍字，发作螺文之类皆是。”试问在一个石雕佛像身上能够显示出来这些特征吗？

既论三十二相，再附录《中华大辞典》的三十二相如下，供作研究“五祖雕像”之参考：

三十二相

应身佛肉体上之妙相也

足安平　足下有千富轮形

手指纤长　手足柔软

手足缦网　足跟满足

足趺高好　腨(股肉)如鹿王

手过膝　马阴藏

身纵广　毛孔生青色

身毛上靡　身金色

身光四面各一丈

皮肤细滑

七处平满(七处谓两足下、两掌、两肩、顶中)

两腋满　身如狮子

身端直　肩圆满

四十齿　齿白齐密

牙白净　颊车如狮子

咽中津液得上味　广长舌

梵音深远　眼色如绀青

眼睫如牛王　眉间白毫

顶成肉髻

人痣与黑石

据《魏书·释老志》："是年(452)(拓跋濬)诏有司为石像，令如帝身。既成，颜上、足下各有黑石。"最巧的是"冥同帝体上下黑子。论者以为纯诚所感"。

神话与历史相辅相成的例子在历史上有太多的印证。这个人的黑痣与黑石的凑巧，是《魏书》作者的杜撰或是造像者的故意造假，我们都会心知肚明，多少专家也都曾追根究底过。《北朝研究》(云冈研究专号)曾有一篇这样的报告：

公元1988年，当时在云冈石窟做治安工作的陆屹峰和云冈石窟工作人员员海瑞撰文说他们"在云冈石窟十三窟交脚弥勒主像脚面上发现了两颗直径六七厘米，看似镶入的黑石"。

《云岗石窟造像题记及意义》一文的作者殷宪先生曾为这篇文章感奋不已，也曾几次到实地察看，只可惜由于佛面敷泥难以看到"颜上"有没有黑石。殷先生并没有说看到佛像脚下的黑石，竟一转笔锋“就在寻找颜上黑石时却意外地发现这尊佛像长了一双凡人的小耳朵，并非两耳垂肩的佛像”。

自隋、唐以后的学者们对于云冈佛窟“五祖造像”的研究，大都是以十六窟到二十窟为“昙曜五窟”的主佛为“五祖造像”。而今员海瑞先生撰文说“在云冈石窟十三窟交脚弥勒主像脚面上发现两颗直径六七厘米，看似镶入的黑石……”（公元1944年《北朝研究》总第十五期《云冈研究专号》）。

黑石是自然的也好，是故意镶上去以附会于《魏书》上所说的五帝之相也好，总之这个佛像应该是拓跋濬所交办的“五祖”之像是无可置疑的，应该是在十六至二十窟中才是，为何又跳出来一个十三窟呢？

殷宪先生为求证而亲自到云冈石窟去寻找黑石问题的答案，“竟意外地发现这尊佛像长了一双凡人的小耳朵，并非两耳垂肩的佛像”。笔者也曾亲自到云冈去查看殷先生所说的第十三窟中这尊主佛的耳朵好像是被人打破的。写信询问殷先生，到现在还没有回音。由此可以想象出历史有些地方是后人杜撰的。

史籍中的“五祖造像”在现场（云冈石窟）中找不到实证，在学术思想界又不得其真解，正在百思莫解之际偶遇佛雕艺术大家吴文成先生，他的说法确有独到见解：

“佛像不仅只是艺术，也不仅只是智慧；而是代表着人与神（佛）之间过渡的修行与功德。”

在公元四五世纪时期，北方民间盛行为亲长、师尊造像以求福佑的风气。造佛像献给庙宇，还尝刻石记其事。为“五祖”造像也是为五祖积功德而造的佛像并不是“人像”。一语道破《魏书·释老志》的“兴光元年秋，敕有司于五级大寺内，费二十五万斤赤金为太祖（拓跋珪）以下五帝铸释迦立像五……”。前为五祖铸像也是以佛像（释迦）代表人像的。云冈石窟中的五祖造像自然也是造佛像以代表五祖人像，这也是合理的。所谓“令如帝身”是指帝王的威严相、尊贵相而已，“冥同帝身上下黑子”之说不过后人附会之词。今以吴文成先生所说为“五祖造像是为五祖积功德而造的佛像，并不是人像”为本篇总检讨的结论以待贤者。

附录自云冈石窟出土的两块石碑以证吴先生所说当时盛行为亲长、师尊造(佛)像以求福祉的时尚：

一、公元1956年11月云冈保管所整修第二十窟前崩塌

云冈保管所整修第二十窟前崩塌时在石砾中发现一块石质较细的砂岩石碑，碑高三十厘米，宽二十八厘米，字迹大小不一，字体均属魏体(如附图拓片)。考古专家辛长青先生曾对这块石碑作了一篇《云冈第二十窟出土比丘尼昙媚造像颂石碑试解》，其原文如下：

(夫虑)灵镜觉，凝寂迭代，照周(群)邦，感垂应物，利润当时；泽潭机季。慨不邀昌辰，庆钟播末；思恋灵福，同拟状金石，冀瞻容者加极虔，想像者增忻怖。生生资津，十方齐庆。颂曰：灵虑魏凝，悟岩鉴觉，寂绝照周，蠢趣澄浊。随像拟仪，瞻资懿渥，生生邀益，十方同沐。(景明)四年四月六日，比丘尼昙媚造。

辛长青先生的全文试译如下：

佛的灵验像镜子一样明亮，使人能够很快觉悟。佛教的经义本是凝静安寂的，且历代如此。佛的灵光遍照邦国人群。佛可以感动万事万物。当时的人和国家都能即时得到滋润。而现在这种恩泽太深厚了，终于又遇到了衰世。非常感慨我没有遇上盛世，侥幸还是赶上了盛世的末尾。因此很希望佛再赐给安福，同时愿把佛的形象雕刻于金石上，殷切期望瞻仰佛的容貌的人能更加对佛虔诚，而看不见佛的容貌的人也能增加快乐。世世代代都能靠佛指明迷津，十方都能得到吉庆。并颂之曰：

公元 503 年北魏景明四年昙媚造像铭拓片

佛的经义一向是凝寂的，只要觉悟了就如同镜子一样明亮。即使佛法破灭，仍能照周群邦。佛可使愚笨的人趋善，可使浊水澄清。依照佛像可制定礼制仪注，看到佛像便可得到美好的收获。世世代代都能得到佛的利益，十方都能沐浴在佛光普照之下。

景明四年(503)四月六日，比丘尼昙媚造。

以上摘自 1989 年《北朝研究》创刊号辛长青文二，最近在云冈石窟第十一窟前出土的石碑一块。

内容也是说为国家、亲长开凿造像以祈福。

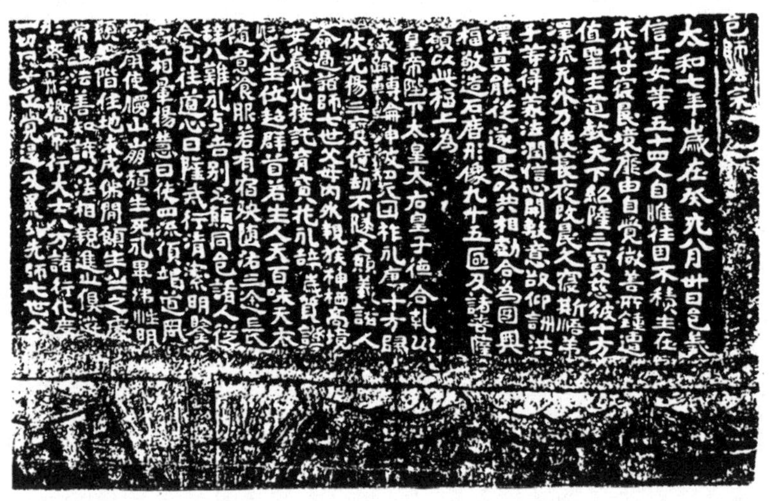

这块石碑是在云冈石窟第十一窟发现的，其内容是一群信士于北魏孝文帝拓跋宏的太和七年（483）开凿造像为皇帝、国家与自己的亲长祈福。这是研究云冈石窟的重要史料。特胆印在此以证吴文成先生之言。

北魏轩瓦

北魏有“万岁富贵”与“传祚无穷”两种文字的轩瓦。其中以“传祚无穷”的瓦当发现最多，云冈石窟前发现者。(取自《中国历史图说》)

云冈石窟的开凿，工程宏伟，耗资不计其数。所费人力、物力，可以说凝聚了中国北方各族先民们的血、汗、智慧和泪水，才创造出中国宗教文化艺术史上辉煌巨作。

兹依甘肃人民出版社《敦煌历史文化艺术》一书所引《魏书》记载自北魏迁都平城后，历年掳自当时各国的能工巧匠及重要将领、学者统计如下：

公元398年(北魏拓跋珪自称道武皇帝，天兴元年迁都平城)正月徙山东六州主管手工业作坊的政府机构三十多所、百工巧技十多万家，以实平城。二月下令给新移民计口授田。十二月又徙六州二十二郡守宰、豪门吏民二千余家于其故都代郡。

公元399年(拓跋珪天兴二年)二月破高车三十多部落，俘虏七万多口以实平城。

公元402年(拓跋珪天兴五年)秋征后秦姚平，俘其四品以上将军四十余人，余众三万多人。

公元403年(拓跋珪天兴六年)春北方的尉迟部一万多家来降，移住云中。

公元404年(拓跋珪天赐元年)春征后秦泰平郡，俘三千余口。

公元413年(拓跋嗣永兴五年)征破越勒倍泥部落，徙其民二万多家于大宁，计口授田。同年拓跋嗣又下令分遣专使到处寻求俊逸隐士，对于豪门强族为州郡地方所推重，或有文武才干或者先贤胄裔，德行清高、学问渊博可为人师者分别令其来到平城，随才适用，以赞庶政。

公元417年明元帝拓跋嗣将长安百工巧匠两千家掳到平城——北魏首都。

(按：公元417年长安为后秦首都而后秦是公元419年才亡于东晋，拓跋嗣何能到长安掳人？)

公元418年(拓跋嗣泰常三年)徙冀、定、幽三州之民于平城。再征北燕，徙民一万多家。

公元426年(拓跋焘始光三年)十一月进攻赫连昌，徙其民万余家而还。

公元427年(拓跋焘始光四年)六月攻破统万城，掳其宫人一万多、秦雍人士数千。

公元431年(拓跋焘神䴥四年)三月与南宋战，俘其甲兵三万、民一万余人。

公元432年(拓跋焘延和元年)六月伐北燕，徙豪门三万多家而还。

公元434年(拓跋焘延和三年)六月再伐北燕，芟其禾稼，徙其民而还。

公元435年(拓跋焘太延元年)六月命拓跋丕征和龙，徙男女六千口而还。

公元436年(拓跋焘太延二年)尉眷从征和龙，慰喻归降之二千多户。

公元439年(拓跋焘太延五年、北凉永和七年)九月攻占姑臧，灭了佛教顶盛、佛教艺术发达的北凉，掳得敦煌塑佛工艺巧匠数千家而还。

同时把凉州的官吏、平民三万多户掳到平城一带编为"平凉户"，列为特别户口管理，其中列为"奴役户"的专为官府做奴仆。又把当时著名的学者与巧匠们移居平城以内，学者为魏廷著书修史或讲学授徒。如敦煌的刘昞、阚骃、索敞，武威的阴兴、宋钦、段承根，金城的赵柔等，还有为避乱而流寓在北凉的广平人程骏、程弘，河内人常爽等。

工艺巧匠则为魏廷设计宫廷工程。在那时候，工艺巧匠这一行业统统属于国家资源，由国家编为"杂户"直接管辖。技艺世代相传，不准转行、转业，也不许为一般平民所用。他们身份低贱，也不许与一般平民通婚。可是就是这些身份低贱的先民们继承了两汉以来的艺术经验与智慧才创造出来我们历史上最伟大、最光耀的这一页——云冈石窟。

公元446年(拓跋焘太平真君七年)冬十一月平酒泉，俘沮渠、天周男女四千口。

公元 447 年(拓跋焘太平真君八年)三月徙长安城工艺巧匠两千家于京师(平城)。

同年又徙定州丁零族三千家于京师(平城)。

公元 448 年(拓跋焘太平真君九年)二月徙西河离石民五千余家于京师(平城)。

公元 451 年(拓跋焘正平元年)三月，拓跋焘南征，以淮南降民五万多家分置平城近畿地区。(翌年拓跋焘死)

公元 469 年(拓跋弘皇兴三年)五月徙青州、齐州民于京师(平城)。又徙族望之家于代(河北省蔚县)。

公元 481 年(拓跋宏太和五年)二月，大破南梁，徙其民三万多口于京师。

以上都是移自当时中国北方经济、文化最发达的地方，也都是人才精华之地。所以才使北魏的经济、政治、文化建设能突飞猛进发展。

《魏书》中记载道武帝时延揽后燕人才，明元帝时收容后秦人才，太武帝除尽力吸收中原人士外还招揽敌国胡夏、南燕、北燕、北凉人才，加上凝聚各国大量的技艺人才，还有庞大的财力、劳力，近百年才使这个北魏都城——平城不仅是中国北方的政治中心，而且是中国北方的经济、文化中心。

柔然、拓跋濬

据云冈文物研究所的资料说“柔然为东胡的后代，近人研究多认为源出拓跋鲜卑，是匈奴与鲜卑融合形成。先祖为木骨闾，太武帝称为蠕蠕，南朝称芮芮，北齐称茹茹。境内无城郭，随水草畜牧。传四代后分为东西二部，道武帝拓跋珪于391年大破柔然灭西部；首领社仑西逃兼并高车诸部，势力渐大，始称豆代可汗……”(《北魏史》)。

北魏与柔然一百多年以来不断地冲突，不断地战争，以前是为争夺游牧地盘而冲突。以后是北魏计划南进，为解后顾之忧，所以拓跋珪、拓跋焘、拓跋嗣等曾对柔然发动过多次大规模毁灭性的战争、大规模的屠杀和迁移。可是得天独厚的柔然在特殊环境里养成了一种韧性特别强的民族性。政治作战，不能动摇他的根本；军事作战，虽然他屡战屡败，但有无限大的特殊空间供他游走，北魏虽畅通无阻地进入，却不能长久占领。魏军来了，他走了，走进那交通要道以外的荒漠原野；魏军退了他又啸聚在一起，所以北魏也无可奈何于他。

柔然第六任大可汗——处罗可汗郁久闾吐贺真于公元464年(北魏和平五年)秋去世，他的儿子郁久闾予成继立，自封为“受罗真可汗”，称汗国，并定年号为永康元年。这是匈奴族系继前赵、后赵、北凉、胡夏之后建立的第五个胡人政权。

柔然郁久闾予成率军南侵，拓跋濬立即下令边防军反击。柔然见魏军自尔寒山(大同北塞外)出动，未经交锋即撤退，此后三年没敢行动。

拓跋濬十三岁登基，他在一群汉人政治家的辅佐之下，深深检讨他祖父拓跋焘治国二十八年来四方用兵、开疆拓土的治国方略。虽然给他留下一个广袤万里的东亚大国，可是大而无实，不仅国库耗尽，民间被那些征兵、征粮的重重负担压得苦不堪言。为了生活，少壮的铤而走险，为贼为盗，老弱的只能等待饿死。拓跋濬深深体会到战争的可怕，所以在他十三年的统治之下，尽可能地避免大型战争，尽可能地使民以时，大力鼓励农业复苏。

也可能是年龄的关系，他对自己的各种生活享受，却极尽奢侈。他喜好打猎、游山玩水、放纵情欲，大部分时间都消耗在这些方面。所到之处，必先预立行宫、神坛，当然还有他休闲生活中所必须的一切。

拓跋濬是公元452年二月登基，忙着封赠新贵，安葬拓跋焘，接着杀杀砍砍一阵子之后，就开始他声色犬马的游乐：

兴安二年(453)：

发京师民工五千人开凿御花园中天渊池。

是年夏五月，幸崞山(山西省浑源县西北二十里)。

秋七月幸阴山(河套)。

冬十一月，幸信都、中山(河北省境内)。

十二月二十六日返平城。

兴安三年(454)：

夏六月一日，幸阴山。八月十一日返平城。

冬十一月五日幸中山，顺便往信都宫(河北省衡水市冀州区)。

十二月幸灵丘(山西省灵丘县)温泉宫。十二月十八日返平城。

太安元年(455)：

七月二十七日犊倪山打猎。八月二十八日返平城。

太安二年(456)：

秋河西打猎，十月还宫。

太安三年(457)：

春，崞山打猎。

三月十一日，松山(河北省保定市清苑区西北)打猎。三月二十日返平城。

六月二十五日，阴山以北打猎。八月二十二日返平城。

冬十月命太宰拓跋常英在辽宁西郡(河北省迁安市)、黄山郡(河北省卢龙县)营造行宫，征发美女千人，准备皇帝东巡。

太安四年(458)：

正月行幸广宁(河北省涿鹿县)温泉宫，再到辽西黄山宫游宴数日。

南幸信都，在广川(河北省枣强县)打猎。

在中山看骑战演习。

下令建造太华殿。

夏五月到松山打猎。

秋七月幸河西(河套)。

九月太华殿落成，还宫。

冬十月再幸阴山。

太安五年(459)：

六月再幸阴山。

秋八月移驾云中(内蒙古自治区托克托县)。九月还宫。

和平元年(460)：

秋幸河西。

和平二年(461)：

春，征发并州、肆州民工五千，修一条专供皇帝狩猎用的猎道，平民不得进入，否则猎杀无论。八月在大同北武周(岗)山打猎。监修云冈石窟。

和平三年(462)：

春，在崞山狩猎。

夏，幸阴山。

秋，幸河西。

和平四年(463)：

春，幸西苑。

夏，幸阴山。

秋八月到河西狩猎。九月还宫。

和平五年(464)：

六月幸阴山。

七月五日参加高车族盛大祭天典礼。

北史卷二

唐　李　延　壽　撰

魏本紀第二

顯祖獻文皇帝。諱弘。文成皇帝之長子也。母曰李貴人。興光元年七月。生於陰山之北。太安二年二月。立爲皇太子。和平六年五月甲辰。卽皇帝位。大赦。尊皇后曰皇太后。車騎大將軍乙渾矯詔殺尚書楊保年平陽公賈愛仁南陽公張天度于禁中。戊申。司徒公平原王陸麗自湯泉入朝。又殺之。己酉。以渾爲太尉公。以錄尚書事。

八月幸河西。

九月还宫。

和平六年(465):

春，二月幸楼烦宫(山西省静乐县)。三月还宫。

拓跋濬做了十三年的皇帝，平均起来他有一半以上的时间游幸在首都之外打猎、享乐。

每次狩猎都要动员军队数十万人自百里之外围起，鹰、犬成群，美女上百陪伴皇帝。如有漏走野兽，带队官员处死。所以每次狩猎令下，受命官员如临大敌，士兵被野兽咬死的、因漏走野兽而被处死的不知道还有多少!

拓跋濬的每一处行宫都有上千美女在待命。平常皇帝不来时，就为皇家纺织；皇帝来了，都以争媚斗艳来求一亲天恩。

拓跋濬于“戒之在色”之年而不知“戒”，可能是精力过度透支，乃于北魏和平六年(465)的夏五月十一日，死在他最为得意的太华殿中，活了二十六岁。拓跋濬命短，继承他帝位的儿子拓跋弘更是命苦又命更短。

拓跋弘与拓跋宏时代

(465—471—499)

北魏和平六年，公元465年的五月十二日拓跋弘登上北魏第六任皇帝宝座。这位年仅十二岁的少年皇帝好像生来就没有皇帝命似的，国事大权旁落在侍中、车骑大将军乙浑之手。乙浑又常假传圣旨、大批任用私人，派东安王刘尼为司徒(宰相)、和其奴为司空(监察院长)。先后收斩不听话的殿中尚书拓跋郁、尚书杨保平、南阳公张天度、平阳公贾爱仁、侍中陆丽、司卫监穆多侯等数百人。乙浑又自封太原王、太尉兼宰相，位在皇族亲王之上，权倾一时。

有了权力再滥用权力，结果就是自杀。乙浑专制蛮横，常以杀人来显示他的权威，以致满朝文武无不侧目。众怒难犯，乙浑不是鲜卑皇族血统，而他竟敢擅杀皇族官员。于是具有皇族血统的侍中拓跋丕向冯太后密告乙浑谋反，冯太后立即下令收斩乙浑及其同党一百多人并灭其三族。这位年仅二十来岁的冯太后也就顺势掌握着魏廷的最高权力。

冯太后的小档案

冯太后是汉人，北魏西城郡公冯朗的女儿。

冯朗，本来是北燕帝国天王(汉人)冯弘庶生的第二儿子。在北燕亡国的前两年(公元432年，北魏延和元年)随同他的哥哥冯崇和部队在辽西郡向北魏拓跋焘献城投降。拓跋焘任命他(冯朗)做秦、雍二州的刺史，后来又封他为西郡公。

冯后的生母为乐浪(朝鲜平壤)王氏，公元441年(北魏太平真君二年)冯后出生于长安(杜士铎主编《北魏史》)。幼年时，因为父亲冯朗犯罪被魏廷处死，没收家产，依法将家属发配给皇族贵族家庭做奴婢。当时冯后的姑妈在魏皇宫做女官左昭仪，很得当时北魏文成帝拓跋濬的赏识，冯后就由这位昭仪姑妈引荐在皇宫中做奴婢。又在这位姑妈的用心调教下，读了很多书，学了皇宫礼仪。风度、气质都已超过常人，加之先天的美貌，拓跋濬一见倾心。公元452年，北魏兴安元年，冯后十四岁那年拓跋濬就选她为贵人。三年后(公元455年，北魏太安元年)正月二十九日又册封她为皇后。

当年拓跋弘被册封为太子，生母李贵人依例赐死。这个年仅两岁的小太子——拓跋弘从此就是由冯后亲自抚养长大的。

拓跋弘十一岁那年(465)，他的父亲拓跋濬去世了。胡人的习俗是人死后三天要把他生前所使用的衣服器物烧了，好叫死者在阴曹地府使用。这时候年方二十七岁的冯皇后，面对这个现实，想想胡族的传统是皇帝死了，把三宫六院中的女人统统移交给下任皇帝全盘接收，列为新朝的后宫女眷。如此冯皇后就会成为一个十一岁皇帝的新夫人了。又想想自己的过去、现在和未来，汉文化的三从四德与胡人习俗的冲突，将来是个什么日子，实在难以想象。想来想去，她决心赴火殉情。当她突然大叫一声跳入火堆时，侍从官员们立即把她救了出来，所幸没有受到伤害。

拓跋弘自幼受儒家的教育，在冯太后的调教下很懂得孝道，既不行胡族习俗，又懂得尊重儒家制度，刚刚二十几岁冯皇后就被他尊为“皇太后”了。皇帝年幼，皇太后当然“临朝称制”，于是冯后就顺理成章地总揽国家大政了。

冯太后生自王公官宦之家，长在皇宫大内，对于政治有些先天才智，所以史书说她“精于算术，工于心机”，“生、杀、赏、罚，决之俄顷”

文成文明皇后馮氏，長樂信都人也。父朗，秦、雍二州刺史、西城郡公，〔八〕母樂浪王氏。后生於長安，有神光之異。朗坐事誅，后遂入宮。世祖左昭儀，后之姑也，雅有母德，撫養教訓。年十四，高宗踐極，以選爲貴人，後立爲皇后。高宗崩，故事：國有大喪，三日之後，御服器物一以燒焚，百官及中宮皆號泣而臨之。后悲叫自投火中，左右救之，良久乃蘇。

顯祖卽位，尊爲皇太后。丞相乙渾謀逆，顯祖年十二，〔九〕居于諒闇，太后密定大策，誅渾，遂臨朝聽政。及高祖生，太后躬親撫養。是後罷令，不聽政事。太后行不正，內寵李弈，顯祖因事誅之，太后不得意。顯祖暴崩，時言太后爲之也。

承明元年，尊曰太皇太后，復臨朝聽政。太后性聰達，自入宮掖，粗學書計。及登尊極，省決萬機。高祖詔曰：「朕以虛寡，幼纂寶歷，仰恃慈明，緝寧四海，欲報之德，正覺是憑，諸鷙鳥傷生之類，宜放之山林。其以此地爲太皇太后經始靈塔。」於是罷鷹師曹，以其地爲報德佛寺。太后與高祖遊于方山，顧瞻川阜，有終焉之志，因謂羣臣曰：「舜葬蒼梧，二妃不從。豈必遠祔山陵，然後爲貴哉！吾百年之後，神其安此。」高祖乃詔有司營建壽陵於方山，又起永固石室，將終爲清廟焉。太和五年起作，八年而成，刊石立碑，頌太后功德。太后以高祖富於春秋，乃作勸戒歌三百餘章，又作皇誥十八篇，文多不載。太后立文宣王廟於長安，〔一〇〕又立思燕佛圖於龍城，皆刊石立碑。太后又制，內屬五廟之孫，外戚六親緦麻，

(《北史》)。她重用中书令高允、中书侍郎高闾与贾秀等学养很高的大臣。先兴教育建设，为国培养新的人才。在各州、郡设立学校，委任博士二人、助教二人、学生至少六十人。国家设立太学供州、郡学校生员进修。为北魏的政治现代化奠定坚实基础。冯太后对于下一代胡人汉化的贡献也很大。

冯太后的新政

公元476年，北魏承明元年六月，魏献文帝拓跋弘去世。冯太后临朝听政，她要把位居南下要津的平城建设成一个能够更进一步接近汉文化的现代都城，这是巩固政治中心的重要措施。于是年(476)十月建七宝永安殿，太和元年(477)建太和殿、安昌殿、乾德六合殿、坤德六合殿、朱明门、思贤门，又在平城以北的方山起文石室、灵泉殿，又建思远佛寺(后改东明观)。

伦理与法制：冯太后从她自己的亲身感受认为，鲜卑族传统父死可娶其后母，兄死可娶其寡嫂等落后婚姻陋俗必须废止。乃于太和七年(483)又下令禁止同姓联姻。

注重革除法制：在法律方面，新订律令八百三十二章，废除裸刑(犯人剥光衣服再处斩)与族诛。严格规定，“非谋反、大逆(犯上)、干纪(违反法纪)、外奔(降敌)，罪止其身而已”(《魏书》)。

破除迷信

太和九年正月下令“图谶、秘纬之书，一律焚毁；留者以大辟论”。又说“诸巫觋假称鬼神，以妄说吉凶，及委巷诸卜非坟典所载者，严加禁断”(《魏书》)。

北魏时代在连年战乱的破坏之下，其土地制度原有传统——西晋时代的“占田制”已遭战乱的破坏，各地有其势力的贵族，大地主、寺庙、恶霸们乘战乱的机会横行霸占，形成一种不同形式的私有制。这种情形又在政治不稳定的状态下迅速发展。这些占有大量土地的势力，为了保障他们的既得权益，必先防制胡乱，于是分别建立起不同形态的寨、堡、坞等军事性的地主庄园。

鲜卑贵族在其军事势力控制之下，也在新占领区中分占土地或由政府机关赏赐而形成新贵大地主。这种私有买卖制与农业经济的互为因果，又造成土地兼并，富者田连阡陌，贫农无立锥之地。这是造成冯太后在太武帝拓跋珪时代的“分土定居”、明元帝拓跋嗣的“计口授田”之后而制定其土地改革“均田制”的主因。

公元485年，北魏太和九年十月，魏廷颁布“均给天下民田”法。其内容的大要为：

一、地分五等

1. 露田(上等田)：男子十五岁以上授露田四十亩，妇女二十亩。两年休耕一次者加倍，三年休耕一次者加两倍(即一百二十亩)。奴婢与平民相同。牡牛一头授田三十亩，限四牛。奴婢与牛死亡时还田归公。受田者依年纳课。满七十岁免课其田归官。

2. 桑田(次等田)：男子授桑田二十亩。桑田(养蚕)得种桑树五十株、枣树(制车)五株、榆(制兵器)三株。桑田可以买卖，永世为业，不必还官。

3. 麻田(不宜种桑树的土地)：男子可授麻田十亩，妇女五亩。奴婢与平民同。有受有还。

4. 宅田：三口(奴婢五口)之家授宅田一亩。

5. 公田：地方官吏各随在职地区授予公田，州刺史十五顷(百亩为顷)，郡太守十顷。治中、别驾各八顷。县令、县丞各六顷。由平民义务劳动耕作。随任交接，不得买卖。

二、土地与租调

依新订标准，规定一夫一妇每年应出帛一匹、粟二石。十五岁以上未婚者，从事耕作的奴婢与耕牛二十头的租调负担与一夫一妇同。

三、土地与人口

地少、人口稠密的地区称为“狭乡”。地广人稀之地称为“宽乡”。在狭乡土地不敷分配时，可移人口于宽乡。赋役差徭各有规定。宽乡各居民不得任意迁移。百姓因犯案流放或绝后者，其土地归还国家。

太和九年(485)，下诏均给天下民田：诸男夫十五以上，受露田四十亩，妇人二十亩，奴婢依良。丁牛一头受田三十亩，限四牛。所授之田率倍之，三易之田再倍之，以供耕作及还受之盈缩。

诸民年及课则受田，老免及身没则还田。奴婢、牛随有无以还受。

诸桑田不在还受之限，但通入倍田分。于分虽盈，没则还田，不得以充露田之数。不足者以露田充倍。

诸初受田者，男夫一人给田二十亩，课莳余，种桑五十树，枣五株，榆三根。非桑之土，夫给一亩，依法课莳榆、枣。奴各依良。限三年种毕，不毕，夺其不毕之地。于桑榆地分杂莳余果及多种桑榆者不禁。

诸应还之田，不得种桑榆枣果，种者以违令论，地入还分。

在当时的北魏统治之下，没有能够随着晋政府南迁的大地主、恶霸、豪族们，在各地普遍是霸占一方，甚至各自为政，各自任命行政官吏。再加上统治者、贵族与军阀，形成另一种恶势力，还有仰胡鼻息的寺庙、僧侣与其他少数胡族群之败类。每一恶势力之下都有不少被统治着的汉人或胡人，在他们的荫庇之下，逃避兵役、差徭。在都市或繁荣的农村有成千上百户人家只由一户支应政府差徭的很多。于是有不满百户的县，还有并无一户一人的县。

乾隆四年校刊

魏書卷一百十 食貨志 五

海郡之贛榆襄賁縣皆以麻布充稅九年下詔均給天
下民田諸男夫十五以上受露田四十畝婦人二十畝
奴婢依良丁牛一頭受田三十畝限四牛所授之田率
倍之三易之田再倍之以供耕作及還受之盈縮諸民
年及課則受田老免及身沒則還田奴婢牛隨有無以
還受諸桑田不在還受之限但通入倍田分於分雖盈
沒則還田不得以充露田之數不足者以露田充倍諸
初受田者男夫一人給田二十畝課蒔餘種桑五十樹
棗五株榆三根非桑之土夫給一畝依法課蒔榆棗奴
各依良限三年種畢不畢奪其不畢之地於桑榆地分

给田文书

图为有关均田制度的记录，上面登记着主人的名字和这一户的受田额，及永业、口分的分别，是北魏时代重要的史料。

冯太后有鉴于此，乃再颁布三长制令：五家为一邻，立一邻长。五邻为一里，立一里长。五里为一党，立一党长。各级分层负责，清查户口，确立户籍，征收赋税。使人人归户，户户归邻，邻邻归里，里里归党。中央可以直接管制，使那些各式各样宗主督护的钳制、奴役的恶势力，不攻自破。

俸禄制

当时北魏的官员没有俸禄，武官之所得靠军队掠夺财物的分赃，以及朝廷的赏赐。

文官靠为中央政府课征赋税而依令附加之所得(附加包括地方的行政经费)。

地方官吏不论政绩如何，任期均为六年，届期轮调。所以他们在自己的辖区之内，只要能为上级政府缴纳规定的税赋，就可以任意横征暴敛，肆意剥夺民脂民膏。

武将则在其占领区内施行军事管制，设立许多战备设施。在其管辖驻州、郡地方机构内设有军事管制性的长史、镇将或督抚之类官吏，遂行其情报与征兵任务。自然而然地也形成恣意剥削民间之实。因为有封爵而没有薪俸，所以官吏多靠贪污渎职(《魏书》序言)取代俸禄。

《魏书·高祖纪》曾列举公孙轨的实例说公孙轨为上党令，上任时“单马执鞭”，调走时“从车百辆”。并叙其贪污暴行说：“世祖将北征，发民驴以运粮，使轨部诣雍州。轨令驴生皆加绢一匹，乃与受之。民间有指责者公孙轨乃捉来其母以矛刺其下体而杀之，并自下而上倒劈，分裂四肢于树上。”

此类贪渎暴行不一而足，冯太后鉴于吏治如此败坏，再不采取有效措施改善，则势必危及国家。乃于太和八年(484)六月正式颁行俸禄制，增加预算。每户增调三匹，谷二斛九斗“以为官司之禄”(《魏书·高祖纪》)。

北魏太和十年(486)，又依官吏所属民户多少，制定俸禄标准。

冯太后与拓跋弘

冯太后“临朝称制”三年(公元470年，北魏皇兴四年)，拓跋弘已经十五岁了，冯皇太后认为拓跋弘已经做了父亲，应该是有治国的能力了，就宣布还政拓跋弘。她自己深居太后宫一心抚养皇孙(拓跋弘的儿子)拓跋宏。

这时候做了祖母的冯太后只有三十来岁。人终归是人，虽然在国家、在宫中都是唯她独尊，但她终归还是人。封建制度、儒家礼教，都压制不了人性的自然发展。于是冯太后的风流韵事也就自然而然地传出宫闱。

拓跋弘也早有耳闻，时时以这个丑闻为耻辱。但为尊重这位把他抚养长大的太后，加之冯太后的面首李奕的哥哥李敷又是先朝遗臣，是参与机要、负责发布文告的南部尚书，所以他对于太后的丑闻只有隐忍下去。

是年(北魏皇兴四年，公元470年)春，李敷犯下知情不报之罪，拓跋弘就借机杀了李敷全家，包括李敷的弟弟冯太后的面首李奕在内。李敷犯罪该杀，他的弟弟李奕没有犯罪也被杀，这分明是跟太后作对。从此，冯太后闷气在心底、色难在脸上。拓跋弘发现太后的异常情绪，内心感到又后悔又烦恼。

拓跋弘决定禅位

《魏书》说拓跋弘是“雅薄时务，常有遗世之心”，这只是对拓跋弘的引退饰词掩护而已。

拓跋弘知书明理，又能恪尽孝道，他想到了秦始皇与吕不韦的故事，也想到冯太后对他的养育之恩，又想到小时候太后给他讲过《和尚桥》的故事：

从前有一位做官的，在他小的时候父亲去世了，年轻的母亲守寡把他养大做了官。中间他这位年轻寡母竟和小河对岸寺庙的和尚结下了情缘。和尚每到这位情人家来，必须涉水过河。水冷，使和尚的腿、脚都很冷。和尚的腿冷，这位情妇就得先给和尚暖腿、暖脚。这位做官的听到母亲的情话后，就在这个小河上修建了一座桥，使和尚来往不必趟冷水，使他母亲也称心如意。后来他的母亲死了，这位做官的就把和尚杀了，并且在桥头上刻了一副对联，上联是“十年前为母尽孝”，下联是“十年后为父雪耻”。

儿时听说的故事，拓跋弘记忆犹新。现在想一想，好像太后早有示意。在当时拓跋弘确有权力可以把皇太后赐死或废掉，可是因为他读过很多儒家的书，宅心仁厚的拓跋弘没有那样做，同时他也不愿意长时间看皇太后那种难看的脸色。拓跋弘想来想去，只有把皇位传给时年五岁的(依《通鉴》)的皇太子，自己离开朝廷。让太后再度执掌国家大政，也许可以讨得她的欢心而原谅他杀了她的情人李奕的过错。于是在北魏拓跋弘的皇兴五年(471)八月二十日，拓跋弘宣布禅位给皇太子拓跋宏。他自己行幸河西阴山，从此全部时间都是督战在外。年仅四岁的拓跋宏登基，是为“孝文帝”，尊拓跋弘为太上皇帝，冯太后为太皇太后，临朝称制。改年号为“延兴”。

《魏书·皇后列传》说：“自太后临朝专政，高祖雅性孝谨，不欲参决，事无巨细，一禀于太后。太后多智略，猜忍，能行大事，生、杀、赏、罚，决之俄顷，多有不关高祖者。是以威福兼作，震动内外。”

五年后冯太后毒死拓跋弘，一个谜一样的故事，给后人留下无限的深思与猜想。

也有说是“先在宫中埋伏壮士，然后以让献文(拓跋弘)入谒为名，将其呼出而暗杀之。时年十岁的孝文帝(拓跋宏)至死不知”(《通鉴考异》)。

南北战争又起

这时候刘宋正在闹浔阳(江西省九江市)派与建康派分裂，内战频仍。当时北魏的统治地盘虽然在黄河以北，但对淮河流域的无形压力仍然很大。

在淮河以北驻防的宋军自相残杀。当时建康派皇帝刘彧所委派驻守悬瓠(河南省汝南县)的司州刺史常珍奇率同守将薛道标向北魏表示投降。北魏中央政府任命常珍奇为平南将军、豫州刺史，并封河内公。另派殿中尚书拓跋石为镇西大将军，率同给事中。都督荆、豫、南雍诸军事的张穷奇接应常珍奇。等到刘宋的浔阳派失败，十一岁的皇帝刘子勋被杀后，效忠刘子勋的徐州(江苏省徐州市铜山区)刺史薛安都、益州刺史萧惠开、梁州刺史柳元怙、豫章郡(江西省南昌市)太守殷孚等都向北魏投降，薛安都还把他的儿子送到北魏做人质。北魏任命薛安都为镇南大将军、徐州刺史，都督徐、兖等五州诸军事，封河东公。

北魏派出镇南大将军尉元率同镇东将军孔伯恭所部一万骑兵到徐州受降。

刘宋的兖州刺史毕众敬起初反对薛安都投降北魏，并且还向刘宋中央检举薛安都叛变，刘宋中央再任命毕众敬为兖州刺史。可是当毕众敬听说刘宋政府已经收斩了他的独生子毕元宾之后，毕众敬又一怒而向北魏投降。

北魏的西路受降大军，由殿中尚书、镇西大将军拓跋石率领给事中兼都督荆、豫、南雍诸军事的张穷奇所部开到河南的上蔡时，已经接受北魏任命为平南将军、豫州刺史的常珍奇率文武官员自汝南来迎。这时候拓跋石为了预防常珍奇发动兵变，立即快马进城，兵分数路，切实控制了各城门据点。常珍奇本来打算深夜纵火、乘势突袭魏军的，及见魏军有备，就没敢有所行动。

战乱三阶段：初期是以抢掠财物、烧杀立威为目的。中期是以掳人(强制移民)、掠夺牲畜以充实基地为目的。现阶段是以扩张领土、加强统治为目的。这三阶段中，初阶段受害最严重的是河北、山东；第二、第三阶段受害最惨重的是河南、安徽和江苏。所以这时候，淮河上游的九个郡县，河南属的汝南郡、新蔡郡、汝阳郡(商水县)、谯郡(商丘市)、陈郡(沈丘县)、南顿郡(项城市)、颍川郡(漯河市郾城区)，安徽的汝阴郡(阜阳市)，江苏梁郡(南京市江宁区)的居民联合组成联庄会，决定放弃祖产，策动男、女、老、幼要求其全部随宋军南迁。

当时正在自顾不暇的刘宋政权认为这是一项沉重负担，对于这批民众的要求迟迟未决。可是北魏却视之为难得的战利资源，于是北魏中央立即组成一个庞大的南下宣慰团，派与汉人过从甚密的建安王陆馥，深入民间展开心战。陆馥原姓步六孤名馥，鲜卑贵族，做相州(河北省临漳县)刺史时与汉人合作无间，一时称道。他要求民众各守本位，从事农耕。并向当地民众提出三大保证：

一、前曾被魏军掳去当兵、当奴仆、当婢女的中原人，一律恢复他们的自由，回归自己的家园。

二、无家可归的或当地没有田地、没有耕牛的，魏政府配给田地、农具和耕牛。

三、免除当地赋税三年。并下令开河北官仓，运粮来赈济河南灾民。

经过北魏的再三安抚，这块新占领区才算安定下来。这是北魏建国一百多年来第一次向汉人低头。

北魏的西路受降大军开到浉水(河南省罗山县境)，本来打算再东进安徽寿阳，接应刘宋浔阳派寿阳守将殷琰投降的，可是魏军迟到一步，殷琰已向建康的刘宋主流派投降。魏军停止前进，掳掠义阳郡(河南省信阳市)数千家居民而撤退。

南北战争再起

北魏的东路受降大军开到彭城，薛安都出城迎接。尉元为防薛安都生变，先派部将李璨率部进城控制各城门及重要据点，另派副手镇东将军孔伯恭率精锐骑兵巡逻城外。

南宋为了抢占彭城，已派出中领军沈攸之。镇军将军张永等率领大军进发彭城，部署好了攻击态势。由羽林监王穆之为后勤总司令，由水路运输大批军事物资，在武原(彭城之东，今江苏省邳州市西北)建立后勤基地。

北魏的总指挥北部尚书、开国公尉元运用灵活的骑兵部队先攻下武原，放火烧了刘宋所有仓储，切断宋军的补给线，再以步骑主力大军闪击张永大营。王穆之放弃基地率残众投奔张永。而张永也在魏军突袭之下乘夜色的掩护向东逃走，打算利用水路逃回建康。这时候是北魏天安二年、刘宋泰始三年(467)的正月。时值隆冬，魏军都是在北方寒冷地带训练出来的，他们都擅于在冰天雪地中作战；而宋军都是在温暖地带生长的，不习惯耐寒作战。士卒在狂风暴雪之下冻死一大半，冻伤手脚的很多。北魏的尉元命薛安都指挥所部，一面收容那些冻伤手脚的宋军兵士，加以救护；一面向宋军部队加强喊话，尉元的骑兵忽前忽后，穿插截击。宋军兵士被薛安都喊话部队喊得人心涣散，逃亡的、投降的、战死的、受伤的，数以万计。从彭城到下邳的六十里路上死尸遍野，宋军抛弃的军械、物资到处都是。张永冻坏了脚，和沈攸之匹马逃回南京。这一夜之间，淮河以北的山东、江苏北部以及淮西地区的河南东南大部分地区都为北魏占领了，而且南朝的刘宋皇帝刘彧还派使节向北魏表示要和平相处呢！

沈文秀与崔道固

北魏占领山东、江苏后，尚有刘宋浔阳郡守刘勋派驻守山东青州的青州刺史沈文秀、驻守山东济南的冀州刺史崔道固两个部队孤悬北魏占领区内。他们虽然兵员不多，同时也知道主子刘勋被杀，浔阳派瓦解，但他们仍然不向建康主流派的刘彧政府投降。建康政府派沈文秀的弟弟沈文炳去游说，沈文秀反而向北魏占领军接洽投降，并要求派军接应。在北魏军还没有采取接应行动之前，刘宋的建康政府派来的骑兵部队已经占领了沈文秀据守的青州所属高密郡(山东省高密市——距离青州市东南一百多公里)和平昌郡(山东省安丘市——青州市东南六十公里)。沈文秀最后的主力部队驻守的长广郡(山东省青岛市即墨区西南平度市，就是“不其城”)，也被刘宋的水师攻占。沈文秀和崔道固见大势已去，乃向建康提出投降条件，要求仍为青州刺史和冀州刺史职位，派来的军队归沈文秀指挥，整军固守古齐地区(山东半岛)。刘宋建康政府完全接受，沈文秀、崔道固遂又向刘宋的新帝刘彧政权输诚。

北魏征南大将军慕容白曜，率五万骑兵自无盐(山东省东平县)沿黄河南岸东进，没经战斗先占了肥城(山东省泰安市下属肥城市)，虏获大批军糈、器械；再下历城(山东省济南市)，回头进攻南宋并州刺史房崇吉的根据地——升城(山东省济南市长清区东北)。房崇吉只有七百兵士能作战，慕容白曜攻打两个月才把城攻破。慕容白曜气愤之下打算下令洗城，幸经汉人参军韩麒麟的劝说，升城才免遭这场大灾难。

北魏镇东大将军、北部尚书尉元建议魏廷，应在彭城储存大量粮秣，驻屯重兵，把彭城建设成东战场的总根据地。然后占领宿豫(江苏省宿迁市)、下邳(江苏省邳州市)、淮阳(安徽省宿州市东北)、东安(山东省沂水县南)等地。一则可以拱卫彭城，二则可以阻断南宋中央对青州(山东半岛)和冀州(山东省中部)的接应。这是一个军事作战与政治作战一举两得的重大计划。

在双方都正注视着彭城的时候，刘宋中央派禁军总监沈攸之押运粮秣到下邳，皇帝刘彧又下令沈攸之乘势反攻彭城。

北魏派镇东将军孔伯恭率一万步骑兵迎战。孔伯恭把去年冬天俘虏来的刘宋伤患士卒，有冻坏手、脚，有冻坏了耳朵的，孔伯恭统统送还给沈攸之，这下子刘宋的士气被打击得很大。沈攸之与陈显达会师进攻下邳，被孔伯恭骑兵截击，陈显达的龙骧将军姜彦之战死，士卒损伤惨重，沈攸之身受重伤，只身逃到陈显达营垒。是夜，陈显达部队由于长期营养不良加之过度疲劳与恐惧，每人都有些神经衰弱，因而突然发生夜惊。夜惊，又名“炸营”，到现在军中还是公认为是不祥而又极其可怕的景象。因此陈显达的营垒在一夜之间完全崩溃了，将卒四散逃命。沈攸之只身匹马逃回淮阴(江苏省淮安市淮阴区)基地，遗下武器粮秣等军事物资堆积如山。

宋军放弃所有装备器械，乘空船沿运河顺流南逃。北魏孔伯恭追到宿豫(江苏省宿迁市)，刘宋驻守宿豫的鲁僧遵弃城逃走。北魏另一支骑兵进攻淮阳郡，刘宋的郡守崔武仲纵火烧城后弃职南逃。驻守下邳的刘宋徐州刺史王玄载感到自己已经孤立无援，也乘夜弃城逃走。

北魏征南大将军慕容白曜所部自瑕丘(山东省济宁市兖州区东北)进攻刘宋冀州刺史崔道固所据守的历城(山东省济南市)。崔道固婴城固守，慕容白曜筑长墙围之，并另派平东将军长孙陵进攻刘宋青州刺史沈文秀据守的东阳(山东省青州市)，沈文秀开城投降。北魏军刚进入外城就开始大肆抢掠、奸淫、烧杀。纪律之坏，使沈文秀悔恨交并，立即下令关闭内城，并下令全面反击魏军。长孙陵被迫退出城外，整军再战，但因已经失去民心，数战无功，始终没有取得东阳。

慕容白曜包围历城，到次年二月，崔道固在矢尽粮绝、外援无望的情况下才出城投降。刘宋中央派辅国将军崔僧祐率水师沿海北上支援历城。当他在不其城(山东半岛东南隅)登陆时，听到历城崔道固已降北魏的消息，崔僧祐遂即也向北魏投降。

慕容白曜移师会同长孙陵部进围沈文秀据守的东阳城(山东省青州市)。是年(467)秋八月刘宋皇帝刘彧派沈文秀的弟弟沈文静为辅国将军，率高密、平昌、长广、东海、东莞等五郡民兵从海路北上援救东阳沈文秀部。部队在不其城登陆，立即被北魏军包围，又被切断海上退路。是年冬十二月魏军攻破不其城，沈文静被俘斩首。

刘宋青州刺史沈文秀困守东阳城，孤悬魏境，矢尽粮绝，救兵不至，士卒疲惫不堪。粮食吃完了，他们就将树叶、树皮、草叶、草根晒干捣碎磨成粉来做饭吃。民众罗雀掘鼠，自愿饿着肚皮，把所有可吃的东西供给守城将士。北魏围城两年，采取困死、饿死战略，迫使东阳城无力再战而降。全城军民结队在外相拥嚎啕，哭声震天动地。不但没有感动魏军，反而激怒慕容白曜要下令洗城。后来捉到沈文秀，虽然被俘但决不投降，一股正气又使魏军不敢再杀了。沈文秀被押解到平城，北魏逊帝拓跋弘敬重他的忠贞精神，还给他一个芝麻小官做。

青州一破，山东全境已定，淮河以北完全为北魏所有，缠斗两年多的南北战争，暂时告一段落。淮河也就成为南朝与北朝的自然国界了。

北魏把青州(山东半岛)和历城(山东中部)居民强制迁移到首都平城近畿地带。被俘的守城将士及其家属则分别赏给文武官员做奴隶、做婢女；发配到官府或寺庙做奴隶、服劳役的叫作“营户”，为各地镇将军列管。

北魏的征南大将军慕容白曜都督青州、东齐州、徐州三州诸军事，对新占领区实行严格的军事管制。慕容白曜也真的把这个新占领区治理得很好，制定很多农业生产政策。对于地方建设，对于汉人生活的保障都有很好的效果。可惜的是：一、他虽然也是鲜卑族，但他是前燕皇族系慕容皝的玄孙。二、可能是战功太大，有些“功高震主”。三、也许是北魏朝廷内的派系恩怨，公元470年就被拓跋弘以阴谋叛乱罪斩首，并且杀了他的全家，所幸没有“加减”九族。

这次南北战争，把山东、河南、安徽、江苏各地打得尸横遍野、十室十空。拓跋弘下令征收田赋、徭役的标准分为三等负担，每等又分三级：上三级是大户，必须把应征粮食直接运到首都平城缴纳。中等三级户须把应征粮食运到各州政府所在地缴纳。下等三级为贫户，运到该管郡、县政府所指定的仓储验收。正规田赋之外的临时苛捐杂税一概免除。

北魏太上皇帝拓跋弘在朝廷的处境很尴尬，总是想着离开太皇太后冯氏，避免看她那有仇有恨的眼光。

北魏皇兴四年(公元470年，吐谷浑慕容拾寅十九年)，原为北魏西平王的吐谷浑可汗慕容拾寅有两年没有向北魏纳贡，并且又接受刘宋的册封。是年春二月北魏拓跋弘亲征，并派司空上党王长孙观为征西大将军，都督河西七镇诸军事，讨伐吐谷浑。

四月魏军在青海东北境的曼头山与吐谷浑军会战，吐谷浑大败。慕容拾寅率数百人乘夜逃离战场，魏军焚烧吐谷浑的营栅。

原驻曼头山的豆勿来(慕容拾寅的从弟)率部将匹娄拔累等部向北魏投降(匹娄姓后改为娄姓)。

慕容拾寅派别驾康盘龙向北魏进贡请降，魏主囚之。

三年后(473)吐谷浑进犯浇河，魏以司空长孙观为大都督发兵讨之。八月长孙观深入吐谷浑境内收其秋稼。慕容拾寅窘急请降并派儿子费斗斤亲至魏都为质，双方战火暂息。

北魏与刘宋间的战争由于吐谷浑战事而暂以淮河为停战线，现在北魏与吐谷浑停战了，北魏的斥候部队进攻刘宋汝河南岸的前哨汝阴(安徽省阜阳市)，虽然立即被宋军击退，但北魏军已化整为零渗透刘宋防线去打游击战了。

刘宋派来大将萧道成驻防，这对于北魏的威胁很大，可是萧道成也借此机会培养属于他自己的军事实力。

北魏也需要时间来整军了，于是派使节向刘宋提出两国恢复邦交、互派外交使节，并提两国皇室结亲的建议。

刘宋是有心收复失土，但却无力北伐，只有死要面子，要求北魏承认他是正统，尊重他的存在。而北魏则是拿战争当儿戏，把刘宋当玩偶，即便不能立刻消灭他，也不过是把他玩弄在股掌之上。要打，就来打他；不想打、就来谈谈结亲或停战，根本无视于他的正统与尊严。这次要谈和，是因为北方的柔然要来南犯了，他就搬出以前对付其他胡国的老一套手法向刘宋要求停战。

北伐柔然

柔然皇族推出郁久闾予成做可汗，是为受罗部真可汗。郁久闾予成看准北魏的南下野心，他就利用机会南犯北魏。

拓跋弘命京兆王拓跋子推、东阳公拓跋丕二人督率大军自西路出击，命任城王拓跋云等率军自东路出击。汝阴王拓跋天赐、济南公罗乌拔等为前锋，陇西王源贺率所部为总预备队。镇西将军吕罗汉留守京畿。大军在内蒙古武川的女水河畔誓师北伐。

北魏擅以奇袭制胜，先选五千精骑为敢死队，以中央突破战法向柔然的指挥中心冲阵，柔然阵脚大乱，急速败退。北魏军乘胜追击，斩杀柔然士兵五万多，还有一万多人投降，掳获战马、军械、兵器多得无法计算。北魏军追击深入三千多里，刊石纪功后班师，改女水曰武川。

郁久闾予成为争取整备时间，仍施故技，又向北魏提出联姻，表示谋和之意。当时拓跋弘志在南方，总想招纳柔然，就答允柔然的要求，但是后来也没有成为事实。

柔然地处天寒地冻的北方，总是想着向南方温暖地带发展。可是南方的强大阻力就是北魏，屡试屡败。这年(470)在新败之后，又向西南方新疆牧草茂盛的于阗汗国略地。于阗王向北魏紧急求救。北魏与于阗相隔近万里，虽有远水不济近火之憾，但仍派遣骑兵部队西出吐鲁番截击柔然后续部队，柔然得到消息只能大肆抢掠一番后紧急退去。

以胡制胡、实边御胡

北魏为防柔然犯境，每年秋季、冬季都要动员大批人力、物资沿边增防。当时国防部长(太尉)源贺建议以胡制胡，征发边境各胡部落编成国防军常驻边防筑要塞，施行兵农合一的屯垦制。拓跋弘派殿中尚书胡莫寒选拔敕勒部落、高车部落的青年壮士，组训成一支由中央直接指挥的特种勤务部队，分别驻扎山西左云的武周塞与瀚海沙漠以南各要塞。由于胡莫寒贪污舞弊，激起内蒙古及陕北一带敕勒部落的反弹，拓跋弘曾派汝阴王拓跋天赐、给事中罗云等率军弹压，由于对地理环境不熟悉，被敕勒部引诱到陷阱阵地，罗云战死，部队溃散，拓跋天赐只身逃回。

拓跋弘又派太尉源贺率军讨伐敕勒，源贺的威望所及，当地两千多敕勒部落族众望风而降，很快地击破敕勒主力部队，斩杀三万多人，虏获战马三万多匹，俘虏的士卒一万多人都发配到河北中山、河南安阳等地为“营户”（军事管制下的农奴）。

乱平之后，源贺兵分三路进驻边疆各要塞，一则严防柔然，二则督训征集来的新兵。

内蒙古、陕北一带的高车部落，响应敕勒部而宣布反抗北魏的暴戾统治。拓跋弘派军进剿，自内蒙古鄂尔多斯黄河西岸的沃野打到陕西靖边的统万城，再追击到甘肃、青海边界的枹罕。斩高车人三万多，其余各部落发配到河北、河南两地之间，编成“营户”，为屯垦农奴，让他们消灭于无形的漫长时间里。

镇驻长安的东平王拓跋道符，他的父亲拓跋翰是拓跋焘五个儿子中排行第二的儿子。宗爱发动三次宫廷政变，曾一度拥立拓跋翰为帝，不数日又被宗爱杀害。拓跋道符对于这个皇权不振、太后当道的现实极其不满。他积愤之下先杀了监视他的副将和其奴、驸马都尉万古真等，然后宣布叛变。旋即被拓跋弘派来的段太阳乘机杀死，传首平城；拓跋弘又下令令拓跋道符全家自杀！

在这次南北战争中，刘宋退出淮河以北之地时，兰陵郡守垣崇祖率领着一部分残余兵力，退守在江苏灌云的一个海岛(郁洲)上屯垦，两年的整备训练，已稍具实力。这时候垣崇祖想乘北魏中央权力转移的机会反攻大陆，于是在北魏拓跋宏的延兴元年、刘宋泰始七年(471)，垣崇祖率领着这批文武兼具的数百流亡客从郁洲岛上出发，一下子突入大陆七百里的山东南部蒙阴山区，打算在山中建立前进基地，相机配合刘宋北伐。

拓跋弘亲率东兖州刺史于洛侯的地方部队进剿，毫无战斗能力的垣崇祖这一群流亡客又自动退回郁洲岛。翌年(472)刘宋朝廷为鼓励垣崇祖这种义行，特命垣崇祖为兰陵太守兼行徐州事，并拨增步兵二万再自郁洲出击，西进东兖州。当他进入山东南部临沂境山区时，北魏的兖州刺史于洛侯率同地方部队猛烈迎击，垣崇祖大败，只好再退回郁洲，从此无力再起。

祭祀的革新

冯太后的新政是在拓跋宏手中开始实行的。在此之前，拓跋弘虽然禅位给拓跋宏了，事实上他仍以太上皇之尊假皇帝之名行事。

中国本土的道教和外来的佛教在五胡十六国时期曾经多次发生激烈冲突。尤其二十年前在拓跋焘手中那一次更为悲惨。拓跋弘在公元 471 年曾经调查统计过在他的占领区内约有一千四百九十多万平民，而寺庙就有一千零七十五座。每年祭祀叩拜要杀七万五千五百多头猪、羊或牛。拓跋弘觉得这是浪费，于是下令禁屠牛、马。除皇族祭天、祭地和祖庙，允许用猪、羊为祭牲之外，其他祭祀叩拜只许用水果、肉干和酒，不得宰杀牲畜，更不许杀牛、杀马。因为牛是耕田的主要动力，马是游牧生活的唯一力源，这一措施在北魏历史上是重大革新。

拓跋弘也注意到贫富问题，他要求各郡县施行贫富互助，要富家借耕牛给贫农户。他曾下令各郡县一定把“平定盗匪”的工作做好，三年一次考核，做得好的可以升职，做不好的撤职查办。

他任命当代儒学权威孔子之后的孔乘为“崇圣大夫”，世袭食邑五百户。除了专司孔子祭祀事宜外，还要研拟发展教育计划。

拓跋弘为了避免与冯太皇太后碰面，所以常年在外指挥作战或巡访。不过他对“混一中国”、南下犯宋的野心始终不移。拓跋宏的延兴三年(473)，他特别回到首都——平城，指示拓跋宏下令新占领区——青州、兖州、齐州(山东省济南市)、徐州、东徐州(江苏省邳州市)、豫州(河南省)人民每家缴纳绸缎一匹，棉花一斤，谷米三十石。同年秋，拓跋弘亲自下令全国动员，青年十人抽一人入伍从军，每家征收粮食五十石，准备大举南犯。

这年北魏有十一个州发生水灾、旱灾，光是相州(河北省临漳县)就饿死两千八百多人。天灾引起不少人祸，外有柔然南犯，河北尚义的敕勒部落起兵为柔然内应。内有山东汉人刘举领导饥民起义，到处抢掠，刘举还自称皇帝。后经齐州(山东省济南市)刺史拓跋平原出兵讨平。

拓跋弘之死

鲜卑族的年轻战将薛虎子，原任枋头(河南省浚县淇门渡)镇将，驻守黄河渡口，防区包括山东西南部、河北南部、河南北部。薛虎子为人清廉而能干，由于冯太皇太后不喜欢他，把他贬为守门的战士。薛虎子一离开任所，当地治安迅速恶化。太上皇拓跋弘南下巡视，听说上情，立即下令薛虎子官复原职，使当地治安恢复正常。

违反太皇太后懿旨，又触怒了太皇太后。拓跋弘对于太皇太后虽然做了多方面的委曲求全，认错、让步，可是冯太皇太后始终不忘她的情人李奕被杀之恨。在拓跋弘南征北战了五年之后(公元476年，北魏拓跋宏的延兴六年)的春天，冯太皇太后找了个机会把时年二十三岁的太上皇拓跋弘毒死，还大赦天下，又改年为“承明”元年(只改这一年，477年又改为“太和”)，表示了她的胜利还出了这口闷气。

拓跋弘确实是一个好皇帝，对国，他有宏图远志；对家，尽其伦理道德。只是可惜他死得太早了。拓跋弘之死这个谜一样的故事，在《魏书》《北史》皆讳言其死因，只有《通鉴考异》说是冯后所杀。

拓跋弘有七个儿子：拓跋(元)宏、咸阳王元禧、赵灵王元干、广陵惠王元羽、文穆王元雍、北海平王元详、宣武王元勰。

北史卷十三

唐 李延壽撰

列傳第一

后妃上

文成文明皇后馮氏長樂信都人也父朗秦雍二州刺史西城郡公母樂浪王氏后生於長安有神光之異朗坐事誅后遂入宮太武左昭儀后之姑也雅有母德撫養教訓年十四文成踐極以選爲貴人後立爲皇后文十四年崩於太和殿年四十九其日有雄雉集于太華殿帝酌飲不入口五日毀慕過禮謚曰文明太皇太后葬于永固陵日中而反虞於鑒玄殿詔曰尊旨從儉不

太和七年(483)拓跋宏年十六岁。五月五日拓跋宏的侍妾林氏生拓跋恂，冯太皇太后以恂将为太子，而命林氏自杀。冯太皇太后又亲自抚养拓跋恂，七年以后冯太皇太后死。

三大功劳在冯后

冯太皇太后自幼入宫，十一岁时(452)由当时文成皇帝拓跋濬选为贵人。十六岁封为皇后。拓跋濬死(465)，拓跋弘继立，冯皇后就升格为皇太后了。又六年拓跋宏受禅继立，这位皇太后又晋格为太皇太后。

冯太皇太后虽然没有给拓跋皇族生儿育女，但她曾给拓跋氏抚养了两个皇帝(拓跋弘与拓跋宏)，他们长大成人而且都做了皇帝，她还抚养了一个皇太子(拓跋宏的长子)元恂到七岁。这可以说是她对北魏皇族传承的第一贡献。

冯太皇太后运用朝中精明干练的大臣们，辅佐她的孙儿皇帝拓跋宏实行三长制，给北魏奠定政治现代化的基础。实行均田制，完成经济发展的先决条件，是她对北魏国家的又一大贡献。

促使鲜卑王朝迁都洛阳，完成汉化运动。发展儒学教育，重建宗法制度，也是史家所称道的汉文化建设，也是她对中华民族的一大功劳。

冯氏家族又一页

冯太皇太后的父亲冯朗，因犯罪全家被斩。现在冯太皇太后当权了，就要她的孙儿皇帝拓跋宏为冯朗平反，还得依《谥法》解释“圣善周闻曰宣”的释义而追谥冯朗为“燕宣王”。

冯太皇太后的哥哥冯熙，有勇干、深懂阴阳兵法，曾因父亲冯朗案而逃亡。冯太皇太后命有司查访出来，迎进朝廷封昌黎王，任命他为侍中、太师、太保、中书监等朝中要职。可是冯熙还记得他全家都是死在特权势力之手，加之逃亡乡野三十多年的痛苦经验，犹如惊弓之鸟，不敢轻易接近这个权倾天下的妹妹；遂坚决恳求外放，只求一个地方官，终老林泉已足。后来他做了洛州(河南省洛阳市)刺史，一心事佛，建了很多庙宇。拓跋宏的太和十九年(495)四月去世。

冯太皇太后和她一别数十年的哥哥见面，回想可怕的抄家、灭门、离散、重聚，自是感慨万千在心头。可是“工于心计”的冯太皇太后并没有流泪，也没有埋怨。除了给她哥哥一大堆官衔权位之外，立即又想到能使她的哥哥直接跟拓跋皇族建立关系，以掩饰过去的家世。于是她命正在寡居中的博陵长公主(拓跋濬的姐姐、拓跋弘的姑妈、现任皇帝拓跋宏的祖姑婆)下嫁冯熙为偏房。

冯太皇太后一心要把冯家和拓跋皇族的血缘结合为一，她使皇帝拓跋宏选冯熙正房常氏所生的女儿冯润入宫。后来又选博陵长公主所生的女儿冯清入宫，并封为皇后。冯润自恃是姐姐，又先入宫，所以嫉妒冯清，在皇帝面前诬告冯清不贞。北魏太和二十年(496)秋，拓跋宏下令废后，冯清遂出家为尼。

冯熙有四个儿子——冯诞、冯修、冯聿、冯夙。冯太皇太后在世时，冯诞与拓跋宏是同窗同学，后来做司徒(宰相)，又娶拓跋宏的妹妹乐安长公主为妻。冯修为侍中(检察总长)还兼尚书(政府的执行官)。冯聿做黄门侍郎(宫廷总监督)。冯修因阴谋毒死冯诞一案，被皇帝拓跋宏责打一百军棍，贬为平民。等冯太皇太后、冯熙、冯诞等先后去世，做皇后的冯润因与宦官高菩萨通奸而被赐死(公元499年，北魏太和二十三年)，冯聿也被逐出朝廷。冯夙早死。冯家势力在北魏皇族中也就完全消失。

冯太后的面首群

自太上皇拓跋弘死后，年方三十五岁的太皇太后从皇宫到国家大政，可以说是唯她独尊了。年龄和环境的使然，她的私生活便为所欲为起来。

她见一个算命的汉人王叡，长得身材高大、相貌英俊，于是把他召进皇宫侍候太皇太后，官至太史令、尚书令，朝廷机密、国家大政他都参与。王叡还有御虎救驾的故事，太皇太后还特别晋封其为中山王，加授镇东大将军。太皇太后出巡，都是由他随侍护驾。

另一个汉人李冲，“见宠帷幄”(《魏书·皇后列传》)，深得太后欢心，官封尚书左仆射。

还有五个年轻英俊的宦官：“色如处子”的汉人王琚，河北高阳的汉人王质，羌人王遇，氐人符承祖，“供奉称旨”的张祐，都是以州刺史的官衔，在宫内侍奉太皇太后。太后对他们这一群也都“恩宠有加”“赏赐无算”，甚至“颁赐铁券”(《魏书》)，保障免死的特权。

还有一个南齐派来的外交使节刘缵，太皇太后不时在内宫召见遂与之有染(公元483年，北魏太和七年冬)。

关于冯太皇太后的私生活，尽管时人侧目，后人诟病。当时在儒学传统道德里，在胡人传统观念里，女人是没有社会地位，也没有自由权利的。可是冯太皇太后却有她独到的理念，她认为皇帝可以有三宫六院，还可以没有限制地到处“游幸”。皇帝死了，还可以把他的三宫六院移交给他的继承人照单全收。当时还有几个皇帝在后宫养有美女两三万的。没有了皇帝丈夫的皇后、太后、太皇太后，为什么不可以享受这种人人都需要的享受呢？

太后外禮民望元丕、游明根等，頒賜金帛輿馬，每至褒美叡等，皆引丕等參之，以示無私。又自以過失，懼人議己，小有疑忌，便見誅戮。迄后之崩，高祖不知所生。至如李訢、李惠之徒，猜嫌覆滅者十餘家，死者數百人，率多枉濫，天下寃之。

十四年，崩於太和殿，時年四十九。其日，有雄雉集于太華殿。高祖酌飲不入口五日，毀慕過禮。謚曰文明太皇太后。葬于永固陵，日中而反，虞於鑒玄殿。詔曰：「尊旨從儉，不申罔極之痛；稱情允禮，仰損儉訓之德。進退思惟，倍用崩感。又山陵之節，亦有成命，內則方丈，外裁揜坎，脫於孝子之心有所不盡者，室中可二丈，墳不得過三十餘步。今以山陵萬世所仰，復廣爲六十步。辜負遺旨，益以痛絕。其幽房大小，棺槨質約，不設明器。至於素帳、縵茵、瓷瓦之物，亦皆不置。此則遵先志，從册令，俱奉遺事。而有從有違，未達者或以致怪。梓宮之裏，玄堂之內，聖靈所憑，是以一一奉遵，仰昭儉德。其餘外事，有所不從，以盡痛慕之情。其宜示遠近，著告羣司，上明儉誨之善，下彰違命之失。」及卒哭，孝文服衰，近臣從服，三司已下外臣衰服者，變服就練，七品已下盡除即吉。設祔祭於太和殿，公卿已下始親公事。高祖毀瘠，絕酒肉，不內御者三年。

初，高祖孝於太后，乃於永固陵東北里餘，豫營壽宮，有終焉瞻望之志。及遷洛陽，乃自表瀍西以爲山園之所，而方山虛宮至今猶存，號曰「萬年堂」云。

冯太皇太后对于这一点传统道德曾有很激烈的反弹。所以她对于她自己的私生活非常坚持，谁敢反对或批评她就杀掉谁。

她一手养大成人、做了皇帝的拓跋弘，因为杀了她的男宠李奕，虽然事隔五年，她最终还是把拓跋弘毒死了。

拓跋宏也是她一手养大的孙儿皇帝，对她还极其孝顺。当拓跋宏受禅之后她听说对她这一点曾有疵议时，她就把现为皇帝的拓跋宏于冬寒时节幽禁密室三天不给他饮食。有一次太监说了拓跋宏的坏话，太皇太后就把拓跋宏打了几十板子，并且还打算废掉拓跋宏的帝位，召来拓跋宏的弟弟咸阳王拓跋禧做皇帝。幸经她“见宠帷幄”的尚书左仆射李冲和尚书右仆射穆泰等力劝才没有实现，不过延后数年才还政拓跋宏。

拓跋宏的太和十四年(490)九月，四十九岁的冯太皇太后死在平城。拓跋宏依她生前的意思把她安葬在她指定的方山永固陵，并没有和她的皇帝丈夫合葬(拓跋濬葬在故都盛乐金陵)。拓跋宏守孝如仪，还特别建造一座思远佛寺来纪念她。当拓跋宏迁都洛阳后，又依《书》经诰文的意义而在洒水以西勒石记载太皇太后行谊，可见她的影响力有多么大。

冯太皇太后一生虽然没有做过皇帝，可是她享尽了皇帝的威风、特权。鲜卑族的传统，女人没有社会地位，没有权利，可是冯太皇太后却能在这种没有女权的社会里大张女权。拓跋宏能以运用汉人来取汉人天下的思想，可以说是胤自这位老祖母。她做了一任皇后，两任皇太后，临死前还写成家训《皇诰》十八篇，可以算得上是中国名女人中的名女人。

拓跋宏亲政

拓跋宏在北魏历史上是一个很重要的皇帝，因为是他把胡、汉两族群正式合而为一了。

拓跋弘生前曾嘱咐拓跋宏对占领区放宽统治。拓跋宏命中书令高闾等制定新法八百三十二条，叛乱、忤逆罪仍维持灭门、灭族罪十六条，当事人死罪者二百三十五条，其他罪罚三百七十七条。是为北魏有史以来最新最完整的一部法典。这是公元481年的事。

拓跋宏重视阶级身份，他严格规定工人、皂役、商人的子弟们，读过书、学问好的，只能做一些幕僚级的附员，不得任以正式官员，更不得出任行政主管。

又明令皇家、贵族、官员或员生们婚嫁(包括胡汉通婚)必须门当户对，规定贵族同姓不通婚。并严禁“婚聘过礼”或“厚葬送终”等奢侈风气，违者处死。

怀州(河南省沁阳市)人伊祁苟，自称他是唐尧放勋的后裔，在重山(河南省辉县市北)聚众起义，反抗北魏暴政。冯太皇太后命令任洛州(河南省洛阳市)刺史的哥哥冯熙出兵讨伐，伊祁苟所部经过激烈战斗之后大败。冯太皇太后下令屠城，冯熙是从死里逃生出来的，他知道任意杀人的人是多么可恨。他乃串通太后左右，力劝收回成命。

略阳(甘肃省秦安县东南)人王元寿，聚众五千多家起义，自号“卫天王”，反抗北魏暴政。魏秦州(甘肃省甘谷县东)刺史尉洛侯讨伐，王元寿兵败逃走，妻子被俘，送京师斩首。

南朝易主、杨广香叛魏

自公元420年(东晋元熙二年)刘裕篡晋，建立了刘宋王朝，与北魏并立，史称南北朝。南朝的刘宋政权传九世，得国六十年。萧道成篡宋，建立了南朝的第二个帝国，史称“南齐”。

南朝，不管谁篡谁，都是汉人失之、汉人得之，在一般中国人的心目中他仍然算是正统。所以当萧道成的新政权——南齐成立，北魏西南疆重镇葭芦镇(甘肃省武都县东南)氐人杨广香立即宣布向南齐输诚。南齐也立即任命杨广香为沙州(官署设在四川省广云市)刺史，并扩大编制氐族的部落团队。这对北魏是一种侵略行为，所以引起北魏的强烈反弹，第六次南北战争于焉爆发。

是年(公元479年，南齐建元元年、北魏太和三年)冬十一月，正是北魏军习惯作战的好季节，拓跋宏决计用兵南齐。他所部署的战斗路线：

一、东路：由领军将军拓跋琛率骑兵一万南下广陵(江苏省扬州市江都区)。二十八年前拓跋焘曾经兵临此地。

二、中路：先由薛道标率军进攻寿阳(安徽省寿县)。后由拓跋嘉接替薛道标。

三、西路：由征南将军、东荆州刺史、襄阳王桓诞为总指挥。桓诞是东晋名将桓玄之后，桓玄自称“楚帝”时就曾和盘踞在湖北西北部、河南西南部、陕西南部、四川北部这些地区的胡族杂牌部队有联络。后来桓玄失败，全家被杀，桓诞就留在这个胡族盘踞区中为领军将军。八年前他曾率领湖北汉水以北、河南叶县以南的山区胡族部落归顺北魏。魏廷委任其以征南将军、东荆州刺史，并封襄阳王。现在北魏就利用他这个地利之便，命他发动荆州、雍州、郢州(以上都是湖北省境)、湘州(湖南省境内)、司州(河南省南部)等地区各胡族部落，全面性地向南齐的南襄城郡(湖北省南漳县)出击。

桓诞命首领秦远乘虚袭击湖北宜昌的潼阳郡，斩了南齐的郡守。又命北上皇部落首领文勉德，进攻湖北远安的汶阳郡，南齐守将戴元宾弃城逃回江陵。南齐中兵参军刘卫绪反攻汶阳，军队到当阳，北魏的文勉德投降。

河南南部的司州胡族部落，接应北魏中路主力大军进攻安徽滁州，被南齐守军击退。这两处战事失利，使攻占南潼的秦远也退回深山。

北魏的中路大军总指挥薛道标，被南齐施以离间之计，北魏调回薛道标，而以梁郡王拓跋嘉取代其战地总指挥的任务。

号称二十万的北魏步骑混成兵团，以人海战法围攻寿阳。南齐的守将寿阳刺史垣崇祖精于兵法，先筑坝拦积淝水，等北魏军围城部队集中时决坝放水。排山倒海的水势，把北魏的围城部队人马淹死数千，拓跋嘉下令撤退回徐州。

江苏淮阴东南的角城，在当时是控制淮河下游的重要据点。公元480年秋，南齐守军向北魏表示投降，魏廷立即命驻镇江苏铜山的徐州刺史拓跋嘉出兵接应。拓跋嘉先派左翼将军白吐头进攻江苏赣榆境南齐的海西郡，以防南齐乘隙进攻徐州。又派将军元泰进占角城东北南齐的水师基地连口(江苏省涟水县)，配合将军封延部直指角城。

拓跋嘉率平南将军郎大檀进攻江苏东海的朐城，声援南下诸军。

由于角城在战略形势上非常重要，魏廷另派镇南将军贺罗率轻骑兵进攻安徽凤台的下蔡。再东进钟离(凤阳以东的临淮关)，牵制南齐在洪泽湖的水师，以策应角城。

南齐镇守朐城的玄元度婴城固守，南齐又派青州刺史卢绍之所属卢焕率军支援，大破北魏拓跋嘉的主力部队。

水师占优势的南齐又派出一支特遣舰队，沿海北上支援赣榆。这批海战部队有一万多人，利用夜半时分，每人高举两支火炬，把海上、滩头照耀成一片火海，喊杀之声震天动地。白吐头大惊，魏军大乱，未经接战即行撤退。

拓跋嘉听说东战场不支，他自以为已经达成受降任务。同时又怕赣榆的南齐军挥师西向，他就下令撤退，角城又为南齐军收复。

在淮河上游的义阳(河南省信阳市)境内有部分游民，受大别山区胡部落的影响，发动叛变，首领谢天盖自称司州刺史。谢天盖向北魏接洽投降，北魏派乐陵镇将韦珍率军接应。适逢南齐派豫章王萧嶷率军迎战，韦珍乘机掳掠居民七千多家北返。翌年谢天盖的部下刺杀谢天盖，所部回归南齐。

西线有战事

南齐见北魏大军都集中在山东、江苏、安徽地带俟机南犯，驻守河南汝南郡的常元真和龙骧将军胡青苟等又投降了北魏。情急之下，乃策动盘踞在陕西南部、四川西北部的氐王杨后起自武兴(陕西省略阳县)出兵北进。虽然也曾给北魏构成一些战略性的牵掣，但杨后起却又倒戈北魏。

北魏又任命昌黎王冯熙为西道都督，策动湖北、河南交界山区的征南将军桓诞所属胡族混合兵团，进攻河南信阳的义阳郡。在安徽、江苏地区的贺罗部、拓跋嘉部以及投降过来的南齐各种地方部队，都对南齐发动全面性的反攻。俘虏三万多人，将其解送平城，拓跋宏下令分配给朝中群臣及有战功的将军们做奴婢。

桓标之等起义

南朝在刘宋时代就和北魏划定势力范围，以淮河为国界。萧道成篡宋，成立南齐政权，其国策仍是以北伐北魏、收复黄河以南的失土为目标。

南齐建元二年、北魏太和四年，公元 480 年，在北魏统治下的徐州、兖州地方领袖桓标之、徐猛子等集结义民数万人，据城宣布起义，并推晋室后裔司马朗之为盟主。很快就导致青州、冀州、兖州(山东省境)和徐州(江苏省北部)各地爆发了全面性的抗暴风潮，魏廷大为震惊。拓跋宏下令淮阳王尉元率平南将军薛虎子所部进剿，并限期平定。

北魏大军围剿义民，桓标之一面据险顽抗，一面紧急向南齐求援。南齐派领军将军李安民率领步骑兵北上支援。又派兖州刺史周山图率水师自淮阴溯河而上增援义民。无如水陆两军行动缓慢，先头到达的少数骑兵很快被魏军消灭。义民都没有受过军事训练，也没有完整组织。人人有勇，个个无谋，一个人战死，一小群跟着溃散，数万之众的义民就是这样瓦解了。

十多万魏军，以地毯式清乡、搜查、追杀。司马朗之也被俘斩首。死难的义民不知其数，被掳义民三万多人被解送平城，发配给官员、战将们做奴婢。

角城再战

角城在淮阴南，是南北战争中兵家必争之地，自去年北魏撤退后，南齐派成买率地方部队驻守。翌年(公元 481 年，南齐建元三年、北魏太和五年)春，北魏拓跋嘉志在报复去年在此败退之仇，于是派数万骑兵进攻角城。拓跋嘉一面派兵围攻，一面四处抢掠财物、食物，奸淫烧杀。居民纷纷向南逃奔。南齐守将成买困城苦战，最后阵亡。南齐又派领军将军李安民率领周盘龙、周奉叔所部增援。

北魏军见南齐主帅战死，自恃十倍于敌的兵力，根本没有把南齐那些地方部队放在眼里。于是只派小部队对敌采用车轮战法，轮番交战，大部队助阵，打算致敌疲于应战，最后彻底消灭他。

周奉叔见北魏军虽然人墙数里，但是人马懒散、毫无战备。于是率领二百轻骑，高声喊杀，一下冲进北魏骑兵阵内，左右冲杀。周盘龙也率数十轻骑急急冲入敌阵奋力厮杀，这数十神骑在阵地中横冲直撞，如入无人之境。意料之外的冲击，把魏军冲得阵脚大乱。北魏军有的人以为这批人冲来冲去好像是自己内部在发生什么事情，有的人莫名其妙地在观望，大家都在发愣，没有人还手，也没有人抵挡。只是在闪避、躲藏。就是这样的一刹那，北魏兵团在没有命令之下不自觉地向后撤退，乃至于溃散。

二月间，北魏为了声援角城之战，派军反攻安徽凤台的下蔡郡。又被南齐豫州刺史垣崇祖击败，斩杀魏军数千人。这一次南北战争，双方都在师老兵疲的状况下不声不响地息兵了。双方都说自己是“大赢家”，只有没有发言权的老百姓才是最悲惨的“大输家”。

北魏太和六年，南齐建元四年(482)，南齐的开国皇帝萧道成死。太子萧赜继立，改元“永明”。

是年秋，北魏拓跋宏鉴于飞狐谷古道是鲜卑族的发祥地与新占领区的交通要道，于是征发冀州各郡民工五万，重修飞狐谷古道。自山西广灵经河北蔚县穿过太行山直达河北的定州(北魏占领区的军事、经济重镇)，全长二百多公里。

秦州(甘肃省天水市)刺史鲜卑人于洛侯，性情凶暴残忍，动辄杀人，杀人还先砍断被杀者四肢，割其舌，然后砍下头颅，悬在高竿示众数天。于洛侯残酷、擅杀，致全州人民都陷于极端恐怖之中。这种事情，这种官，在那个时候到处都是。魏廷唯恐再激起民变，于是下令斩于洛侯以息民怨。

暴戾与反抗暴戾

北魏自占领华北以来，由于他的野蛮习性、残酷手段，在他铁蹄之下的汉人以及其他少数胡族群奋起反抗的事件年年都有，到处都有。不过史书上只记载一些荦荦大者，不写的或略而不详的也很多。仅拓跋宏时代就有颇具规模的十次起义：

一、北魏拓跋宏延兴元年、刘宋泰始七年，公元471年九月，山东青州的封辨领导数千农民起义响应南宋垣崇祖的北伐。

二、同时有自称是东晋后裔的司马小君和刘举等在山东历城领导近万农民起义响应封辨。

三、同年十月间，吐京胡曹平原在山西隰县发动抗暴起义。

四、第二年(北魏延兴二年，公元472年)，山东莱州农民孙晏打死魏派地方官吏，举义抗暴。

五、北魏延兴五年(475)九月，农民贾伯奴在河南宜阳起义，同时豫州农民领袖田智度率众响应。

六、两年后(477)又有伊祁、苟初继起。

七、北魏延兴六年五月，河北冀州有宋伏龙者自称“替天行道、上天使者”，拥有农民数百家起义抗暴。

八、延兴七年(477)春，甘肃秦安农民领袖王元寿，自号“冲天王”，聚众五千多家起义。虽然经魏廷镇压，但却缠斗经年，王元寿战死才算平定。

九、北魏太和四年(480)春，晋裔司马朗之在山东发起农民暴动。各地响应的有兖州徐猛子、徐州桓富、滕县桓标之、泰山张和颜等，声势很大，后经淮阳王尉元围剿经年才告平定。

十、是年在甘肃游牧的氐族酋长齐男王率部落起义。

十一、翌年(太和五年，公元481年)春，一个名叫法秀的和尚，在平城发动反奴役革命，联合全国被发配在王公大臣、贵族门下的奴婢和豪门荫庇下的农奴、工奴们宣告起义，响应的遍及河北、河南、山东各地。魏廷大震，立即逮捕法秀，用铁链穿透他的两肩锁骨，牵着他游街示众。三天后法秀被折磨而死，这个案子震动全国。魏廷依法连坐汉人御史张求等一百多家，有灭三族的，有抄斩全家的，也有只斩当事人的。如依旧法“加灭九族”的规定，已经有一千多人不幸罹难。廷议还要屠灭全国和尚，所幸冯太皇太后没有批准。

十二、拓跋宏迁都洛阳之后(497)，河北定州市民王金钩领导数万农民发起抗暴革命。

在当时，大小型的抗暴运动，小型的抗缴、抗征活动，还有无形的反胡思想活动，可以说是每天都有、到处都有。这些反抗活动大都发生在农村，使拓跋宏深深体悟到要稳固统治，必须先使农民生活安定。

授田与豪强

当北魏势力入侵黄河以南时，当地的官僚政客、士族豪门，大都随晋室南迁。有些留下来的地主财阀们和寺庙僧人，先是各自筑坞自保，后来又发展成区域性的联防联保。他们手下原都豢养着一些除了佃户之外还有各种雇工以及无赖、流民等。北魏对新占领区的绥靖政策，就是收揽这种地主财阀们，给予他们很多特权，利用他们这些势力来维持社会秩序。他们也就因势利导，遂成为新朝的新贵了。

北魏施行“计口授田”，除了保持他们原有的土地外，也把这些佃户、雇工、流民等依制给田。但是这些所授之田，仍由他们的主子——地主财阀们所把持。佃户、雇工、保镖依然是农奴和工奴，徒有“授田”之名，而没有享到“受田”之实。

另一种豪强势力是鲜卑族或依鲜卑族势力为虎作伥的其他少数胡族群。有随军来的，有因战功而封地的。鲜卑族执掌了统治权，他们也全都跟着成了鸡犬升天的“贵族”。他们每个家族都拥有大量的奴婢，有的是发配来的俘虏，有的是发配来的罪犯家属。《魏书》说，高阳王拓跋雍家有这种奴婢达六千多人。至少有一千多奴婢的鲜卑贵族还不知道有多少家。这些奴婢都是他们主子的工奴、农奴、各种制造的艺匠。还有很多没有逃走能力的小农民，为了生存，只好甘心做奴隶。也有借其主子权势的，这一类的人家史称他们为“荫户”。还有寄生在寺庙之下的“僧祇户”（农奴)、“佛图户”（奴隶)、“沙弥”等。这一类豪强，不仅霸占着大量土地和劳力，在他们所荫庇之下的奴才们还常仗势欺压善良人民，强占百姓土地和财产的到处都有。在当时也形成一种相当大的恶霸势力。正如拓跋宏自己所说：

“富强者并兼山泽，贫弱者望绝一廛，致令地有遗利，民无余财，或争亩畔以亡身，或因饥谨以弃业。”（《魏书·高祖纪》)

三长制与均田

拓跋宏为了稳定社会秩序，积极下令推行“三长制”：五家为邻，设邻长。五邻为里，设里长。五里为乡(党)，设乡(党)长。邻长免除一个人的差役，里长免除两个人的差役，乡(党)长免除三个人的差役，以示优惠。三年考核一次，成绩优异者升级。

严格规定人人归户，家家归邻。把所有“荫户”“营户”“工户”除了专为朝廷制作尚方绫罗锦绣之工外，统统编入邻、里中，一律纳入封建式的行政体系。不再是豪门、士族或寺庙的荫庇之户了。

户籍确定了，诸胡流民、工商杂伎，尽归于农。基层组织健全了，再分层建立行政区域，全国共计三十八州。黄河以北十三州，黄河以南二十五州。户口超过了五百万户(淮河以南不计在内)。这一政策使中央政府能够正确地掌握着广大农村的人力资源。把氏族社会、奴隶制度消弭于无形中。

公元481年，平南将军薛虎子积战功而晋升徐州刺史。这个很有些政治才华的地方官，建议把徐州划为军事屯垦实验区。把政府积欠兵士们的薪资(绸缎)变卖，购置耕牛和农具，兵士轮流守卫和耕耘。一年之间开荒十多万顷，又引清水、汴水灌溉，于是徐州平原的肥沃土地大庆丰收。兵士获得大量粮食，价值超过应得薪资(绸缎)的数十倍。北魏的南疆也赖以巩固。这是把游牧经济导向农业经济的开始。

当时的华北、中原地带本来就地广人稀，加之连年战争的破坏，人民逃走的，被掳的，死于战乱的，死于时疫、饥饿的，约在十之七八，以致“千里无烟”，土地荒芜。北魏就把这些荒芜土地收归国有，除了设立很多大型狩猎场、练兵场、畜牧场以外，公元485年，北魏拓跋宏的太和九年，魏廷又依先朝“计口授田制”再发展为“均田制”。

田分为“露田”(没有耕种过的原始生地，肥沃的上等土地)、“桑田”(已经耕种的熟地，次等土地)与“麻田”。

男子十五岁以上的，给上等肥沃之地——露田四十亩，妇人二十亩。奴婢和平民一样授田。休耕、轮耕地加倍给予。丁牛一头的再给三十亩。露田不准买卖或转让，身死或年老没有耕种能力时归还政府。男子另给次等地桑田二十亩，规定种桑五十株、养蚕、缫丝，课征绸缎。种枣树五株、榆树三株，树成，报缴政府做制造兵器资材。麻田是劣质土地，人民种麻、课征加工后的粗纤维，做军事物资。三口人家另给宅田一亩，除造房舍外，必须留出五分之一的土地种蔬菜。桑田、麻田、宅田都为私有，可以继承。

荒僻偏远、地广人稀的地方称为“宽乡”，人口密度高的地方称为“狭乡”。魏廷尽力鼓励小农自动到“宽乡”开垦荒地，可免税三年，不设三长，另立“宗主督护”监督。

在这种“均田”制度下，应缴纳的田赋户税是一夫一妇之户，每年应缴布一匹，绸缎丝麻绢布另计，粮食两石，其他差徭劳役(包括兵役和公共造产的义务劳动)依实征发。年龄在六十岁以上的免役。

拓跋宏为示惠于地方官吏，在行均田制的同时，曾规定：各级行政主管官员，得给均田制外的“公田”。州刺史级给公田十五顷。幕僚长(别驾)、秘书长(治中、长史)各给八顷。郡太守级给十顷，郡司法官(丞)及县令各六顷(《魏书·食货志》)。这些制度以外的给予使均田制失色。以后又准这些特权阶级私相买卖，以致均田制受到严重破坏。

三长制是使北魏的社会结构由氏族宗法型进入区域性的行政体制。均田制，开始把游牧生活的经济形态进步到农业经济形态。刚开始，这不仅仅是对贵族、豪门、既得利益者的一大挑战，也是北魏政权的一次大革命。有权有势的胡官反对，汉人权贵、大地主、寺庙主们畏于魏廷王权的压力，想反对而不敢反对。

实行俸给制

游牧民族的经济特点，是一切生活(包括战斗)资源、财富，统统是随身(马)携带。他们不需要城池，不需要据点，以免财富集中在固定地点，容易被敌人抢去。自北魏正式建国之后，国家幅员扩大了，社会结构也变了，农业经济为主导了。他们也不得不放弃不能适应现实环境的传统观念了。各层各级的官员一天比一天在增加，这些官员都有代表王权的官职，也有扩张王权的官威，但却没有属于自我的固定官俸。州官以上靠朝廷的赏赐，郡县以下靠加征粮食、布匹为经费，包括薪俸在内。所以造成利用官职、权威来贪污的风气非常之盛，以致民怨沸腾。魏廷虽然曾经几度制定惩治贪污的办法，但都不能遏制。

拓跋嗣时代也曾施行过阳光法案，派遣监察御史到各州、郡访查地方官吏所有财产，如果不是上一代遗留的财产，一律视为贪污所得。

拓跋弘时代，对于监察官吏接受一只羊、一斛酒的，一律处死；行贿者同罪。

拓跋宏在俸禄制实行之前，规定："枉法(贪污卖法)十匹，义赃(送礼名义)二百匹，大辟。"(《魏书·刑罚志》)

俸禄是三个月发放一次，以实物——绸缎、布匹或粮食，给付。拓跋宏下令规定：凡贪污绸缎布匹一匹者，不论其方式送礼(义赃)或违法贪污，也不论数量多少，一律处死刑；财产充公。这道命令一下，一年之内郡县级官员被处死的就有四十多人。北魏的吏治，给人民耳目一新的感觉。

人民的税负也相等地加重了，以前每家每年缴纳中央绸缎二匹，棉絮二斤，丝一斤，麻十五斤，谷米二十斛；另外再加征绸缎一匹二丈归州政府。现在每家每年要向中央缴纳绸缎三匹，谷米二十斛九斗；州政府再额外加征绸缎二匹。税负虽然加重了，但是总比以前官吏任意索取，强取豪夺要好得多。

迁都之议

胡人接受汉文化，早在西汉之前就有了。

北魏建国之前，他们的势力范围仅在山西北部、河北西北部不到二百平方公里的范围内。在那个时期他们南下的目标仅仅是抢掠财物、牲畜。稍后，随着他们的势力范围逐渐扩大，他们的目标变成掳人——强制移民。把内地人强制迁移到他们的领地去做农奴、工奴、兵役。建国后，占领区逐年扩大，鲜卑族人以及臣服于鲜卑贵族、皇族的杂胡们也跟着向新占领区迁移；以前被他们掳去的汉人仍然留在他们的基地。这种人口生态，自然而然带来了生活文化的交流乃至血统的交流，这是百年之后鲜卑族必然汉化的自然因子。

北魏自拓跋珪开国(386)、建都平城百年来，版图不断在向东、向南扩展。北方的人口也跟着军事、政治的需要而不断向南迁移。他的政治重心当然也应该南移了。所以拓跋宏就提出了迁都洛阳之议，当时曾遭魏廷元老派的强烈反对。不过拓跋宏权衡于经济、政治、军事诸端，运用巧妙的手法终于实施这个酝酿了几十年的大计划。

一、经济方面：平城地处偏僻的塞外，天气酷寒，农业方面虽然曾经大量移来的汉人常年经营发展，但是限于气候，年仅一收。所获粮食，供应军糈还不够。每逢歉收，魏廷就驱大量饥民南下求食。拓跋珪时代曾强迫关内各州郡的大户人家用牛车运粮到平城塞上供应军糈，以致沿路有很多倒毙的牛只和弃车逃亡的农民，劳民伤财，人民苦不堪言！所以早在拓跋嗣时代就曾计划迁都邺城(河南省安阳市北，一说是河北省临漳县)，为汉人谋士崔浩劝阻。

由于实行均田制，北魏的国家建设已由农业经济为主导了。北魏的粮源都在河北、河南、山东。迁都洛阳正如拓跋宏所说："国之资储，唯藉河北。饥馑积年，户口逃散。"(《魏书》)正可以说明拓跋宏之迁都洛阳，主要是为达其政治目的。

二、政治方面："浑一中原"是北魏有史以来传统的政治野心。洛阳是汉魏帝王故都，是汉文化的中心。都洛阳，可使在北魏中央政治势力日益见重的汉人官员们和倾向汉文化的各种胡族群，容易承认鲜卑族确有继承华夏正统的天赋使命。

三、军事方面：北魏北方的世仇大敌是盘踞在蒙古的柔然。北魏对柔然确实也曾发动过多次毁灭性的攻击，可是始终没有把柔然征服。北疆设有六镇兵力，都是为防柔然。如果移都洛阳，至少在心理上距离柔然远一些。而且如果进兵南齐，调兵遣将也容易得多。

四、交通是国家建设的命脉，洛阳的水、陆交通都很方便。一旦他再发动南北战争，对于运输庞大的军事物资(包括兵源、粮源)都会灵活很多。拓跋宏曾对他的汉人能臣成淹说过：因为大同地带没有可供水运的河川，所以平城虽为首善之区，但是人民非常穷苦。现在移都洛阳，正可利用伊水、洛水，开发黄河的航运以新百姓耳目。(《魏书·成淹传》)其次就是为了吸收先进的汉文化，必须进入汉文化的古都，远离鲜卑人根深蒂固的落后荒漠和偏远的平城。

费尽心机筹备迁都

拓跋宏知道他的迁都计划在皇族中有多人反对，专攻心计的拓跋宏就故意制造机会转移他人的注意力，企图发展自己的计划。于是，一面接受秘书丞李彪的建议，在河南七州(徐州、齐州、青州、洛州、兖州、荆州、豫州)选拔豪门子弟，集中训练地方官员；一面若无其事地示好皇族。于公元487年，北魏太和十一年，下令规定皇家七座祖庙的后裔以及五服以内的皇亲国戚，全免赋税差徭。也就是这些胡人，得由全国纳税人来供养他们那些奢侈豪华的生活。

这立即引起全国农民的普遍不满，在城市街谈巷议，在乡野农村到处都有抗议活动。聪明的拓跋宏为平众怒计，宣布了他的“朝廷减肥”计划，裁撤冗员机构以减轻纳税人的负担。首先裁撤专给皇家营建宫室的工程部，表示不再兴建对民生没有直接需要的工程了。是年(487)冬，又把宫中不事纺织的宫女们全部释放出宫，改嫁给没有妻室的平民。又下令裁撤皇家御库房绫罗锦缎织造部，此后宫中所需，概向民间采购。又把皇家御库存的珠玉珍宝、金银饰物、衣服用具、舆轿车马、绫罗绸缎以及刀枪、弓箭等器物清仓而出，分别赏赐给文武官员、衙役，或在宫内专事服务的工商人、京师士绅、六镇的边防军官士卒以及孤儿、贫穷之人和病人。这是拓跋宏的苦肉之计，却也使民心稍定。

两年后又把大批宫女放出，赏赐给北疆六镇军士以及没有妻室的平民为妻室。这一举措，既可安抚边防军心，又可减轻南迁负担。

绥靖南疆、确保迁都

拓跋宏为了确保南下犯齐的各滩头阵地，一面大力绥靖淮河上游的地方治安，一面在南疆的最前方不断建立前进据点，来掩护他南迁的安全。

在河南南部、湖北北部南齐境内的流民领袖桓天生，自称是东晋名将桓玄之后。曾占据河南桐柏西北五十里山区的平氏城发动民变，北魏也就利用他来到处流窜、骚扰南齐的边防。公元487年，北魏太和十一年，南齐永明五年夏，桓天生引导一万多北魏军占领沘阳(河南省泌阳县)。南齐的护军将军陈显达派征虏将军戴僧静反攻沘阳，两军在沘阳南二十公里的深桥遭遇。大战竟日，魏军不支，转进舞阴(泌阳西北三十公里)。桓天生退保沘阳。

南齐的陈显达进攻舞阳(河南省舞阳县，在舞阴之北一百二十公里)，打算切断北魏军的补给线，而舞阴的南齐守军殷公愍就因陈显达这一战略而乘势击败北魏军。

这时候南齐与北魏是以淮河为界的，不过北魏一方面在淮河上游边界河流不太明确的河南西南部不断地构筑前进据点；一方面在河南、安徽的淮河南岸经常发动游击战。南齐当局已经意识到这是大战之前的征候，于是极力组成前线游击部队，命曹虎为游击将军，并派遣正规军对北魏各前进据点作重点性突击，以攻为守。

北魏太和十二年、南齐永明六年(488)春，南齐派雍州刺史陈显达攻陷北魏在醴水(河南省方城县境)北岸的筑城，再乘胜迂回攻击北魏南疆的重要基地——河南泌阳的沘阳郡。北魏的沘阳镇将韦珍婴城固守，血战十二天，沘阳固若金汤。韦珍乘南齐军疲惫厌战之际，派出敢死队夜袭南齐的大营，纵火烧了主帅帐幕，斩杀无算。夜间作战，到处喊杀横冲直撞，南齐军也不知道敌人有多少。陈显达情急，乃下令撤退。

南齐的游击将军曹虎率军围攻隔城(可能在河南省方城与叶县之间)，北魏的步骑兵团与桓天生部队的混成兵团急行增援，与南齐的曹虎部队大战数天，魏军由于指挥不能统一而大败。士卒被俘的、逃亡的、战死的总数在四五千人。两年后南齐又把这批两千多俘虏送还给北魏，表示大汉正统帝国的宽大胸怀。

南齐驻守角城(江苏省宿迁市东南，距淮阳仅十八里。《古今地名》说在淮阴县西南)的戍将张蒲，利用大雾天气的掩护，秘密和北魏前线驻军接洽降魏。当时北魏派军接应，而张蒲的主官皇甫仲贤也邀同驻守淮阴的将军王僧庆率军截击。张蒲兵败逃走，北魏接应部队撤退。

迁都？反对？迁都？

鲜卑族旧俗都是在首都的西郊筑坛祭天，皇帝登坛(踏坛)祭拜，再绕坛(绕天)三周，至今蒙古民间还保持这种传统。北魏太和十三年(489)春，拓跋宏改在首都(平城)南郊祭天，同年在洼地筑方坛祭地。并沿用汉制使用皇帝“大驾”以示隆重。又命在帝尧的故都——平阳(山西省临汾市)祭帝尧。在舜帝的故都——蒲坂(山西省永济市)祭舜帝。在安邑祭夏禹。在洛阳祭周文王。封孔子为“文圣尼父”，皇帝亲自祭拜。这都是官方制度汉化的开始。

这年拓跋宏任命保守派大将尚书令尉元为宰相，左仆射穆亮为司空——执掌最高监察长官。拓跋宏这一招确实很高明。

拓跋宏为谋顺利达成迁都计划，于太和十四年(490)春召集大臣讨论

“五行”的顺序问题。由中书监高闾最后结论：“皇家为轩辕后裔，应受土德之神保护。因此所有帝王都以建都中原为正统。”

高闾是魏廷最有名望的儒者，也是改革派的倡导者。这番结论应有一言九鼎之势才是，可惜没有达成大臣们的共识。由此可见反对派的潜在势力之大了。

拓跋宏在多方面的接触后，已经知道迁都计划的阻力还很大。六月初，他在明堂召集群臣，没有提迁都事，只是宣布三个战报：

一、在东方：东胡族系的库莫奚部落、地豆于部落进犯东疆，先后经安州都将楼龙儿、征西大将军阳平王拓跋颐作战，均已击退。

二、北方：匈奴族系的高车部，原是东胡族柔然汗国藩属，在俄罗斯境贝加尔湖南畔游牧。酋长阿伏至罗拥有十多万骑。阿伏至罗要求柔然可汗郁久闾豆仑与本朝(北魏)修好，竟遭好战嗜杀的郁久闾豆仑严词拒绝。阿伏至罗一怒之下率领部众脱离柔然而西进西域，占领车师东部(吐鲁番)，自称高车国王。两年来声势大振，严重威胁着现在伊吾(新疆哈密，吐鲁番之东约三百公里)游牧的柔然部落的生存。柔然酋长高羔子率领族众三千多户输诚求援。北魏就封高羔子为伊吾王，命他在当地成军，扩张实力，配合六镇最西的沃野镇，协防柔然与高车。

现在高车酋长阿伏至罗自动向本朝表示愿出兵代魏北伐柔然，已允予支援，并赏给大批绸缎和绣花军衣、甲胄等，鼓励他出兵打击柔然，以策本国北疆安全。(这篇战报暗示北方无战事以安众臣心)

三、据报吐谷浑正在与南齐岛夷勾结，朕曾邀约吐谷浑可汗慕容伏连筹来朝以试探之。慕容伏连筹不仅伪称有病，拒来朝见，而且还在洮阳郡(甘肃省临潭县)东的泥和兴建前进基地。朕已下令枹罕(甘肃省临夏回族自治州)镇将长孙百年发兵反击，我军已下洮阳，俘获吐谷浑兵士三千多人。方才吐谷浑世子慕容贺虏头来朝谢罪，朕已命慕容伏连筹都督西陲诸军事，封西海公爵、吐谷浑王。

永固陵(冯太后的墓)墓内甬道石券门的石雕——捧莲蕾童子

大同市永固陵出土

(1976年)

北魏　永固陵之孔雀浮雕
（1976 年山西大同出土）

由于冯太皇太后的病重，会报中没有提到迁都的事。拓跋宏这些战报本来是安抚众臣的，不过会后众说纷纭，谁也猜不透拓跋宏的心计是什么，只是具有相当实力的保守派却强烈反应着反对迁都。可是拓跋宏处处都在障眼法的技巧下进行迁都准备。

《魏书》说拓跋宏“幼有至性，五岁受禅，悲泣不能自胜”，并且表示接受禅位，内心感到不平衡。年仅五岁的幼童，如果真的能够说出这样成熟的话来，确实是天赋奇才。冯太皇太后确实曾想到唯恐他日后不听话，所以她顿生废帝之意，还打算由拓跋宏的弟弟拓跋禧来接帝位。当时由于太尉拓跋丕、尚书右仆射穆泰等恳切劝阻，才没成为事实。如不然的话，北魏的历史恐怕不是这样书写了。

迁都洛阳

公元 490 年，北魏太和十四年，九月十八日这天晚上，拓跋宏为冯太皇太后的病重而纳闷，独自一人在寝宫中沉思。他想到过去冯太皇太后的养育之恩，也想到太后的管教之严，回味太后曾在寒冬季节，把他禁闭在密室中，只准穿着单衣，三天不给饭吃的苦况。又想到冯太皇太后的私生活，因为他私底下表示一点意见而被太后下令把他责打数十板子，差一点被打死。二十年来他这个有名无实的皇帝所承受的管教与打骂，已经不计其数了。

当他正在想到未来能否熬到实至名归的时候，宫女突然悄悄地进来向他附耳低语说：“太皇太后已经过世了。”拓跋宏打了一个冷颤，怔了一下。在他心底积压了二十年的反弹情绪突然间像火山一样喷发了。不过由于他的身份、环境不同于一般人，他只有移情于“哀伤逾恒”（《魏书·高祖本纪》），五天未进饮食。

以对外战争来抚平内部不安，是历来政治领袖们所惯用的谋略。

翌年(491)八月，拓跋宏派北方六镇之一的怀朔镇(内蒙古自治区固阳县)的镇将拓跋颐和镇北大将军陆叡等率军十万北伐柔然。

九月间又派氐族武都王杨集始进攻南齐的汉中(南郑)。杨集始战败，入朝请罪，拓跋宏不曾罪责，反而封他为汉中郡侯、武兴王，并派为南秦州刺史。

太和十七年(493)春，派宋弁等去南齐报聘暗中搜集资讯。又派散骑常侍张礼出使吐谷浑。

是年五月十三日在皇宫宣文堂设宴款待他父亲拓跋弘的其他儿子们。祖父拓跋濬、曾祖拓跋晃、高祖拓跋焘的子孙们，不论官阶官位、不分辈分尊卑，只叙家常旧话。十五日又在金銮殿上会见三公元老，约定每天来谈政事。

两年的纵横捭阖、文武运作，拓跋宏和他的朝臣们就在这样的矛盾中匆匆而过。而拓跋宏的迁都计划也已日趋成熟。

宋弁回报说南齐皇帝萧赜下令在石头城(南京城西)赶制战车三千辆，并派右卫将军崔慧景为豫州刺史，打算北伐徐州。

丹阳王刘昶，本来是南朝刘宋第二代皇帝刘义隆的第九个儿子，为徐州刺史。于北魏和平六年、刘宋泰始元年(465)，投奔北魏请求政治庇护。时魏帝拓跋弘特别欣赏刘昶的多学才华，待之甚厚，要之为侍中，封丹阳王、征南将军，又做了驸马。

刘昶听到南齐兴兵北伐的消息，适逢南齐的征虏将军田益宗率领河南光山蛮族四千多家投降北魏。刘昶立即兴起他的复国念头，他向拓跋宏恳切乞求带兵南伐萧齐。

拓跋宏下令在江苏的泗阳、淮阴一带广建仓库，积储大量军糈粮秣备战。这时候南朝士族领袖南齐的中央秘书监王肃投奔北魏，向拓跋宏献计讨伐南齐的各项策略。襄阳蛮族首领雷婆思等率领族众一千多家向北魏投降。以上各种事件的发生都在鼓励着拓跋宏的迁都灵感。于是年夏六月又下令后勤部队，兴建黄河大桥。命尚书李冲负责甄选武官干部，不分胡汉，只问能耐，并于六月间举行夏季大会操。

拓跋宏下令整葺以前的牧野故地(河南省延津县的石济以西)，划作鲜卑人南迁后的畜牧场。

是年(公元493年，北魏太和十七年、南齐永明十一年)七月任命太尉拓跋丕、广陵王拓跋羽加授“使持节”留守平城，都督诸军事，以监视反对势力的活动。并到北疆六镇宣慰诸将士，同时征调六镇的精骑部队参加南征的战斗序列。命河南王拓跋干为车骑大将军，都督关右诸军事，率同保守派的司空穆亮、安南将军卢渊、平南将军薛胤等各路兵马七万多骑，自陕西南部秦岭山路的子午谷南下，佯攻南齐的梁州(陕西省汉中市)。

七月十日拓跋宏宣布全国戒严，并发表文告，通知全国各地方机关。八月九日拓跋宏拜别冯太皇太后的永固陵，十一日亲率步骑三十多万人马，号称百万大军，从平城出发南下。九月初大军南渡黄河，二十二日到达洛阳，稍事休整、进行战地教育之后，二十八日拓跋宏煞有介事地下令再出发继续南下。他自己也全副戎装、扬鞭上马。适逢天下大雨，群臣并不知道这是一计，也不知道拓跋宏的真正目的。大家上前恳切劝谏，希望他体恤士卒民心，不再发动战争。拓跋宏还在装模作样一番，最后顺水推舟，表示接纳众臣谏言。但是他说明“如果不再南伐，就应该立即移都洛阳”，“乃定迁都之计”。(《魏书》)

北魏建国一百多年来，无日无战争，人人厌恶战争，人人害怕战争。只要不再打仗，群臣自会乐意顺从。拓跋宏的迁都计划就在这一出戏似的计谋之下达成第一步。

受命留守平城的广陵惠王拓跋羽是献文帝拓跋弘的第四个儿子，是拓跋宏的庶弟。在平城时为外都大官，素有断狱之称誉。孝文帝拓跋宏迁都之前他支持迁都之议，迁都之后他受命留守平城监视保守派的活动，完成特付任务。元宏死，宣武帝元恪继立，拓跋羽也已改姓元，奉调为北魏最大州的司州刺史。位据权要、滥施淫威，是胡官这一时期不胜记叙的通病。元羽以刺史权威诱奸汉人员外郎冯俊兴之妻，时日一久，冯俊兴不可忍，乃乘夜袭击元羽，重伤之。元羽数日不敢外出，死在衙内(见《中国人名大辞典》)。这段小故事虽然只是外小史的小插曲，聊可弥补《通鉴》之不足。

先后平定民变与政变

这时候在北魏的新旧占领区内到处都有俟机而动的反抗势力。拓跋宏这次全国总动员大军南下，谁都知道又是一次大灾难。北地郡人支酉，集众数千人在长安城北石山武装起义，并派使者向南齐驻陕西南郑的梁州刺史要求派兵接应，秦州(甘肃省天水市)变民领袖王广也起兵，活捉北魏秦州刺史刘藻而响应支酉。这一情势的发展，大大震动了陕西中部及甘肃东部的民众，有十多万胡、汉义民纷纷揭竿而起，魏军讨伐部队每战每败。又加上南齐的梁州刺史阴伯率数千骑兵北上接应，情势紧张万分。

拓跋宏急调西路的卢渊、薛胤等部回师平乱，经过几次重大决战，大破义军，支酉、王广等被擒处死。义军投降的有数万，余众溃散。

拓跋宏听说平城保守派对于他的迁都计划不满，就派随行南来的任城王拓跋澄回平城代表他向留守的高级官员们沟通。经拓跋澄分析利害，大家情绪才算平定下来。

拓跋宏安排新都洛阳的建设大纲后，任命穆亮与李冲督同将作大匠董尔(《魏书》说是董爵)等共同负责建设洛阳新宫。规划的洛阳新城东西宽六里，南北长九里，使伊水、洛水两道河在城南尽其交通运输之利。拓跋宏除了极尽美化两河的环境外，又建设了两河桥梁以通商旅。河边花木扶疏，桃柳成荫，水上画舫往来，夜夜笙歌。其间旅馆成群，有专门接待南齐官员来奔的金陵馆，有专门接待西域商旅的崦嵫馆，有专供接待东方商人的扶桑馆。环境极尽美化，馆舍无比豪华。

二百多年前汉魏经营洛阳是以政治、文化为主题的。而今拓跋宏建设洛阳则以商业性的繁荣豪华为主旨。

北魏“太和五铢”拓片

公元495年，北魏太和十九年是孝文帝元宏迁都洛阳的第三年，元宏鉴于市场需要而下令铸“太和五铢”，钱由国家供炉具技术，听由民间依其标准自行铸造。

（依《历代古钱图说》）

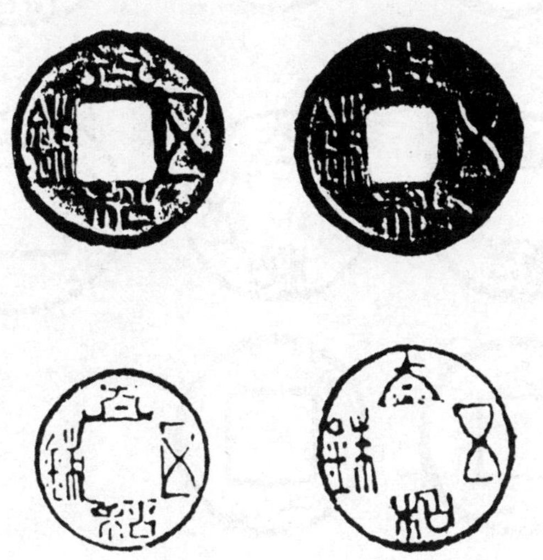

太和五铢

《魏书·食货志》，魏初至于太和，钱货无所周流。高祖元宏始诏天下用钱。十九年(495)冶铸粗备文曰太和五铢，民有欲铸听就铸之，按今所见者大小精粗不一。

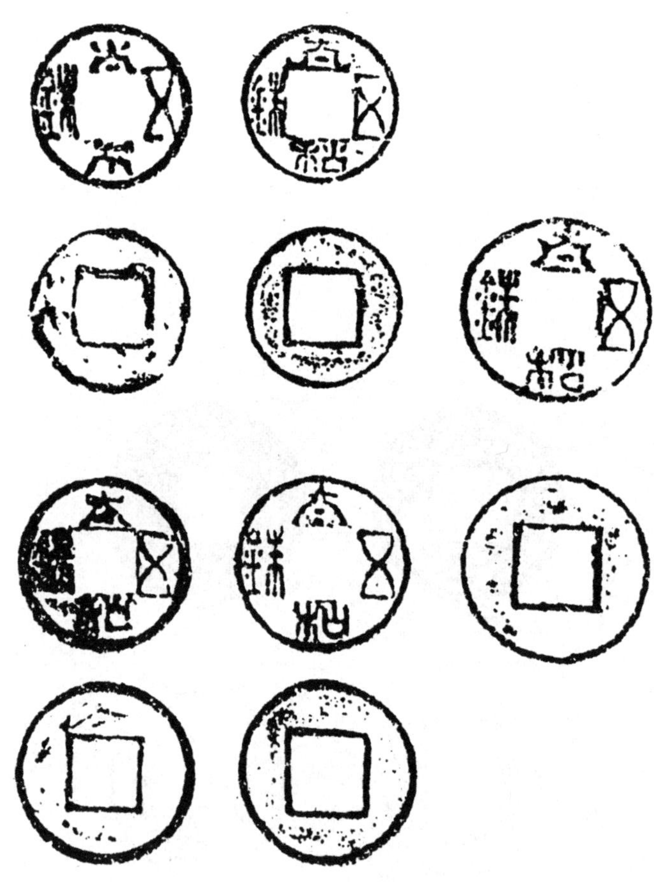

拓跋宏要把已经“廛里萧条、鸡犬无音”(南朝宋公至洛阳谒陵表句)的洛阳，重建成繁华盛世、华夏大国的国都。除了在洛阳城内兴建豪华空前的宫殿、寺庙和达宫显要们美轮美奂的宅第之外，在洛阳城周围还设有商业贩卖区、工业制造区、各种服务事业区、酒家乐户区。天下难得的东西，这里都有(见《洛阳伽蓝记》)。拓跋宏还铸造“太和五铢”青铜钱，在洛阳附近流通。这一举措使西域经商而来的人流连忘返。南朝的中原汉人、胡人特权阶级趋之若鹜。于是洛阳人口激增到十万九千多户。这时候的洛阳，已经不仅仅代表鲜卑贵族统治阶级，而且还是胡、汉特权阶级休戚相关、利害一致的具象了。

军需与外贸

在拓跋宏以前的北魏，承受了十六国以来战乱不已的余绪。对于北方的经济，大致是以汉人的农业为主，其次是胡人的畜牧经济来支持其庞大的军费，根本谈不上商事。拓跋宏建设洛阳就是以市场经济为主要目标的。他不仅大力推广国内的贸迁有无，而且还大力发展国际贸易。东方的日本、朝鲜，北方的突厥、高车，西方的西域诸族、吐谷浑，都有北魏所派常驻的商业代表，而且也都有很好的成就。

商业的发达，带来了城市的繁荣。洛阳是北魏的国都，也是国际贸易的营运中心，可以说是外商云集、贸易鼎盛。东边的邺城，西边的长安也都跟着繁荣起来。

贸易最方便的工具是“钱”。拓跋宏虽然铸造了新的“太和五铢”，可是由于钱的原料——铜的产量不多，加之开采技术与铜矿的探测都是传统旧法，而市场上所需要钱币的流通量却一天比一天倍增。于是拓跋宏下令加工开采铜矿以应铸币之需，加工开采铁矿以供制造兵器。并限制五铢钱

北魏时代之洛阳图

（取自《中国历史图说》）

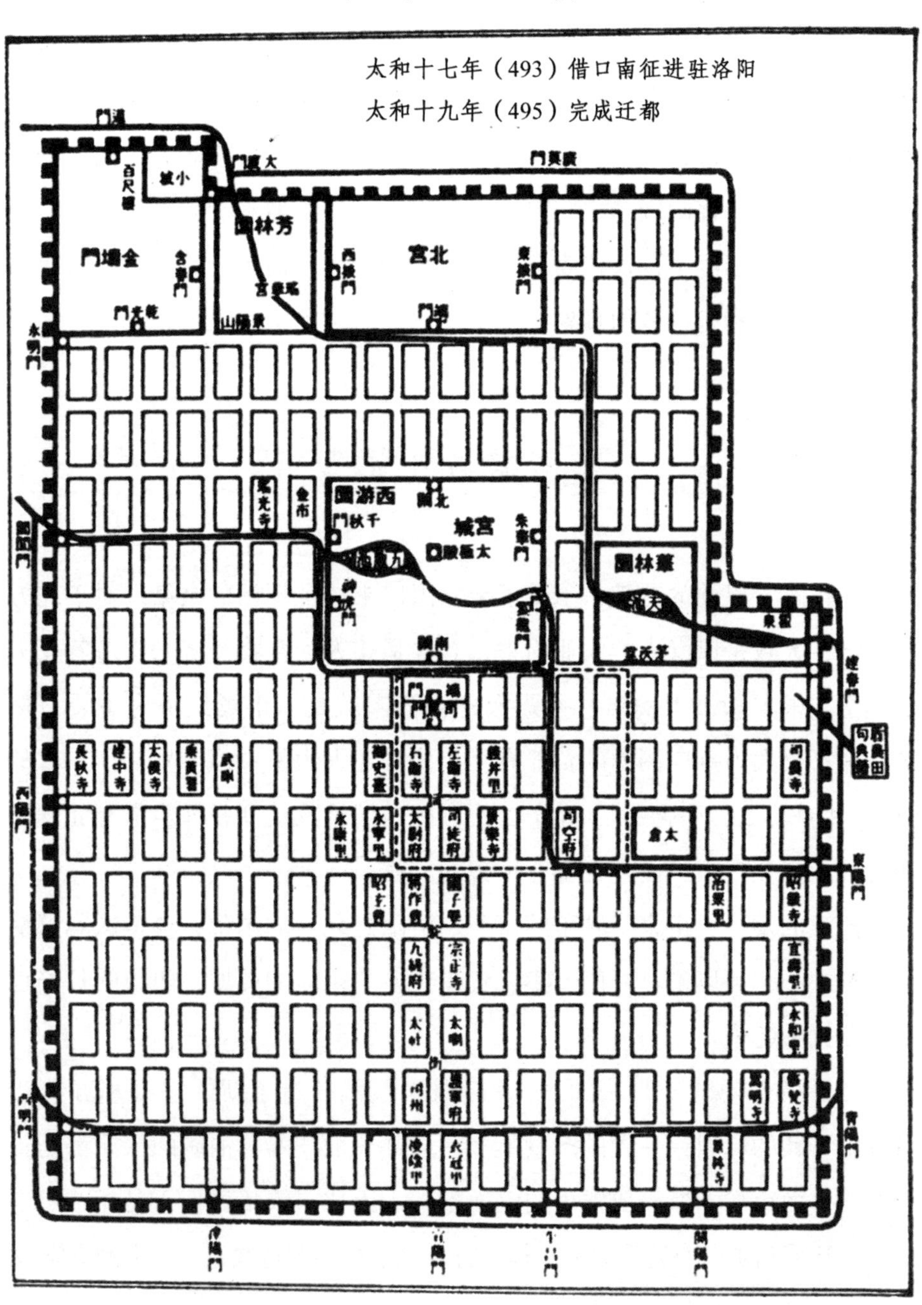

北魏北海王元详造佛像的碑记(公元498年造)，元详为北魏献文帝拓跋弘的第七子。太和中封北海王。宣武帝元恪封其为太傅。后因淫乱而被贬为庶人。

只能在洛阳城内流通，农村依然还是以物易物。

北魏的华北占领区中，尤其是黄河的中下游流域，原本是农业区。可是北魏初占华北前期是以游牧为主，把大好农田强划为牧场。到拓跋珪时才开始重视农业的发展，至拓跋宏时对于农业才有全盘性的具体改革，实行均田制。男丁及妇女都由政府授田，并规定合理赋税。农业才开始大幅度地复苏，新改良的农具与生产技术也都应运而生。

农业生产技术的改良、进步，自然而然地带动工业的进步与改良。北魏高阳太守贾思勰所著《齐民要术》是发展农业很重要的文献，余如纺织、冶矿、兵器雕刻以及手工业也都不断创新地发展。

拓跋宏并在河南滑县筑滑台宫(滑台为北魏在河南的“四镇”——金墉、虎牢、滑台、碻磝——之一)，供奉随行的祖先神主，焚香告庙，禀明已经迁都完成。十月二十八日，派安定王拓跋休率领文武官员回平城迎接皇家眷属。

翌年(公元494年，北魏太和十八年)二月，拓跋宏回平城召集留守的文武百官说明迁都计划的前因后果。命高阳王拓跋雍、镇南将军于烈等把皇家祖庙的牌位护送到洛阳新都，并下令各行政单位自十月十日起全部迁往洛阳。对于平城人民自愿迁居洛阳的称为“代迁户”，免除田赋租税三年，表示鼓励。

在一百多万人口的“代迁户”中选拔精壮勇士十五万人，编成禁卫军，拱卫洛阳皇宫。

五十多年前，北魏灭了胡夏和北凉，当时的北魏太武帝拓跋焘为彻底消灭这两个匈奴族的后裔，就把原胡夏、北凉国境内的陕北和甘肃中部、西部的匈奴族裔聚居地带，以河西走廊为中心，东西三百里辟为河西牧场。把当地匈奴族群聚落统统强制分散迁移他地。五十多年来在这里繁殖的马、骆驼、牛羊等牲口约在千万之上，是为北魏最大的国家牧场。拓跋宏派后军将军宇文福为司卫监，命他在黄河以北的河南沘阳、延津一带开辟另一个河阳牧场，把河西牧场中的马匹、骆驼逐批、逐站地迁移到河阳牧场。

汉化运动的历史观

五胡诸胡国的皇帝，要以前秦的苻坚(338—385)和北魏的拓跋宏最为杰出。苻坚利用汉人王猛而称霸华北，但却不听王猛临死“勿再图晋”的谏言而遭淝水之战的失败而亡国。拓跋宏谨遵汉人冯太皇太后的家训而不断改革、迁都，促进中国北方社会、经济的繁荣和发展，最重要的是促进了中华民族文化的大融合。

拓跋宏迁都洛阳后，所接触的都是中原的儒学大师，对于推广汉化运动无形的助力很大。在拓跋宏的信念里，只有彻底汉化才能沟通汉人情感，只有利用汉人力量才能统一汉人天下。这是冯太皇太后以前教过拓跋宏的家训。

在五胡诸国中接触汉文化最早又最实际使用的就是鲜卑族的北魏。早在三国时代曹操就曾拥有大批鲜卑军队，以后被称为“索头部落”的鲜卑酋长拓跋力微朝见魏元帝曹奂(公元261年，曹魏景元二年)，曾向曹奂提过鲜卑族曾为曹操征调的故事。因此魏廷为了利用他们，每年都赠予拓跋力微很多金、银、绸缎布匹。拓跋力微还派他的儿子拓跋沙漠汗来魏廷做质子，表示臣服魏廷的诚意。

公元265年，司马炎篡魏，是为西晋武帝。拓跋沙漠汗请求回国，晋武帝还赠予他大批贵重礼品。后来拓跋沙漠汗又报聘晋廷，在洛阳游学两年，吸收不少儒家学说，结交了很多文人，可惜回国途中遇害。从此拓跋部落和西晋的外交、商务往来更加热络起来。拓跋沙漠汗的儿子拓跋猗卢做酋长时，正值西晋“八王之乱”，很多中原地方的汉人逃到拓跋部落去避难，其中不少贵族，如军事家姬澹、卫操、卫雄等都做了拓跋部落的军事将领。以后拓跋猗卢出兵协助西晋打败匈奴族的刘渊，晋廷封拓跋猗卢为代王，都是这些汉人的力量。后来姬澹、卫雄等率领三万多家部属归附刘琨，拓跋部落就连续发生子弑父、兄杀弟的内乱。

二十年后拓跋猗卢的侄孙拓跋什翼犍为代王，任用汉人许谦、燕凤等为高级幕僚。他们帮助拓跋部落奠定封建制度的政治体制，发展农业经济建设，并定法律，制定各项生活礼仪，建立初步农业社会秩序。仅仅二三十年间拓跋部落已拥有文明国家的雏型，这些都是汉文化的力量。

拓跋宏一向以华夏主流文化的继承者自许，他曾下过多年功夫，钻研鲜卑族的传统与汉文化的差异。他确认要建立和汉人一样的宗法社会，落实封建制度，必须实行彻头彻尾的汉化，也就是汉化的法制化。所以他决定先从日常生活的文化做起：

改姓氏："代人诸胄，先无姓族，虽功贤之胤，混然未分"（《魏书·官氏志》），这是拓跋宏自己说的。以前他们鲜卑族的祖先们也曾有过"制定姓族"的努力，只是由于游牧生活的流动性太大致而"事多未就"。现行各部落的姓氏，都是随着自然环境和子孙繁衍的主客观条件使然。拓跋宏有志于汉化、封建制度化，必须先把社会结构宗法化。于是他在太和十九年(495)进行了一次姓族文化大革命，把姓氏分为"国姓"和"郡姓"。

皇族当然为国姓。远在拓跋宏之前约六七百年时，有所谓"献皇帝"拓跋豫邻统治鲜卑族时，给自己的兄弟们定皇族姓氏，计九姓，连同皇族改姓元的拓跋氏共为十姓：

纥骨氏(拓跋宏时改姓胡)。

普氏(后改为周姓)。

拔拔氏(后改为长孙氏。依《北朝胡姓考》，把《魏书》中的"拓跋"氏改为今文)。

达奚氏(后改为奚姓)。

伊娄氏(后改为伊姓)。

丘敦氏(后改为丘氏)。

侯氏(后改为俟亥氏)。

以上七姓是嫡系，还有庶支和部属首长的：

乙旃氏(后改为叔孙氏)。

车焜氏(后改为车氏)。

还有功勋大臣的国姓：自从拓跋珪开国以来位晋王公的大功臣们，鲜卑族早先的部落贵族们，自开国以来有三代官在给事中以上或州刺史、镇大将军的都列为国姓。符合这个条件计列八姓：

穆(鲜卑姓丘穆陵氏)。

陆(鲜卑姓步六孤氏)。

贺(贺赖氏)。

刘(独孤氏)。

楼(贺楼氏)。

于(勿忸于氏)。

嵇(纥奚氏)。

尉(西方尉迟氏)。

鲜卑族各部落大人的后裔，自开国以来在中央做过大夫以上的官，或做过县官的鲜卑族贵族人家，或与这些人家在五服以内的而且做过地方官的，都列为郡姓。

汉人曾做过魏廷大臣，或士族、豪门、大地主(小地主不计)的人家都被列为郡姓。不过又按官阶、门第以及对地方的影响力而分为甲、乙、丙、丁四等，和鲜卑族贵族享受同等的政治特权。凡三代做过公的，称为“富贵之家”；万户以上待遇的文官、统帅禁卫军的武官，称为“贵胄之家”，以上皆为甲等。朝廷内卿以上官员及地方高级主管官员称为乙等。

侍从皇帝身边四品以上的大夫称为丙等。中央主管全国官吏的官员为丁等之家。国家遴选人才，都要在这些豪族名门之家中选拔，使门阀陋习法制化。

依上述标准，魏廷公布评定各地区的汉人首户：陕西、甘肃(关中)地区以王、韦、裴、柳、薛、杨、杜等七姓为首户。河北(赵郡)的李家为首户。涿县(范阳)的卢姓为首户。河南荥阳的郑姓为首户。山东以清河崔家为首户。

同时拓跋宏下令鲜卑族各姓一律依汉姓的模式简化，皇族的拓跋氏改姓“元”。从此，“拓跋宏”就得改称“元宏”了。贵族及功勋姓“拔拔”的改称为“长孙”氏。(按：拓跋氏有人说应该是“拔拔”氏，曾经《北朝胡姓考》等书证之。不过本书仍依传统各旧称)

当时在鲜卑族统治之下有所谓“内入诸姓，四方诸姓”的各胡族有一百二十个姓氏的族群或部落，有维持原姓没改的如“吐谷浑氏”(在青海的鲜卑族)、“那氏”(西域)、“瘐氏”(匈奴)、“宇文氏”和“慕容氏”(均为东胡鲜卑族)等，可能是因为统治势力还没有完全控制到而没有改。

有当时奉命改过，稍后又自行恢复原姓的，如“是连氏”后改为“连氏”，到北齐时这个族群又自行恢复为“是连氏”。“若干氏”后改为“苟氏”，到西魏时又恢复原姓为“若干氏”。

还有比较难以理解的如“是贲氏，后改为封氏”，“屋引氏，后改为房氏”，“吐奚氏，后改为古氏”，“出连氏，后改为毕氏”，“是楼氏，后改为高氏”，“大莫干氏，后改为郃氏”，“壹斗眷氏，后改为明氏”，“土难氏，后改为山氏”，等等。在这一百多个胡姓中，除了“拔拔氏，后改为长孙氏”，“乙旃氏，后改为叔孙氏”，“奚斗卢氏，后改为索卢氏”之外，其余全部改为单字汉姓。读者欲知其详，请参阅《魏书·官氏志》或《北朝胡姓考》。

胡汉通婚是早就很普遍的事实，在拓跋嗣时代就明令鲜卑贵族应结纳汉人豪门以缓和胡、汉之间的感情冲突，改善其统治秩序。

拓跋宏更进一步使鲜卑皇族也与汉人通婚为合法。他明令规定鲜卑族同姓不婚。然后下令彻底汉化四要件：

一、通婚姻：国姓的皇族、贵族和汉人郡姓门第相当者，可相与通婚。拓跋宏率先娶汉人名宦冯熙的女儿冯清、冯润姊妹俩为皇后、贵人；又娶罪臣的女儿为林贵人，给他生了太子元恂。并命其弟咸阳王元禧娶陇西豪门李辅的女儿为妾。广陵王元羽迎娶荥阳大户郑平城的女儿。颍川王元雍娶范阳名门卢神宝的女儿。始平王元勰娶陇西李冲的女儿。幼弟北海王元详娶了吏部尚书荥阳郑懿的女儿。

元宏又把太原首户王琼的女儿纳入后宫，娶陇西首户李冲的女儿为夫人，娶光州刺史崔挺的女儿为妃嫔。

元宏还把他的姐姐乐良公主许配给泾州刺史范阳人卢道裕。把他女儿济南长公主许配给卢道裕的弟弟卢道虔。卢家兄弟二人还都因缘做过刺史。元宏又把次女义阳公主嫁给光禄大夫范阳卢仲训。约五十年前(450)拓跋焘杀崔浩时，曾把崔浩母舅家(范阳卢氏)族诛。而今拓跋宏却又把三个公主下嫁给范阳卢家，这些政治婚姻确实值得玩味。

至于其他贵族与汉人世家大族以及普通百姓与百姓之间的姻亲关系还不知道有多少。这些姻亲大都是政治结合，使统治阶级(鲜卑族)的社会基础更深入到汉人社会中。

还有值得一提的是元宏规定胡人迁洛者，籍贯洛阳，死在洛阳者，葬于洛阳。

二、易服制：太和十九年(495)春，元宏(拓跋宏)下令规定：不论胡官、胡民衣着一律汉制化。尤其严格禁止鲜卑族左袒露臂的粗野习惯，胡官违者免职，胡民违者处死。

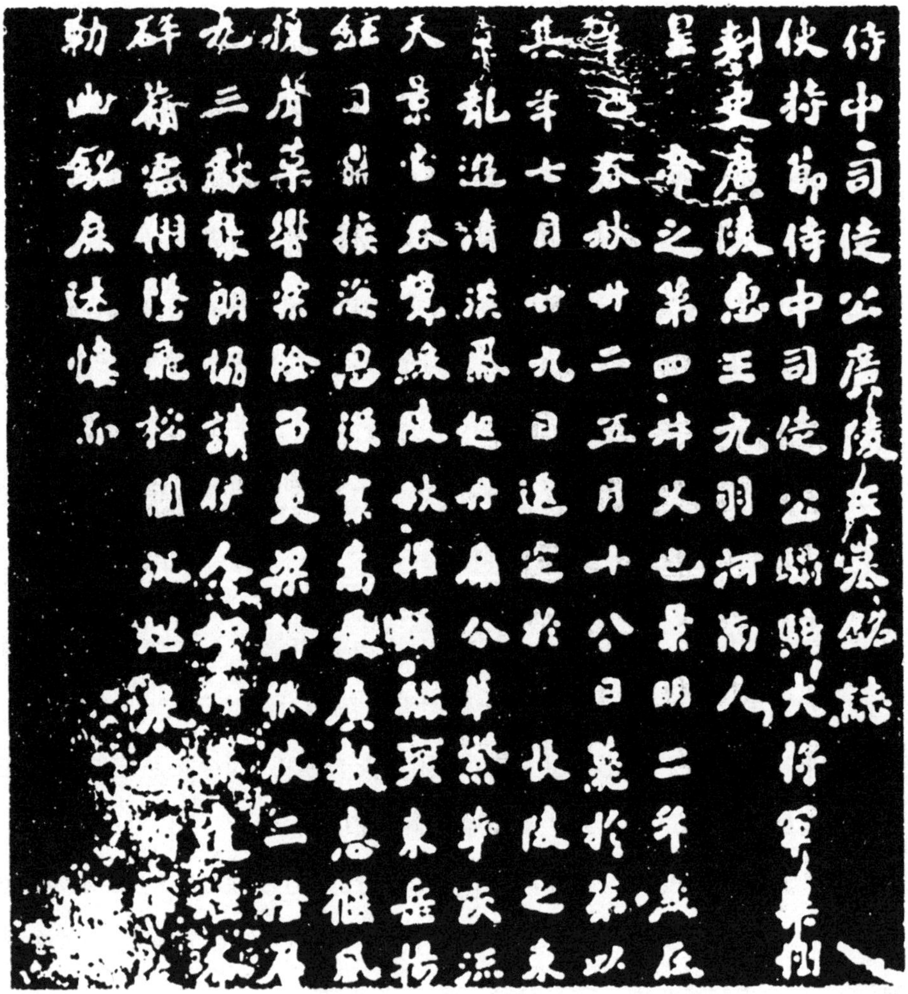

北魏元羽墓志

拓跋羽是献文帝拓跋弘的第五子。太和中封广陵王，为外都大官。孝文帝元宏迁洛，元羽留守平城，监视保守派。宣武帝元恪即位迁司州刺史。改姓(元)又改籍贯为河南人。在司州与员外郎冯俊兴之妻私通，为冯俊兴乘夜所击匿居公府数日才死。(河南洛阳出土)

元宏亲自在光极殿颁发汉式官服、官帽给大臣们穿戴，他也以衮龙袍、十二冕旒为朝服、帽，以车辇代骑马。

这年(495)夏四月，元宏下令规定官员服制分为五等五色：最高级一等为大红色，次高级二等为紫红色，三等为浅红色，四等绿色，最低五等为青(黑)色。同时元宏穿戴法定皇帝制服——衮龙袍、十二冕旒帽子，乘御用辇车回到平城故都南郊祭天。是年秋又颁大红朝服和装饰玉佩的丝带给朝廷大臣。

三、定国语：鲜卑族南下之初，在其占领区中常以胜利者的姿态统治汉人，视汉人为奴隶。在他的内部自然使用鲜卑语，汉人做了魏官、魏工、魏奴的也都限期学习鲜卑语，各级行政机关都设有“传译”人员。在拓跋珪灭了后燕、占领河北之后，就已感觉到在多数汉人的环境里，语言的沟通是个大难题。因为河北将是他们的财源、粮源、兵源之地。他在地方行政上接触民众的机会多了，于是下令鲜卑族各级官员，尤其是地方行政官员们要积极学习适应汉人生活文化，要求鲜卑人读汉文、学汉语；同时也要求汉人官员学习鲜卑语。公用文书、军中号令仍以鲜卑语为主。百年来的环境使然，汉人的生活文化在胡汉之间已经能够很普遍地适应了。所以元宏也就在太和十九年(495)顺水推舟地下令所有胡人的应用语言，包括官府公文、军中号令，一律以汉人通用的“华夏正音”为国语。并严格要求先从朝廷做起，胡官不得再说鲜卑话或其他胡人话。三十岁以上的胡籍官员容以时限学习国语，三十岁以下的即时施行，违者“降爵黜官”。

四、修法律：鲜卑族在拓跋珪建国之前已有类似军律的命令、不成文的罚则。那时候没有审讯制度，也没有监狱，罪犯由酋长断定死刑或杖刑、断肢、剃光头发(髡刑)抛弃山野喂野兽，或发配为贵族奴隶。死刑则有斩首、车裂、腰斩或吊死。

最可笑的是犯了杀人罪的可用牛、马，或给葬仪赎罪。斩首，不分男女要剥光衣服再砍头，叫做“袒斩”。盗窃公物者赔五倍，偷私人财物则赔十倍而无罪。

拓跋珪时代已初具国家规模，他的汉人幕僚三公郎王德等据旧律而制定比较切合汉俗的新律。拓跋焘时代两次修订魏律。到了拓跋宏太和元年，公元477年，司徒拓跋丕建议修法，主张废除袒斩、车裂(轘刑)。太和三年，命老臣中书令高闾主持修法。到太和五年，公元481年冬完成，全部八百三十二章，计门诛(杀全家)者十六条，一般死罪有二百三十五条，一般刑罚三百七十七条。

新的魏律有三大特点：

(一)禁止刑求：一般地方官吏审案，求供不得，就动大刑。除了常见的枷、棰、笞、杖、髡(拔光头发)、烙(铜烙)等刑具外，鲜卑人还有最绝的刑讯方式，用缒石块悬挂在嫌犯脖子上，一块又一块的往上增加，使受刑人伤内至骨，不供不止。还有使壮汉数人轮番搏打的方式。对女人用刑，还有用马鬃刷摩擦脚底板，等等。

(二)严惩贪污：新律规定贪污十匹绸缎者处死。三年后又改为“枉法(贪污)无论多少皆死”。(《魏书·刑罚志》)

元恪经常派禁卫军、虎贲武士守卫各王、公大臣们的住宅，以防其贪污、受贿。

(三)重视人道：废除车裂、腰斩之刑。灭族刑降低等级。太和十二年又补充“犯死罪，若父母、祖父母年老，更无成人子孙者，应加考虑”(《魏书·刑罚志》)。这也算是新魏律的一大特点。

五、定官制：鲜卑族是游牧起家的，他们的官制可以说还不算“制度”，大都是统治阶层依其所司职务随兴而取的。如各部落首领称“大人”。“公共关系人员”称为“凫鸭”，取其游走如飞之义。“侦防犯罪”

的人员称为“白鹭”，取其延颈望远之义。这都是远古的图腾文化。军政武官则称“都统长”，军令武官则称“幢大将军”；带兵的常以“万骑将军”“飞鸿将军”等称呼。

早在拓跋珪的皇始元年(396)，北魏定都平城后，才命其汉人幕僚著作郎邓渊制定官制，文官职称略近汉魏；武官则分“太尉”“尉”“大将军”“将军”之类以鲜卑语和汉语混用的称谓。至于鲜卑内部、行政、军令等仍以纯鲜卑语为常用语言称之。

元宏迁都洛阳后，适逢南齐政府中央秘书监王肃来降。王肃是南齐的朝中要员，学问又好。由于他的降魏，几乎动摇了南齐政府。元宏亲自接见王肃，和他促膝密谈数日夜。元宏命王肃厘订官制，上自国家的组织系统，文武、内外职官名称，军事体制与号令等，统统以南朝现行制度而订定。太和二十三年(499)公布实行。是年元宏病死在战地，他的次子元恪继立，实行元宏未来得及实行的新官制。

六、兴学校：振兴教育是冯太皇太后的遗言，元宏对于这方面要求每郡县至少设学校一所。规定贵族子弟、胡官子弟必须入学读汉文书。以前拓跋焘曾规定不许汉人私设学塾，到元宏时代鼓励儒生授徒。

另封孔子二十八世孙孔乘为“崇圣大夫”，给当地十户人家以供洒扫孔子墓园。元宏又选孔子后人为“崇圣侯”，封邑一百户以奉孔子之祀。

这一系列的不断改进，已把胡族的游牧野性逐渐转化成地著化、宗法化，社会结构也逐渐进入封建制度。更明显的是胡、汉血统、文化混合为一了，也可以说是给中华民族缔造了新生命。

迁都以后的平城

元宏出巡嵩山敕令兴建少林寺，以安顿印度僧人跋陀，供其传教之用。三十年后菩提达摩驻此虔修成名。

在元宏迁都后的第三年(公元496年，魏太和二十年)，反对迁都的保守派首脑人物、恒州(山西省大同市)刺史穆泰和定州(河北省定州市)新任刺史陆叡，联合镇北大将军乐陵王元思誉、抚冥镇将元业、骁骑将军元超等共推朔州刺史阳平王元颐为盟主，勾结已迁洛阳的太子元恂，发起兵变，拟在平城另组中央政府，对抗在洛阳的元宏政权。被推为盟主的元颐，表面上虚与委蛇，暗中却向洛阳的元宏告密。在洛阳的太子元恂乘元宏出巡嵩山的机会，策划调动骑兵准备轻装逃回平城与穆泰等会合。暗潮汹涌两年了的反叛活动，至此已经公开化了。元宏一面把太子元恂抓回来打了一百军棍，囚禁在无鲁城(河南省孟县东)，一个月后又迫令其自尽；一面派贵族中的大佬任城王元澄秘密率领警卫御林军部队兼程赶回平城弹压。并授权“持节”，随时可以调遣当地驻军来作战，还有斩杀大将军级的权力。

这时候在平城京畿各郡县中大部分是经魏军强制移民来的汉人，或因被俘而收编为“营户”的其他胡族。数十年来与鲜卑族的长期相处、生活文化的无形交流，已经显示出来支持元宏的意愿是多数的。这种意识力量已经对穆泰等构成一种压力。元澄是当代重臣，他一进平城就给当地人心一大震撼。

穆泰见势危急，只率数百随从逃出平城西门，很快又被元澄的特务部队逮捕。

元宏见元澄已经稳住大局，他也赶回平城。下令把穆泰和他的亲友、党羽、部下们全部处死，并命陆叡自杀，妻子儿女放逐到河北卢龙的辽西郡为营户。一年后又追究到穆泰的弟弟穆罴、穆亮，也都被贬作平民之后再处死。

皇族中的反对派并州刺史元丕被贬为平民，他的弟弟元业、元乙升和他两个儿子元隆、元超都被处死。

早在元宏受禅不久的时候，冯太后有意废帝，改由元禧为帝。幸经元丕、穆泰等恳求，冯后才没有弄成事实。现在元宏竟把这两个元老恩人贬的贬，杀的杀了。

第七次南北战争

元宏为了探测南齐的国防主力，于公元495年(北魏太和十九年、南齐建武二年)，先下令全国军队：对淮河以北的居民不准抢劫、掠夺，违令者斩。换言之军队在自己国境之内，不得抢劫，过了淮河以南到南齐境内，就可以任意抢夺劫掠了。这是准备进攻南齐之前的政治谋略，先把严肃军纪宣告国人，好使国人支持他的大军南犯。

是年(495)春，元宏命徐州刺史元衍率军进攻钟离(安徽省临淮关)。命大将军刘昶率平南将军王肃所部二十万取义阳(河南省信阳市)。元宏亲率号称三十万的大军南下渡过淮河，到安徽凤台登八公山，缅怀一百多年前(383)苻坚“草木皆兵”的古战场，赋诗吊之。

驻钟离的南齐守将萧惠林击败了元衍的进攻。

南齐的义阳(河南省信阳市)守将是司州刺史萧诞，采取婴城固守、顽强抵抗。王肃一面筑长墙围困；一面采游击战法，专攻南齐军的小作战单位，捕捉斥候、哨兵，使南军一万多人被迫投降。王肃又运用北魏的特种兵——控弦战士——猛射南齐守军，使他们在城墙上不能抬头，不能运动。使义阳陷于苦战，危在旦夕。

南齐派张冲、桑系祖率轻骑兵进攻北魏在江苏沭阳的建陵郡，来牵制北魏的西线作战。又派黄门侍郎萧衍率精锐部队援救义阳。萧衍乘夜色掩护，沿着义阳以南贤首山的小路前进，天明时分在北魏军的背后发动拂晓攻击。魏军措手不及，加上城内守军也乘机出城反攻，魏军在腹背受敌的情况下，只好解围而退。

元宏跟他老祖宗的野心一样，打算从安徽临淮关的钟离南下长江，可是元衍却不能攻下钟离。元宏又前往钟离以北淮河中的一个岛(邵阳洲)上，构筑前进堡垒，又在淮河南北两岸筑城，用木栅栏连结三处工事，横亘淮河之上，意图切断南齐的水上通道。并计划在淮河南岸构筑永久工事，进驻步兵以作长期占领之计。这一计划因他的高级幕僚高闾等分析其利害得失，建议“按理应该班师复员”而作罢。

元宏命城阳王元鸾等在西战场上发动攻势，来掩护东战场的撤退。

南齐驻在钟离的左卫将军崔慧景听说北魏在淮河南岸构筑工事，判定这是北魏虚张声势、掩护退却的谋略措施。深通政治艺术的崔慧景就利用元宏这一心理弱点，派交际人员到魏营向元宏建议和平停战、双方撤兵。元宏也就顺水推舟，立即应允，遂下令班师。

元宏率近卫部队撤到淮河北岸，殿后部队被南齐的水师斩断退路。正在进退不得的危险时刻，元宏派小部队长奚康生援救。奚康生用火攻之计突袭南齐船团，以致南齐军完全崩溃。北魏军始得脱险渡河北撤。

这时邵阳洲上还有一万多人的后勤部队，被南齐军切断退路。这批北魏部队用五百匹战马，交换南齐军让开一条退路，才得以渡过淮河。

西战场上的元鸾所部进攻赭阳(河南省叶县西南)三个多月而无功。安南将军李佐独立作战，拼力猛攻，双方死伤惨重。南齐太子右卫将军垣励生增援，击退李佐。于是在襄阳战区的卢渊、薛真度等也都受到压力而撤退。南齐也没有反攻的能力，第七次南北战争，就是这样不声不响地停战了。

吐京郡(山西省石楼县)的移民胡族部落，起义反抗北魏政权，元宏命驻镇山西隰县的朔州刺史元彬率汾州(山西省临汾市)、并州(山西省太原市)、肆州(山西省忻州市)的地方部队讨伐。

元彬派统军奚康生出击，移民部落向北退到离石的车突谷。魏军追击，虏获牛、马等牲畜数万。移民酋长虽只剩下六百人了，但仍凭险顽抗。最后元彬身先士卒，奋勇冲锋，终于捉到酋长胡去居，余众投降或逃散。

北魏驻在河南鲁山的荆州刺史薛真度向元宏建议说，历来的南北战争，主战场都是在安徽、江苏，最终目标是建康。所以南朝的国防主力大都部署在安徽、江苏。现在应该先取河南西部的宛城(河南省南阳市)，利用当地水运顺流而下到襄樊，再沿长江东下，居高临下，建康唾手可得。元宏采纳了这个建议。

魏太和二十一年(南齐建武四年，公元497年)，元宏命吏部尚书任城王元澄为留守洛阳的总督，御史中丞李彪兼任度支尚书，和左仆射李冲负责后勤业务。命幼弟彭城王元勰为中军大将军。这是总司令的职务，可动员大军百万。

是年秋，元宏决定发起第八次南北战争。于是下令中外戒严，征召河北、河南、山东、山西各地杂胡精壮二十万，编成六个野战兵团。八月二十五日南征大军在洛阳誓师南下。

这次战区遍及河南的鲁山、叶县(赭阳)、淅川、新野、邓城、南阳、泌阳、信阳以及湖北的西北部，战火笼罩整个桐柏山区，兵祸殃及东西八百多里之地。大战经年，魏军两次增兵，投入战场的兵员达四十多万，号称百万大军。

南齐皇帝萧鸾得知北魏开辟了新的西战场，就从西方着眼，另辟新战场来牵掣北魏。于是派谋臣到陕西南部勉县，游说北魏的南梁州刺史氐族酋长杨灵珍叛变，并唆使杨灵珍出兵袭击北魏的氐部主力大军杨集始部。战事一开始，杨集始的两个弟弟杨集同、杨集众都战死在前线，杨集始被迫投降。南齐封他为辅国将军。

元宏立即派遣河南尹李崇都督陇右诸军事，率精骑数万驰援杨集始。大军星夜疾进，很快进占陇南重镇赤土(甘肃省礼县东北)，距成县不到一百里路。

杨灵珍派他的弟弟杨建进驻甘肃成县以西的仇池布防，杨灵珍亲率一万多精锐主力防守仇池东北的鹫峡。把附近几十里路以内的树木统统砍伐来阻塞道路，在鹫峡山口两侧山头上布满了大小矿石、滚木，这都是对付骑兵最有效的防御战法。可是李崇只在杨灵珍的主阵地正面跃马示威，并没有下令攻击。但他另派统军慕容拒率五千轻骑绕过仇池以西，会同宕昌的地方部队，乘夜奇袭龙门后方，得手后和李崇内外夹击鹫峡。出其不意的奇袭，使杨灵珍所部惊为天神。未经接战就一下溃散大半，杨灵珍抛弃妻子儿女，狼狈逃回汉中。北魏收复武兴郡。南齐又派梁州刺史阴广宗、参军郑猷等率军救援杨灵珍，结果被北魏李崇要击，郑猷被俘，阴广宗败逃。

是年(497)秋，元宏命薛真度率军进攻河南的南阳郡，被南齐的南阳郡守军击退。元宏命元勰等后继部队分头再攻南阳和赭阳(河南省叶县西南)。元宏亲率大军本来准备绕过南阳而直取南阳以南二百公里的湖北襄阳，这时也加入南阳之战。在行军途中，南阳的南齐守军曾派敢死队突袭元宏，幸有杨灵度的神弩部队救援，元宏才得脱离战场去转攻新野。

东战场上

河南新野人张赌组织爱国志士一万多家，砍伐树木构筑栅栏连营式的防御阵地来阻止北魏的骑兵，被北魏军以火攻击败。张赌逃走，民军死难的数千人。南齐的新野郡守刘思忌仍在婴城固守，元宏下令筑长墙围困两个月才攻下，刘思忌被斩。

南齐由于部署主力需要时间，就先采取别动战略，开辟东战场来牵掣北魏军。乃派将军王昙纷率骑兵部队进攻北魏在山东莒县的南青州政府，当时北魏驻守江苏与山东莒县交界的黄郭戍镇将崔僧渊，布下袋形阵地诱敌入壳。激战一天一夜，南齐的王昙纷全军覆没。

南齐的另一支别动军由将军鲁康祚和赵公政率领进攻北魏河南汝南境的太仓口。北魏的豫州刺史王肃曾经做过南齐中央秘书监，最了解南齐的军事号令习惯。王肃命长史傅永率军进驻淮河北岸布防。傅永见鲁康祚的部队已在淮河南岸扎营，入夜并见淮河水上有不规则的灯火阵，傅永判断是南齐军准备夜袭的指挥灯号。于是派遣水鬼战士乘夜游到对岸，先把灯号悄悄移动，误导南齐水战部队于深水之处。又用很多葫芦装满油剂系在芦苇深处。寒冬季节，芦苇干枯易燃。派遣水师战士，俟机点燃。这时北魏部队全部离开营帐，兵分两翼埋伏。深夜时分，南齐军果然轻装游过淮河偷袭。前哨摸进北魏大营，发现空无一人，知道已经中计。急欲回头联络后续部队时，后续部队已经大半渡过河来了。这时北魏的伏兵四起，杀声震天。芦苇到处起火，火光照耀如同白昼。北魏最擅战的控弦战士大发神威。南齐军回头跳下河去逃生，又被灯号误导入深水域中，于是淹死的、被杀的、受伤的、被俘的、投降的有数千人之多。鲁康祚淹死，赵公政被俘，已经回到南岸的少数战士放弃营帐逃散。

南齐又使驻镇安徽寿春的豫州刺史裴叔业，进攻北魏的战略要点楚王戍(河南省新蔡县西北)。又被北魏的傅永运用伏兵之计打得大败而逃。傅永只有三千战士，没敢追击。北魏右将军府长史韩显宗率一支别动部队在赭阳击败南齐北襄城郡守成公期后，率部南下会同元宏攻新野。

翌年(公元498年，北魏太和二十二年、南齐永泰元年)春，北魏在主战场上的统军将军李佐攻下新野，俘虏了南齐守将刘思忌及所属数百官兵，有斩首的、断肢的、活埋的，无一幸免。又在河南沘阳西北三十里的舞阴，俘虏了南齐守将黄瑶起。元宏下令把黄瑶起交付豫州刺史王肃处理，王肃为报杀父之仇而把黄瑶起剁成肉酱当饭吃了。

这时候在主战场上的新野郡(河南省新野县)、北襄城郡(即襄城郡，在今河南省方城县境，南朝因其地在北境，故称北襄城)、汝南郡(河南省汝南县)、义阳国(河南省桐柏县)都已落入北魏之手。南齐的南阳郡守房伯玉感到孤城难守遂于公元498年2月向北魏投降。汉水以北地区已经完全沦陷，在湖北、河南一带的南齐驻军惊惶万分。士无斗志，官失信心。于是驻在河南淅川的南乡郡守席谦、驻镇河南叶县的赭阳郡守成公期、驻镇河南唐河的湖阳守将蔡道福等先后弃职南逃。南齐中央派太子助理萧衍督同度支尚书崔慧景等率五千步骑兵增援邓城(河南省邓州市)，在行军途中听说南阳、新野、南乡、襄城等地都已失守，加之兵士疲劳过度，恐惧胡兵野蛮嗜杀。正在进退犹豫之际，北魏的游骑兵突然冲来。南齐崔慧景紧急撤退，在闹沟(襄阳北)渡河时，北魏的控弦精骑兵赶到，万箭齐发，南齐军大乱。士卒争相抢渡，自相践踏，于是落水淹死的、被杀的、被俘的、受伤的、投降的，损失有十之七八，能够逃回襄阳的很少。

北魏军追至汉水北岸的樊城，南齐中央再命右军司马张稷率军增援襄阳。大军刚渡汉水，前军将军韩秀方等十五位将军级的军官宣布投降北魏。南齐军只好退守汉水南岸。

连串的失败，南齐中央大震。立即命太尉陈显达下令全国总动员，举兵西上增援襄阳，迎战北魏军。

元宏也再整军容，命令他的弟弟元勰为都督南征诸军事、中军大将军(总司令)、开府仪同三司，准备再次扩大战果。

涡阳之战

是年(498)三月，元宏进驻悬瓠(河南省汝南县)，命镇国将军王肃进攻义阳郡(河南省信阳市西)，以策应西战场的南下攻势。南齐派驻在钟离(安徽省临淮关)的徐州刺史裴叔业，率五万大军进攻安徽涡阳城来阻绝王肃的后援兵力，希望减轻义阳的压力。涡阳在这次南北战争中的战略地位非常重要，因为涡阳是徐州与信阳前线之间的中间点，而徐州又是北魏南犯的重要根据地，重兵都在徐州。涡阳的北魏守将是南兖州刺史孟表，南齐以五倍多的兵力猛烈攻击。尸体堆积高过城墙，杀伤之众于此可见。城内粮食完了，吃树叶、树皮，吃草，魏军仍然坚守。元宏命驻镇涡河下游怀远的广陵王元羽率军急速溯涡河而上增援涡阳。而南齐另派萧璝进攻怀远西北七十五里的龙亢集，截住北魏广陵王元羽的援军。一场水陆大战，元羽大败。损失军资无算，战士被杀、被俘的过半。元羽退守怀远原防地。

元宏又派名将傅永、征虏将军刘藻、辅国将军高聪等部进攻，皆由王肃统一指挥援救涡阳，又被裴叔业分头奇袭。高聪、刘藻兵败逃往悬瓠，傅永整合残兵败将向北撤退。北魏士卒被杀、被俘一万多，损失战马数万，军事资源、武器不计其数。元宏下令王肃：信阳可以不攻，涡阳不可失。王肃遂解除信阳之围而率步骑十多万人急速进发涡阳，援救孟表。

南齐见战略目的已达，指挥阶层也已无心恋战。一般军心对于胡军的野蛮、残忍都有一些恐惧感，加上北魏的骑兵来也神速，致使南齐士卒惊恐过度，霎时间全军崩溃。北魏军乘势追击，杀伤之众，无法计数。裴叔业只身逃离战场，整合残众退守原防地——钟离。

涡阳之战，最后胜利虽属北魏，可是兵力消耗很大。当年四月中旬，元宏在战地指挥部(悬瓠)下令征召各州、郡地方部队二十万，另高车部落骑兵十二万，预计三个月内在悬瓠集合。高车部落抗命集体逃回贝加尔湖老巢，在瀚海沙漠中投奔柔然族，后来又被北魏江阳王元继说服回来投降。

这时候南齐执掌全国兵权的大司马王敬则发动武装叛乱，紧接着皇帝萧鸾病故，新任皇帝萧宝卷又不得众望，南齐驻镇齐兴郡(湖北省钟祥市)的邓学也向北魏献城投降。邓学的官位是“奉朝请”，在中央有相当的影响力。这几件事情的发生，应该是北魏继续南犯的好机会。可惜一则新的增兵还没有召集完成，军费也有了问题。二则元宏在前进指挥总部(悬瓠)生病，必须到邺城调养，北魏才错失南下良机。是年(498)冬，元宏下令班师回洛阳。

战争的主要资源是钱，北魏自有史以来可以说是从战争中成长的。魏虽有铸五铢青铜钱，那只限“专贸于京邑而不流通于天下”。额度稍微大一点的支付，还是以绸、缎、布帛、粮食或珠宝金玉等为之。

是年(498)秋，总揽军事政治大权的彭城王元勰看到国库空虚而战争不已，就上书元宏，表示愿将自己全年所有收入完全捐献给国家。当时元宏又下令皇宫一切开支减少一半，皇族近亲原有的生活补助费减发一半，正在军中服役的减发三分之一，所有樽节下来的完全供作军费。

马圈城之战

北魏太和二十三年、南齐永元元年(499)，南齐政情稍定，北魏再次南犯的行动也已开始。南齐的太尉(国防部长)陈显达在主战场上采取以攻为守的战略，派步骑兵围攻河南邓州东北三十五公里的马圈城。马圈城是北魏进攻襄阳樊城的前进基地，魏将元英婴城固守。陈显达围城四十天，城中粮食吃完了，吃树叶、树皮，吃草，吃人尸肉，罗雀掘鼠，以等待援军，最后终于弃城突围逃走。南齐军斩杀、俘虏了数千北魏军。南齐军入城后，只顾抢掠财物，没有追击，北魏军得以从容北撤。陈显达又命庄丘黑攻下南乡郡(河南省淅川县)。

元宏得到前方战报，立即下令总动员，命任城王元澄为留守总监督，然后亲率步骑大军自洛阳带病出发。三月初到达梁城，听战报说南齐的平西将军崔慧景正在围攻河南淅川东的顺阳郡。元宏命振威将军慕容平城率五千骑兵驰援顺阳郡。元宏自率主力大军反攻马圈城。

马圈城的地形很复杂，有三道河可以直下襄樊。元宏反攻马圈城是在北面、东面、西面布下重兵并且下令急攻，留下南面三道河流作为南齐军退路。但在马圈城南新野西南赵河的汋均口埋伏一支控弦部队，准备要击撤退的南齐军队。

陈显达见魏军攻势凌厉，下令乘夜色掩护向南撤退。南齐的士兵普遍存在着畏惧胡人的野蛮、残忍的心态。加之北魏军乱箭如雨，所以在撤退中秩序大乱。尤其在夜间联络、指挥都受限制的情况下，已经溃不成军的南齐部队跳水淹死的、被杀的、投降的、被俘的一夜之间总计三万以上，遗下军械糈资不计其数。右将军张千达战死，陈显达仅带数名卫士逃离战场。驻守顺阳郡(河南省淅川县)的南齐平南将军崔慧景也跟着撤退。这次(第八次)南北战争随着马圈城之战的结束而停战。河南、湖北的西北部也都归为北魏。

北魏打了胜仗，本来可以继续南下，可是由于元宏的病重而歇兵。元宏北返洛阳治病，刚到河南邓州境内的谷塘原就病死了，享年三十三岁。时在北魏太和二十三年、南齐永元元年(499)的四月一日。

是年的四月十二日，十六岁的太子元恪在鲁阳郡(河南省鲁山县)宣布继立，是为北魏的“宣武帝”。

元宏从小力大无穷，用手指可以弹碎羊的肩胛骨，又精于骑射，百发百中。后来受到冯太皇太后的约束，不再狩猎。身为皇帝，在战场也没有亲手杀敌以试武功的机会。元宏的这套武艺也只有随其身故而终了。

四十年前，元宏的高祖拓跋焘曾在河南东部、安徽、江苏一带与南朝刘宋政权大战两年，结果是胜利了，还扩张了淮河以北的大片领土。拓跋焘也就在这一战役胜利之后回到平城被弑。而今元宏又在河南西部和南朝萧齐政权大战两年，大胜之后，元宏就病死在战地——河南邓州境内的谷塘原。北朝的南下政策也就画下了句号。

孝文帝元宏也有七个儿子：

皇太子元恂

世宗元恪

京兆王元愉(子元宝炬)

文献王元怿

武穆王元怀

文宣王元悦

皇子元恍

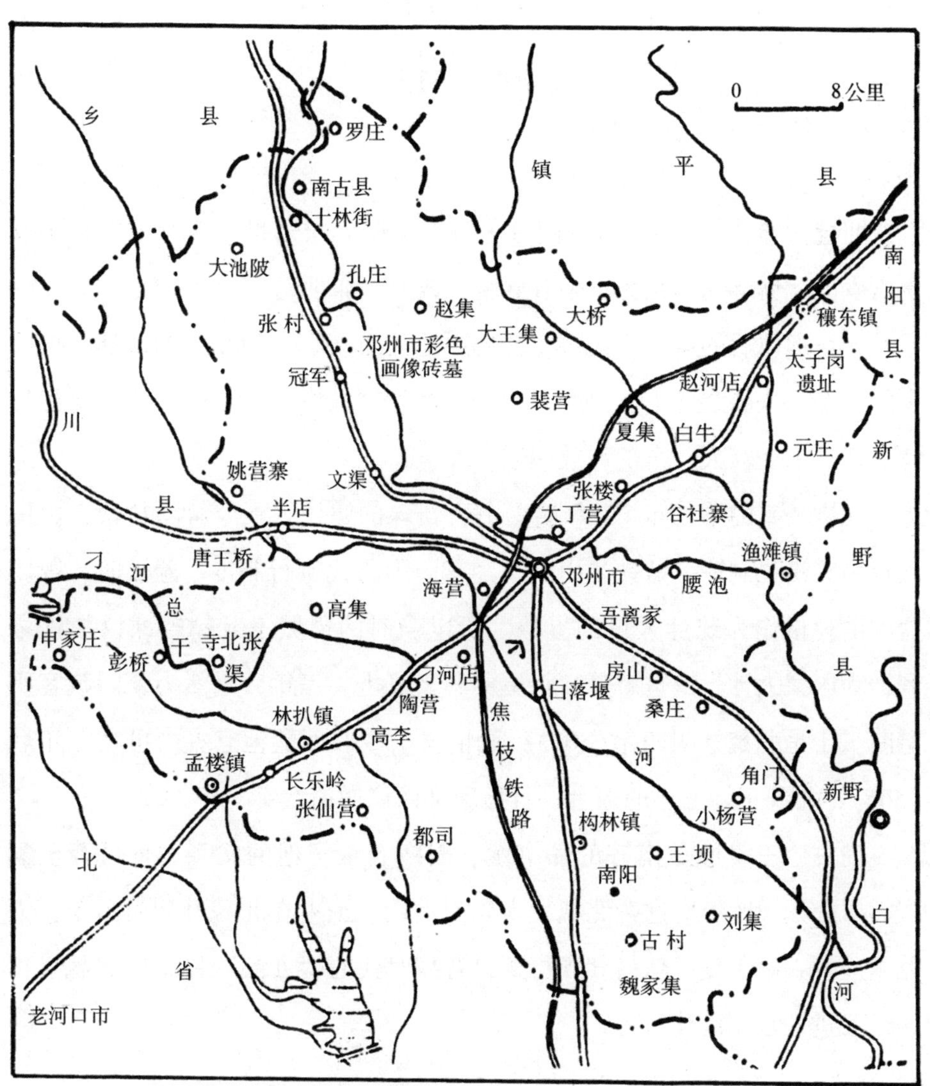

0 8公里
乡
县
罗庄
南古县
十林街
大池陂
孔庄
张村
赵集
镇
平
县
大王集
大桥
南阳县
穰东镇
太子岗遗址
邓州市彩色画像砖墓
冠军
裴营
赵河店
夏集
白牛
元庄
新
川
姚营寨
文渠
张楼
谷社寨
县
半店
大丁营
唐王桥
渔滩镇
野
刁
河
海营
邓州市
腰泡
总
高集
吾离家
申家庄
干
寺北张
彭桥
渠
刁河店
房山
县
陶营
白落堰
桑庄
林扒镇
焦
高李
枝
河
孟楼镇
长乐岭
铁
角门
新野
张仙营
路
构林镇
小杨营
都司
北
王坝
南阳
白
刘集
古村
省
魏家集
河
老河口市

河南省邓州市示意图

元恪时代

（499—515）

北魏太和二十三年(499)四月一日孝文帝元宏逝世。四月十二日年仅十六岁的元恪继立，是为世宗宣武帝，改元“景明”。

元恪即位后的第一件大事，是遵照他父亲(孝文帝元宏)的遗嘱，把后宫的三个“夫人”、九个“嫔”、二十七个“世妇”、八十一个“御女”，计一百二十个宫人，全部释放回家。

元恪登基的第二年(500)接受中尉甄琛的建议，下令解除盐禁，由民间自由买卖或制造。盐铁之由国家经营，为历代所行制度。两汉时，曾以盐的消耗量作为统计人口的方法。所以当时的彭城王元勰曾谏议盐铁之利，为国家大计，一旦解禁，将更不利于民生。三年后果然为豪门政客所垄断，于是北魏景明四年(503)，元恪又下令收回盐池官办。可是三年后(506)，北魏正始三年的四月一日甄琛又谏议撤销专卖。

尚书令王肃原是南齐的秘书丞，因南齐杀了他的父亲、哥哥等全家人，于公元493年春逃奔北魏，为元宏重用。王肃在北魏升到尚书令，为北魏厘订人事制度，依南朝现行源自曹魏时代的“九品”制，使北魏汉化之后又进一步制度化。

裴叔业事件

南齐驻安徽寿县的豫州刺史裴叔业，因为不满中央的政策，乃向北魏驻在河南汝南(悬瓠)的豫州刺史薛真度接洽投降。薛真度大大鼓励。于是裴叔业便派他的儿子裴芬之偕杜陵韦伯昕等前往洛阳向北魏中央呈递请降书。北魏政府立即派遣骠骑大将军、彭城王元勰，车骑将军王肃率步骑十万大军南下接应。并任命裴叔业为“使持节”，都督豫、雍等五州诸军事，征南将军，豫州刺史，并封兰陵郡公。

同时南齐政府下令讨伐叛变的裴叔业，并任命卫尉萧懿接替裴叔业的豫州刺史职务。

北魏方面也加强军事部署，派彭城王元勰为司徒，兼扬州刺史(这个行政区域包括建康在内)，驻镇安徽寿阳。另派大将军李丑、杨大眼(仇池氐族杨难当的孙子)率两千骑兵进驻寿阳，派统军奚康生率一千羽林禁卫军兼程南下增援。

在北魏军队都还没有到达淮河的时候，裴叔业病故军中。部众李元护、席法友等推中军裴植为总监，一面处理裴叔业的善后工作，一面迎接北魏大军奚康生部进驻寿阳城。北魏政府任命裴植为兖州(河南省滑县)刺史，席法友为豫州(河南省汝南县)刺史，李元护为齐州(山东省济南市)刺史。

寿阳之战

南齐的豫州刺史萧懿(南梁第一任皇帝萧衍的哥哥)率步兵三万进驻小岘(安徽省含山县)。交州(侨置)刺史李叔献率军进驻合肥。萧懿派副将胡松、李居士率一万多步兵进驻安徽寿县东二十公里的宛唐镇。骠骑将军司马陈伯之率水师舰队在安徽凤台西南距寿县只有二十五公里的西淝河硖石停泊，准备顺流进攻寿阳。

据守寿阳城的北魏统军奚康生坚守待援。当年四月二十七日北魏彭城王元勰、车骑将军王肃各军赶到。元勰是一位名军事家，他知道河南商城的建安郡是淮河以南的重镇，占据此郡，取得粮源，东下可以俯攻合肥，西上可取信阳(义阳)。乃命统军宇文福立即率精骑直取河南商城(建安)。南齐的建安守将胡景略献城投降。宇文福再东下合肥，把南齐陈伯之的水师困在水上。呼应彭城王元勰、王肃的主力大军分别进击合肥的李叔献和据守宛唐的胡松、李居士。大战三日夜，正在紧要关头，南齐的平西将军崔慧景造反。南齐皇帝萧宝卷紧急密令萧懿回师建康平乱，萧懿匆匆撤兵。李居士、胡松等也无心恋战，就在大混乱中撤退。于是南齐水陆两军都是大败，李叔献投降。

南齐策动北秦州刺史氐王杨集始，自汉中发兵北上收复三年前他被迫降齐时的失地。

北魏梁州刺史杨椿率五千步骑兵进驻下辩(甘肃省成县)，写信给杨集始晓以大义，分析当前利害得失。杨集始为其所动，遂率所部一千多人反正。北魏朝廷恢复了他的爵位，派他驻守武兴郡(陕西省略阳县)。

元恪记取他父亲——元宏“只有利用汉人，才能取得汉人天下”的遗训，就不顾一切谣言、反对，而任命王肃为扬州刺史。这是一个可以统御建康的大行政区，都督淮南诸军事，还授“持节”大权。

是年(500)秋，南齐的骠骑将军府司马陈伯之再攻寿阳(安徽省寿县)，北魏的彭城王元勰急召汝阴(安徽省阜阳市)郡守傅永率部来援。

陈伯之的指挥部在寿阳以西的淮口(淮河北岸汝河入淮处)扎营，主力大军则在淝水入淮处(淮河南岸)的肥口扎营，对寿阳形成正钳形攻势。北魏的傅永先派骑兵数百进攻淮口，同时率步兵三千分乘快艇沿汝河南岸顺流而下，乘夜色掩护直达寿阳。兵士下船，立即对陈伯之的大本营作拂晓奇袭。陈伯之措手不及，全军大乱。被斩九千多人，有一万多人阵前投降，陈伯之只身逃走。

南齐派步将吴子阳、邓元起等率军从河南信阳的三关(平靖关、武胜关、黄岘关)出发，突击魏境的长风城(河南省潢川县南)，打算掩护陈伯之整军反攻。可是立即被北魏驻镇在河南新蔡的东豫州刺史田益宗迎头击溃，一败涂地。陈伯之既败，建康受兵，南齐的反攻计划泡汤了。安徽的淮南郡也从此成为北魏的属地了。

是年(500)冬，北魏驻在河南泌阳的东荆州刺史桓晖，进攻南齐的湖北襄阳东北的下笮戍。当地住民二千多家归降北魏。

北魏镇南将军元美、车骑大将军源怀(源贺之子)及东豫州刺史田益宗，都先后向元恪建议："进拔江陵(南京)则三楚之地，一朝可取。"

三楚：俗谓自淮、沛、陈、汝南、南郡，为西楚。汉项羽曾据此而自称"西楚霸王"。彭城以东，东海、吴、广陵为东楚。衡山、九江、江南、豫章、长沙，是为南楚。

南齐中兴元年、北魏景明二年，公元501年冬，元恪派直寝侍卫羊灵引为军司(参谋长)，督帅田益宗率军南犯。

南齐的建宁左郡(湖北省麻城市)郡守黄天赐，在赤亭(湖北省黄冈市境)迎战北魏，结果黄天赐大败。

杨集始功在北魏

南齐永元二年、北魏景明元年，公元500年冬，氐族首脑杨集始本来是北魏所封的武兴王，驻在陕西勉县(武兴)。三年前(497)被他同族的南齐南梁州刺史杨灵珍攻击，战败投降南齐。是年冬北魏派京兆尹李崇讨伐杨灵珍，收复了梁州、秦州。同时南齐先封杨集始为辅国将军，现在为了要利用他而委任他为北秦州刺史，给他一万兵员，命他从汉中出发北上，收复他的失土梁州、秦州之地。北魏命驻镇仇池(甘肃省成县)的梁州刺史杨椿迎战，杨椿仅率步骑兵五千人屯兵仇池以东的下辩城，写信给杨集始，分析杨灵珍如何降齐，而南齐又如何利用杨灵珍来把杨集始的两个弟弟杀死。杨集始见信悟然反正，在南齐严密监视下只率他自己的亲信部队一千多人回归北魏。元恪下令恢复了他的武兴王，派他驻镇陕西勉县的武兴郡。杨集始非常感激元恪。

北魏拥护元禧的战将杨灵祐、乞伏马居等商议发动政变，谋杀元恪。并打算乘元恪在北邙山狩猎的机会，关闭洛阳各城门，迫使元恪北逃平城，元禧可以凭黄河天险而做起河南皇帝了。会议之后，杨集始飞马北邙山向元恪告密。元恪立即启驾回洛阳，宣告首都戒严，赐死元禧，抹平这场灾难。这应该是杨集始的功劳。

南朝易主

公元502年(北魏景明三年、南齐中兴二年)春三月二十八日，为梁王萧衍一手扶植的南齐末代皇帝萧宝融，自江陵还都南京(建康)。途经安徽当涂(姑孰)就被迫禅位给梁王萧衍，南齐遂亡。南齐自萧道成篡刘宋，传萧赜、萧昭业、萧昭文、萧鸾、萧宝卷、萧宝融计七帝，得国二十四年。

萧衍称帝，国号梁，史称南梁。(萧衍是萧道成的族侄)萧衍之父萧顺之为南齐开国皇帝萧道成封的临湘侯。

当年南齐和帝萧宝融被奉为巴陵王，在姑孰建王宫，还没有完成就被梁帝派郑伯禽到姑孰命他吞金自杀。萧宝融饮酒至醉，为郑伯禽所杀。

北魏志在以寿阳为基地进窥南京(建康)，寿阳距南京(建康)二百公里，因而派党法宗率军进驻寿阳与南京(建康)之间的战略要地小岘山(距合肥东七十里，又名昭关山)。并逐步向东进占南梁边疆要地的大岘山(又名赤焰山，在安徽省含山县东北十三里)，俘虏南梁龙骧将军邾菩萨。

是年(502)秋，北魏驻镇寿阳的扬州刺史元澄，上书皇帝元恪请求进攻钟离。钟离在凤阳东北，是寿阳外围的重要据点。现为南梁的北疆重镇。但经羽林监范绍的分析后没有施行。

是年冬，南梁为防北魏乘其接掌政权之际而南犯，乃派将军张嚣之以攻为守，进击河南光山南、湖北的麻城(后赵名将麻秋所建，故名)东北木陵山的北魏基地。北魏辅国将军成兴布阵反击，张嚣之败退。

这年，西域的疏勒、罽宾、婆罗捺、乌苌、阿喻陀、罗婆、不仑、陀拔罗、弗波女提、斯罗、哒舍、伏耆弗那太、罗槃、乌稽、悉万斤、朱居般、诃盘陀、拨斤、厌味、朱沴洛、南天竺、持沙那斯头等二十二邦国遣使向北魏朝贡(依《魏书·世宗纪》)。

北魏景明四年、南梁天监二年，公元503年，萧衍登基一年后，派侍卫郑伯禽毒杀前南齐逊帝萧宝融，又到处捕杀前南齐诸王公，意欲灭绝萧宝卷诸兄弟。先后捕杀了湘东王萧宝晊及其弟江陵公萧宝览、汝南公萧宝宏、邵陵王萧宝修、晋熙王萧宝嵩、桂阳王萧宝贞等。巴陵隐王萧宝义因残疾幸免于死。时年十六岁的鄱阳王萧宝夤，得阉人颜文智及左右麻拱等协助乘夜逃出，昼伏夜行，投奔驻镇安徽寿阳的北魏扬州刺史任城王元澄。

第九次南北战争

萧宝夤虽然年仅十六岁，但是他出身皇族，复国心切，是年(503)他在洛阳效仿申胥哭秦庭乞师救楚的故事，请求北魏出兵，讨伐南梁。适逢去年投降北魏的南梁江州(江西省九江市)刺史陈伯之，也上书要求魏廷兴师南犯。元恪会商之后，觉得萧宝夤还有利用价值，乃决定发兵。当年四月一日就任命萧宝夤为东扬州(治安徽省定远县)刺史、都督东扬等三州诸军事、镇东将军，封丹扬公爵、齐王，配给军队一万人，并准其自行招募四方英雄豪杰，得数千人。

元恪又下令动员冀州、定州、瀛州(河北省河间市)、相州(河北省临漳县)、并州(山西省太原市)、济州(山东省聊城市茌平区)等六州武装部队二万人，马一千五百匹，约定八月十五日在淮河以南集合。原驻屯寿阳的三万人马，连同镇东将军萧宝夤、江州刺史陈伯之等部，全都交由任城王元澄指挥。

是年秋八月，元恪下令任城王元澄发兵进攻南梁。元澄命统军党法宗、傅竖眼、王神念等为东战区指挥官，分别攻击江南的东关(安徽省含山县西南)、南梁边要之地的大岘山(安徽省含山县东北十三里)、江北重镇的淮陵(江苏省盱眙县西北八十五里)、九山(江苏省盱眙县东北)等地，又派高祖珍率别动部队三千骑兵为后援。元澄则亲率主力为总预备队。

元恪派元英为镇南将军，都督义阳诸军事，率军进攻南梁的义阳(河南省信阳市)。

南梁驻镇义阳的司州刺史蔡道恭派骁骑将军杨由动员城郭居民三千多户在义阳西南建立三个寨堡来保卫信阳西七里的贤首山。北魏的元英派精锐部队围攻杨由的前进寨堡。在激烈的战斗中，当地居民领袖任马驹见情势危急，唯恐魏军入侵洗城，于是杀了杨由举寨降魏。

在东战区北魏攻下大岘(安徽省含山县境)后，致使南梁各战术据点受到强大压力而崩溃。于是两军主力，都在江苏盱眙周围决战。

南梁的徐州刺史司马明素派长史潘伯邻增援淮陵，北魏统军党法宗攻破淮陵。南梁的宁朔将军王变退守淮陵以西的焦城，魏军紧追到焦城。司马明素自率三千多精锐支援九山，又被北魏党法宗要击。十一月司马明素被擒，潘伯邻被斩，北魏军大胜。南梁东战场完全崩溃。

北魏的党法宗乘胜南下安徽全椒的阜陵，距离建康(南京)只有一百多里。南梁的阜陵守将是很有作战经验的冯道根，他深深了解魏军战胜必骄的心理，将近二百里路的急行军，加上魏军沿途不断抢掠，一定相当劳顿。冯道根以逸待劳，选好敢死队二百人，等北魏军刚刚到达，正在扎营的时候，敢死队突然出城奇袭北魏军。冯道根亲自率一百多骑兵，出北门绕道要击北魏军担任押运粮草的别动部队。北魏军被迫撤退，南梁军也不敢穷追。东战场也无形中休战。

翌年(504)春，南梁朝廷听说前年叛变降魏的江州刺史陈伯之要兴兵犯晋，乃派征虏将军赵祖悦讨伐陈伯之。在安徽含山东南的东关会战，南梁军大败。东关又名“濡须坞”(濡须口)，地当濡须山与七宝山之间，有“关当三面之险”(《巢县志》)的称誉。此役胜负，其重要性由此可知。

义阳之战

北魏正始元年、南梁天监三年，公元504年，去年北魏扬州刺史元澄曾派奇道显攻占河南信阳西南的阴山戍和潢川西南的白藁戍两个军事据点，对信阳已经形成包围态势，乃日夜不停地发动猛烈攻击。这时候信阳城中南梁由司州刺史蔡道恭所属守军不满五千人，粮食最多只能支持半年。由于蔡道恭运用机动防守，节节击败北魏攻势。蔡道恭抱病苦战三个多月。

南梁派后军将军王僧炳、平西将军曹景宗等率步骑三万多增援义阳。王僧炳率二万人进驻信阳南曹店(凿岘)，曹景宗为后续部队。北魏冠军将军元逞进击王僧炳，俘虏王僧炳所部士卒四千多人。王僧炳和曹景宗不敢再战而退去。

南梁义阳守将蔡道恭病死，骁骑将军蔡灵恩代理刺史。北魏攻击更加猛烈，攻栅爬城，短兵肉搏，蔡灵恩坚守如故。南梁又派宁朔将军马仙琕增援义阳，马仙琕采中央突破战法，且战且进，锐不可当。北魏镇南将军元英在信阳南三公里的士雅山构筑防御工事，并在近山丛林中设下埋伏，正面适时故意后退，诱马仙琕军乘势追击，向主帅大营挺进。元英一声号令，魏军全部投入战场。名将统军傅永带着战将蔡三虎舞动长矛杀入南梁军中。傅永身中数箭，勒马回营，拔箭后再行杀入敌阵。马仙琕的儿子战死，只有下令撤退。傅永带伤追击直到天亮。

马仙琕深知义阳城于南梁国防之重要性，也深知其已经危在旦夕，所以决心全力营救。他曾三次整军反扑，战将陈番之战死。他要求曹景宗来援而曹景宗却踟蹰观望。义阳守将蔡灵恩也已势穷力尽，完全绝望，是年秋八月，开城投降北魏。信阳以南的三关(平靖关、武胜关、黄岘关)所有南梁驻军，也都弃城而逃。

十一月，南梁又派将军吴子阳率军反攻义阳，军队在义阳东光山的白沙与魏军遭遇。战事一接触，吴子阳军溃散。白沙在河南光山西南一百四十里，是通湖北红安县的要冲。占领白沙，可以控制湖北南梁的北上军队。

马仙琕退到三关以南，建竹敦、麻阳二城，筑成新的防御阵地。可惜工事还没有完成，北魏的司马悦就打过来，占领了竹敦城。

元恪下令在信阳市设郢州府，任命司马悦为郢州刺史。

第十次南北战争

南梁天监三年、北魏正始元年(504)，萧宝夤南征。

北魏在东战区的总指挥官任城王元澄，下令镇东将军萧宝夤率所部自东城向东进发。他自己率主力大军东进攻钟离(安徽省凤阳县东临淮关，距离寿阳一百多里)。在邵阳洲(临淮关西北淮河中的岛屿。1949年后更名为夹河滩。现岛上有居民一千余人，为村)与南梁冠军将军张惠绍所率领的补给船队遭遇。元澄派平远将军刘思祖要击南梁补给船团，大战一昼夜，南梁军大败，张惠绍等十多名将领被俘。所领五千士卒中除了被杀、被俘、逃亡的外，没有几个生还的。

南梁派将军姜庆真先占寿阳东南八十公里的东城(安徽省定远县)以牵制北魏南征大军的根据地——寿县。姜庆真得知元澄大军东进，寿县防务空虚，就乘机奇袭寿阳，一度攻陷外城。正在危急之际，镇东将军萧宝夤的部队适时赶到，内外夹攻，激烈苦战一昼夜，南梁姜庆真惨败退去。

夏天到了，淮河的涨水期将到，元恪下令任城王元澄撤兵回基地——寿阳。元澄仓促撤退，以致四千多士卒散失。幸亏军司贾思伯督率所部殿后掩护，才没有重大损失。北魏朝廷检讨这次战役，追究战败责任，免除元澄的仪同三司，本职贬降三级。

南梁要求以数千北魏的俘虏，交换这次在邵阳洲被俘的冠军将军张惠绍等，元澄也只有答应了。

三战角城

角城，在五胡十六国时期是东晋北疆的边防重镇。

宋人王应麟撰《通鉴地理通释》说，“泗水从西北来注之(淮水)。注淮泗之会，即角城也”，“泗水又东迳角城北济水与泗水东南流至角城同入淮。通典义熙中置城。在宿迁县东南。《寰宇记》说‘在淮阳军(军事基地)宿迁县东南一百十里’。临泗水南近淮水。自后常为重镇。《舆地广记》：泗州、盱眙县，晋安帝时(约在公元405年，东晋安帝司马德宗的义熙年间)置角城镇(军事基地)，在淮泗之会。后魏高闾曰：‘角城处在淮北，去淮阳十八里。五固之役，攻围历时，卒不能克。’《宋志》：‘淮阳角城县，晋义熙中立。’”

《古今地名大辞典》说角城在江苏宿迁东南一百十里。《读史方舆纪要》却说角城“处在淮北，去淮阳(江苏省淮阴区西南)十八里”。

角城在当时是南朝的北疆重镇。所以北魏对之非常重视，明处重兵压境，暗地政治统战、文攻武吓，使角城经常处在战争恐怖中。公元480年，南齐建元二年、北魏太和四年的秋八月，南齐驻守角城的军队举城向北魏投降。北魏派遣大将封延(《通鉴》说是徐州刺史拓跋嘉)率军接应，南齐也进行了紧急军事反应。这次角城虽然没有陷入北魏之手，但却给南齐极大震撼。

翌年(481)，北魏计划进攻江苏淮阴西南的淮阳郡，首先围攻角城，以阻绝角城的南齐军出兵援救淮阳。南齐派驻角城守将成买死守角城，苦战，力尽而战死。不过南齐也及时发兵救援，北魏仍然未能得手。

《资治通鉴·柏杨白话版》所示角城位置图

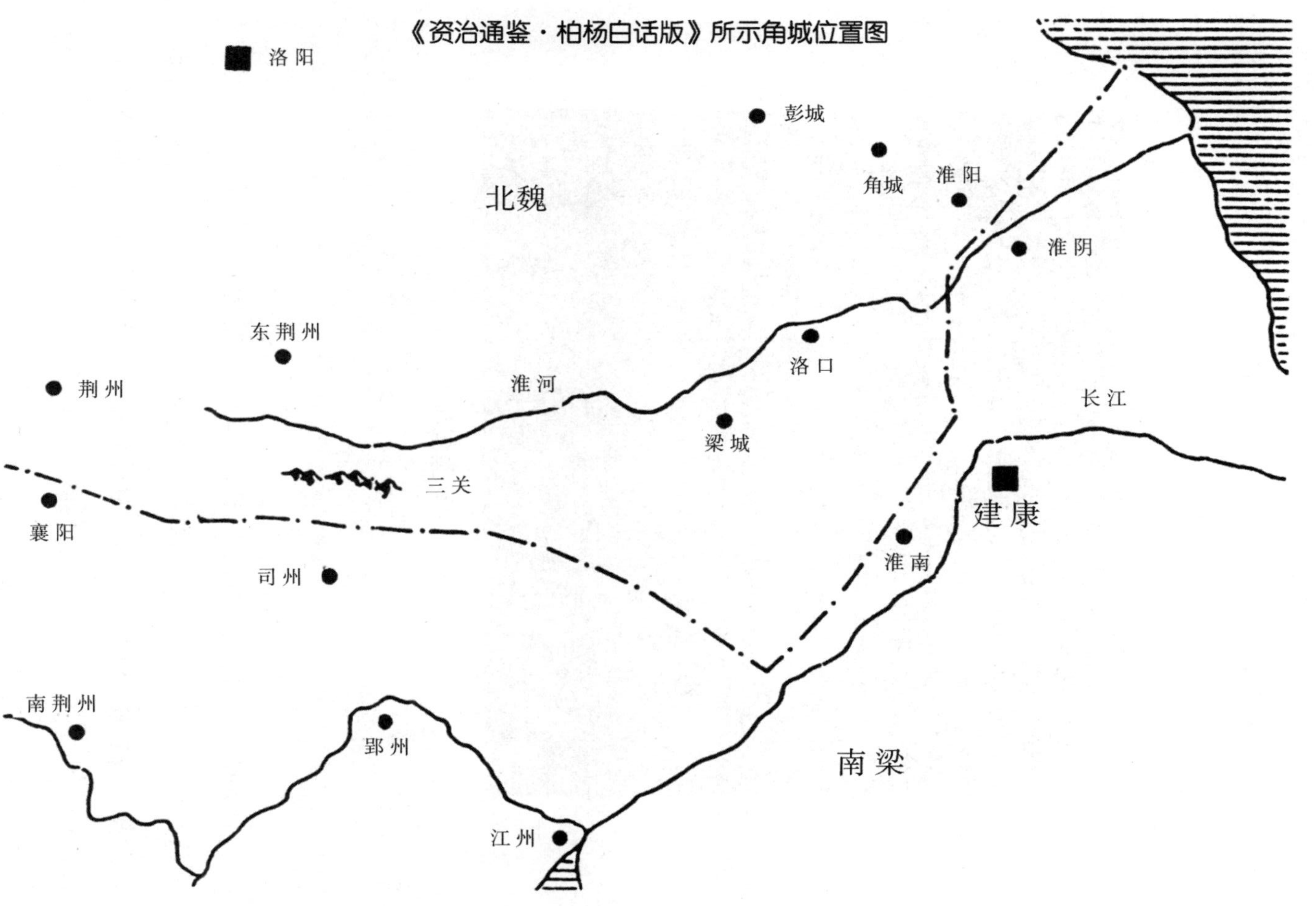

北魏太和十二年、南齐永明六年，公元488年，南齐的角城守将张蒲利用打柴的机会掩护出城与围城的北魏军勾结。事泄，被南齐派驻角城的监军(政治作战官)皇甫仲贤击破。

元鉴墓志

元鉴，道武帝拓跋珪之孙，性宽和好士。宣武帝元恪时为徐州刺史，时徐州、兖州水灾，元鉴表请朝廷赈济，活人无算。
(这块墓志是公元1938年在洛阳城北前海资村出土。现藏西安碑林博物馆)

元恪时代，南北战争仍然在持续不断中，尤其是对角城的策反工作更是积极。公元504年(北魏正始元年、南梁天监三年)秋，南梁的角城驻军司令柴庆宗举城降北魏。当时北魏徐州刺史元鉴派淮阳(江苏省淮安市淮阴区)太守吴秦生率军一千多人前往受降。淮阳距角城只有十八里，很快到达。南梁也立即反应，派军邀击北魏军。吴秦生一面迎战，一面径行进城接收。角城再为北魏所有。

驻镇安徽潜山的南梁豫州刺史王超宗受命于公元505年夏6月率军包围北魏的小岘。驻在安徽寿县的北魏扬州刺史薛真度派统军李叔仁反攻，南梁的王超宗大败。

当年(504)秋，柔然乘北魏用兵南方的机会，发兵进攻北魏北疆的边防重镇——沃野镇(内蒙古自治区鄂尔多斯市东胜区北)及怀朔镇(内蒙古自治区固阳县)。元恪命车骑大将军源怀巡视各镇防务。源怀刚刚到达云中(内蒙古托克托县)，柔然很快退回老巢。

源怀视察了北边防务，回来向元恪建议比照原有的边防六镇，另增设新的九个城池，分别囤积粮秣、辎重与兵器，驻军施行屯垦制度，寓兵于农。

夏侯道迁与间谍战

梁州、益州之战在当时南北朝之间，战时兵戎相见，休兵就是间谍纵横，相互策反。

南梁豫州刺史裴叔业所属的谯郡(安徽省巢湖市)太守夏侯道迁投奔北魏，元恪派他为王肃所属的骁骑将军，随王肃驻守寿阳。王肃先派夏侯道迁驻守安徽合肥，稍后又派夏侯道迁再回南梁做策反工作。夏侯道迁受命投奔南梁镇守南郑(陕西省汉中市南郑区)的秦州刺史庄丘黑，任长史兼汉中太守。

庄丘黑死在任所，夏侯道迁策动当时的统军江汎之计划投奔北魏。

南梁任命代理秦州刺史的武都王、征虏将军杨灵珍，率亲兵数百人，驻汉中协防。杨灵珍原为北魏的仇池镇将，七年前(497)叛魏降梁。夏侯道迁曾有意游说杨灵珍回归北魏，没有成功。适逢南梁中央又派左右侍从官吴公之出使南郑。夏侯道迁乘机杀了吴公之，又立即袭击杨灵珍。斩了杨灵珍父子，连同吴公之人头送到北魏请功。

南梁听到这个消息，急派驻在四川昭化(白马)的地方部队尹天宝出兵北伐汉中的夏侯道迁，斩其部将庞树，包围汉中(南郑)。夏侯道迁向邻近的氐王杨绍先与杨集义求援。杨绍先未予理会，嗣经杨集义率军救助击斩尹天宝，汉中解围。

北魏一面任命夏侯道迁为平南将军、豫州刺史，并封丰县侯。一面又派尚书邢峦为镇西将军，都督梁、汉诸军事，率军接收汉中。

夏侯道迁志在梁州刺史，所以接受了平南将军而坚辞豫州。他想要个比侯爵高一等的公爵，可是元恪没准。

北魏邢峦占领汉中后，不断扫荡邻近各郡县。南梁晋寿(四川省广元市)郡守王景胤退出据守郡城以北的石亭，又被邢峦的统军李义珍攻破，王景胤退走。

巴西(四川省阆中市)距离汉中(陕西省汉中市南郑区)约四百里，中间横隔两千四百米高的米仓山。南梁郡守庞景民困守城池，邢峦屡攻不下。城内粮食吃完了，军民都已面临饥饿。郡民严玄思自称巴州刺史，率众冲进庞景民总部，杀了庞景民，开城迎北魏军进城。

巴西虽属山城，但有土千里，居民四万有余，只是地形复杂，管理困难。邢峦奏准委由严玄思为刺史。邢峦另派李仲迁为镇守武官，而李仲迁沉溺醇酒美人有失官箴，又被郡民刺杀，再献城降南梁。

武兴氐族酋长杨集起、杨集义，得知北魏已进汉中，唯恐魏军报复，乃率领各部落切断邢峦的后勤路线，也被邢峦分段截击，最后把他们击退。杨集起、杨集义拥戴杨绍先称帝，是年冬就被北魏的光禄大夫杨椿进攻。

506 年春，杨集起兄弟围攻北魏的阳平关(关城)，邢峦派建武将军傅竖眼迎战，击败杨集起，收复武兴。做了不到半年皇帝的杨绍先被押送洛阳。杨集起、杨集义两兄弟放弃他氐族最后一个据点武兴老巢逃亡深山，三个月后粮尽，又出来向北魏投降。

北魏改武兴为北益州，辖武兴郡、仇池郡、盘头郡、广长郡、广业郡、梓潼郡、洛丛郡等七个郡县。

氐族自公元296年，西晋封杨茂搜为“氐王”，盘踞仇池(甘肃省成县)控制甘肃东南部、陕西西南部分山区二百多年，到此才算被北魏消灭。也可以算是五胡中命运最长的一个族群。

南梁派冠军将军孔陵率步兵两万进驻四川剑阁北深坑戍，派辅国将军鲁方达进驻剑阁的南安郡，任僧褒驻守巴县东北的石洞峡，共同防堵北魏的大军南下剑阁。

北魏的邢峦派统军王足，采中央突破战法，一战而下剑阁。南梁的孔陵退守梓潼，北魏军势如破竹，再陷梓潼。

魏廷任命王足为益州(四川省成都市)刺史，南梁的冠军将军王景胤、辅国将军鲁方达等联合对抗王足，可是屡战屡败。公元505年秋七月，王足击退南梁各军，进逼四川绵阳的涪城。王足下令围攻涪城，震撼益州朝野。南梁守军有十分之二三投降北魏，还有民间自愿归顺的五万多家。

南梁的秦州、梁州刺史鲁方达联合晋寿郡守王景胤等与王足部下的纪洪雅、卢祖迁部决战。结果鲁方达的联军大败，部下数十将领全部战死。

于此，梁州(萧衍时的梁、秦二州，治陕西南郑)五郡十四县，东西七百里，南北近一千里的南梁国土，已完全并入北魏。

益州刺史双胞案

当时四川(益州)距离南梁的首都(建康)有万里之遥。陆路交通必须经过湖北的襄阳、陕西的汉中，而襄阳、汉中都为北魏所占领。于是益州对外联络只有一条水路——长江可通。可是由南京到四川逆水而行，船舰到成都也要半年。如果涪城(四川省绵阳市)易手，那么益州(四川)的水陆交通都被拦腰切断。

益州的国防屏障——剑阁，已经为北魏占领。自剑阁以南完全是平原，到涪城骑兵可奔驰自如。所以北魏的镇西将军邢峦上书元恪，再请准予乘胜南下占领整个益州(指四川省)。

元恪另一批宫内谋臣们以为巴西(四川省阆中市)与南郑相距四百里，其间还有海拔两千四百米高的米仓山阻隔，征服不易，统治更难。尤其兵力分散，容易被敌人各个击破，于是没有批准邢峦的建议。

北魏正始二年(505)，北魏皇帝元恪任命统军王足为益州刺史，率军南征。正在行军途中，轻诺寡信的元恪竟又宣布梁州军司羊祉为益州刺史。王足闻悉大怒，立即率军撤退。从此北魏再没有能力夺取蜀地(益州)了。不久，王足又愤而投降南梁。

同年(505)北魏的王足进攻南梁的涪城时，南梁皇帝萧衍征召驻在云南陆良同乐的宁州刺史李略出兵保卫李略的老家涪城。并允诺他战胜北魏的王足后，让他(李略)做益州刺史。后来王足不战而撤退，萧衍就借此赖账，不肯履行承诺。李略愤恨至极，计划投奔北魏，而被萧衍处决。李略的侄儿李苗等则投奔北魏。

北魏任命邢峦为梁州、秦州刺史，二州联合在汉中(陕西南郑)办公。

南梁在西战区失利，一时又调派不出来大军增援，于是就在东战场主攻，以制衡西战场的颓势。派京城卫尉杨公则率禁卫军在东战区进驻安徽怀远西南的洛口，控制淮河与洛涧的水运，准备大举北伐。

北魏的豫州长史石荣攻击杨公则，石荣战死。杨公则又派将军姜庆真与北魏军在安徽霍邱的羊石城会战，结果南梁军大败。杨公则退守安徽怀远东南的马头城。

杨公则与北魏扬州(安徽省寿县)刺史元嵩会战，杨公则又败。

当年(506)冬十月，南梁中央下令全国总动员，先发起全国性的捐献活动。王、公以下官员都把自己采邑的田赋和仓存米谷捐给政府，地主豪门、富商、富农都有捐献。然后下令动员全国兵力向北魏发动大举反攻。由扬州刺史临川王萧宏都督北讨诸军事，尚书右仆射柳惔副之。萧宏的总司令部设在洛口。

陈伯之归降南梁

驻在安徽临淮关的南梁徐州刺史昌义之奉命进攻寿县东南的梁城。北魏守将平南将军陈伯之，原为南朝骠骑将军府专管军事的司马，对于南朝军情最为熟悉，所以就一战而击败昌义之。这一仗是南梁在东战区重新部署的重点，一败就会影响全局，所以南梁政府非常重视陈伯之这个人，于是找到他的旧友临川王萧宏的记室秘书丘迟，给陈伯之写了一封十足感性的信，劝他念及民族大义，及时“早励良图，自求多福”(《魏书·陈伯之传》)。这一封曾被列入《昭明文选》的书信，使陈伯之感动。于是公元506年三月率领所部八千军士回归南梁。北魏立即斩了他的儿子陈虎牙，南梁政府先发表陈伯之为“使持节”“西豫州刺史”“平北将军”“永新县侯”，食邑千户。还没有上任就又改任他为通直散骑常侍、骁骑将军、太中大夫。陈伯之已经彻悟到帝王们的心理。四年前(502)，他不满南梁朝政，亡命江北而为北魏所诱。现在回归南梁，又遇到一个骗局。想来想去，皇帝好像开的是当铺，只有贪图名利的臣民才会去上当，于是他决心辞官家居。

非常时期，一个目不识丁的陈伯之，能做到将军已不简单。转战千军万马中而没有死于锋镝之下，叛来反去，又没有归命斧钺而最后能得善终，老死林泉，也可以算是非常不简单了。

陈伯之归降南梁，北魏前线的战力已受相当大的影响。南梁又立即派将军萧昺率军攻击北魏的后方基地徐州，包围淮阳(江苏省淮安市淮阴区西南)。并派辅国将军刘思效在敌后——山东半岛平度的胶水西进，攻击北魏青州刺史元系的基地——山东青州，扩大战果以牵制北魏南犯。

北魏一面派荆州刺史赵怡、平南将军奚康生增援淮阳。一面又任命中山王元英为征南将军，都督扬徐二州诸军事。率步骑十多万人迎战南梁的北伐大军。

元恪明知南梁的主力是在东战场，所以除在东战场部署重兵外，又派征虏将军宇文福率轻骑兵进占东战场西陲的鹿开关(湖北省孝感市)，见南梁派军来救，遂掳去一千多人而撤退。

北魏的主力都在东战场，对于南梁的压力很大，因为距离建康太近了。

是年(506)夏四月南梁在西战区发动攻击，希望能牵制北魏东战区的兵力部署。南梁命江州(江西省九江市)刺史王茂率军进攻北魏驻河南邓州东南(穰城)的荆州政府。并嗾使桐柏山区的各少数族群部落联合起来组成新的行政区，名为“宛州”，并派雷豹狼为宛州刺史。征召各族群中的青壮成军，攻陷河南新野东北的河南城。北魏派平南将军杨大眼(氐族首脑人物杨难当之孙)反击王茂。恶战数天，斩杀南梁军两千多人，魏军收复河南城。王茂大败南逃，杨大眼追到汉水。

五月中，南梁派中央直辖的太子宫右卫帅张惠绍在东战区发动攻势，收复江苏北部的宿迁，俘虏北魏守军将领马成龙，进窥在宿迁西北一百二十公里的徐州。

同时南梁驻安徽临淮关的北徐州刺史昌义之，也攻下北魏的梁城(在安徽省寿县东南)。寿县是北魏南进的主要基地，梁城又是寿县东方的重要外围据点，可以直接威胁着寿县。

小岘与合肥

北淝河源自安徽涡阳以东的龙山，流经蚌埠，在蚌埠以东沫河口入淮。

西淝河源出河南鹿邑，流经安徽亳州西南的城父以西入涡阳县西北的淝河，在淮南的刘集入淮。淝河，就是《水经注》所说的“夏淝水”。《古今地名》“合肥县”条：应劭曰：“夏肥水出城父东南即西肥河，至凤台县与淮合。故曰合肥。”

肥水也作淝水。源出安徽合肥的紫蓬山，紫蓬山在合肥西南七十里，又名良余山，或称蓝家山。《水经注》：“肥水出良余山，俗谓之连枷山，亦或谓为独山也。北流二十里分为二：一东流入巢湖；一北流至寿县潴为瓦埠湖，至县北入淮河。”

安徽的合肥，在寿县东南七十多公里，是北魏攻下建康的前进基地。南梁曾派右军将军府的司马胡景略攻击合肥，但是屡攻不下。南梁中央命驻守晋熙(安徽省潜山市)的豫州刺史韦叡支援。韦叡派长史王超先攻肥东的小岘山(昭关山)，韦叡持节督战，将士殊死用命，苦战一昼夜，攻下小岘山，立即进迫合肥。

合肥是寿县外围的重要据点，魏军在合肥城东城西各筑一座卫星小城。韦叡先攻这两座卫星小城。北魏大将杨灵胤率五万大军急至，为南梁韦叡击退。韦叡又在淝水筑坝，并派指挥官王怀静筑城驻守。魏军破之，守军一千多人全部被杀或被俘虏。魏军主力攻进水坝，并凿穿水坝。韦叡

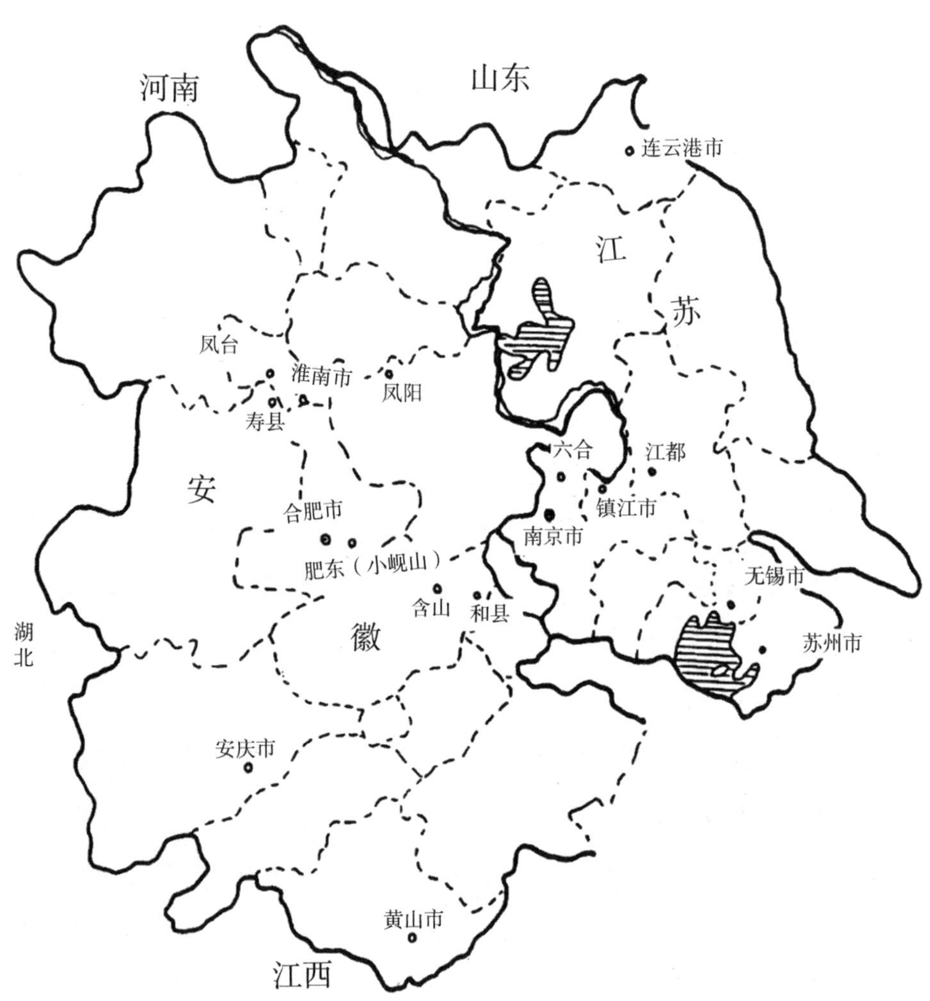

合肥与小岘山之示意图

河南
山东
连云港市
江
苏
凤台
淮南市
凤阳
寿县
六合
江都
安
镇江市
合肥市
南京市
肥东（小岘山）
无锡市
含山
和县
湖北
徽
苏州市
安庆市
黄山市
江西

情急，亲自参与战斗，梁军士气大振，魏军败退。梁军以特制主力战舰，舰桥高过城墙，四面围住合肥城。舰上箭如雨下，魏军守将杜元伦登城督战，身中流矢而死。血战十多天，合肥终于城破，魏军一万多人被杀或被俘。南梁军掳得牛、羊数以万计，为保存实力而班师。

五月十八日北魏前方战事吃紧，急须加紧后勤(包括兵源)的支援。

一方面加紧征税、征兵，并派征西将军于勤统御甘肃东部(秦陇)地区的军队，加紧战斗训练并南调。

南梁扩大战果，在安徽方面派庐江太守裴邃乘韦叡之胜，攻陷北魏的东陵羊石城与霍丘城。在东战区南梁已经取得优势。

六月初梁帝又下令驻守郁洲岛(江苏省连云港市)的青、冀二州刺史桓和出击江苏东海北魏的朐山城。得手后又进攻兖州，占领山东临沂西南的固城。又派太子右卫率张惠绍率水师会同徐州代理刺史宋黑的步骑兵两路并进直接攻击北魏的徐州与高冢戍(江苏省徐州市铜山区南)。北魏的武卫将军奚康生率军增援，激战十多天，南梁宋黑战死，张惠绍败退。

北伐军兵溃洛口

元恪见东战场失利，立即委任名将度支尚书邢峦为征东大将军，都督东讨诸军事。同时又派尚书元遥立即率军南下，阻击南梁大军北进。

元恪下令征召中山(河北省定州市)、冀州——信都、瀛州——赵都军城(河北省河间市)、相州——邺城、并州、肆州壮丁十万人，交由邢峦组成东征大军。

东线战事吃紧，南梁派出一个姓角名念的将军，率政战部队一万人进入山东蒙阴南的沂蒙山区内号召境内青壮居民反正。这时候南梁东战区的北伐军萧及已经进据江苏高淳南三十里的固城，桓和也占据了山东昌乐西二十里的孤山。

北魏征东大将军邢峦，命统军樊鲁攻击盘踞孤山的桓和，大破之。又命将军元恒收复固城。统军毕祖朽进剿角念，但角念所部化整为零，又在山区，经过北魏地毯式的清乡搜捕，角念才被迫撤出沂蒙山区。邢峦遂率部进军淮南战区。

东线战事北魏占优势。元恪又命平南将军安乐王元诠督征后方六州的新兵部队，增援淮南战区。

南梁派将军蓝怀恭迎战北魏的邢峦，在安徽泗县新濉河的睢口会战。蓝怀恭大败。向东北逃往宿预(江苏省宿迁市)构筑阵地，继续抵抗。邢峦率同将军杨大眼联合进攻，九月十一日再破蓝怀恭的新阵地，斩蓝怀恭，南梁士卒被杀或被俘的数以万计。张惠绍也被迫放弃宿预撤退到淮河梁城昌义之防区内。萧昺也放弃角城而逃回南京。

南梁临川王萧宏所领导的北伐大军进到洛口(安徽省怀远县西南)，又占梁城(安徽省合肥市东北七十里)。时值深秋的九月，南方是梅雨季，天气突然变化，南梁军的大营在狂风暴雨中突然发生夜惊。夜惊又叫“炸营”，全军莫名其妙地狂奔乱吼。这种可怕的景象历来军事家都迷信是神差鬼使，主凶的败象。实际是因长期营养不良，疲劳过度所致。

萧宏素性胆小如鼠，日间听说北魏的中山王元英和名将邢峦已经反攻梁城，夜间又遭这次可怕的“炸营”，一时心胆俱裂。于是慌乱中仅率随从数人，落荒而逃，过长江从白下准备逃回建康。军中将领发现统帅逃走，霎时间全军崩溃。士卒逃散，夜间自相践踏，死者将近五万人。丢弃路旁的兵器、盔甲、粮秣、马匹等不计其数。北魏军乘势追击到钟离以西的马头城把南梁军遗下的大批粮秣糈资全部搬运到徐州基地。南梁朝廷遂下令班师。

南梁驻守梁城的徐州刺史昌义之和太子右卫率张惠绍，听到洛口军溃败的消息后也自动撤退。钟离梁城再为北魏军所有。

邢峦的军事观点

北魏军乘胜东进，攻下马头城(今仍此名，城在安徽省怀远县南、钟离以西)，进而包围钟离。

元恪命都督东讨诸军事的邢峦，即速与正在围攻钟离的中山王元英会师，盼速攻下钟离。

邢峦却向皇上——元恪提出异议：

一、冬天到了，军中应该换季了。

二、半年来，军队转战千里，疲劳、伤、病与死亡，相当严重。

三、钟离是天然要塞，如果没有内应，则胜算不大。

四、冒险攻钟离不如径行南下取广陵(江苏省扬州市，是南京在江北的重要卫星城市)。出其不意，攻其无备，胜算要比攻击钟离高。

元英的兵在前线如箭在弦上，再度要求元恪下令邢峦来支援。邢峦再度抗命。最后元恪调邢峦回首都，命镇东将军萧宝夤率军支援元英。

南梁派徐州刺史王伯敖堵击元英，在安徽定远(阴陵)会战，王伯敖大败。南梁军死伤、失散五千多人。

南梁派右卫将军曹景宗率步骑、水师，二十万大军进驻钟离东北方淮河中的小岛道人洲，整合各路步骑兵马后再赴钟离。曹景宗不顾朝廷命令，水师大舰队径行开往比道人洲距离钟离——临淮关较近的邵阳洲(1949年改名夹河滩。在安徽凤阳东北三十八里临淮关[钟离]西北十八里淮河中)。当他发现邵阳洲已为北魏占据，而且在该岛的南北两岸架起横跨淮河的大桥，既贯通淮河南北两岸的交通，又阻断水上行船。最出他意料的是淮河突然刮起暴风。行船逆风逆流，很多士兵落水而死。只好又回师道人洲。

五十多年前(450)，拓跋焘跃马长江边，就曾自安徽寿县而沿淮河东下，在江苏盱眙受阻，转而南向建康对岸的瓜埠。现在(507)北魏的中山王元英又走这条老路，沿淮河南岸东进，所以他不顾一切地攻击钟离。

南梁天监六年、北魏正始四年(公元507年)，元英率平东将军杨大眼等部数十万大军，沿淮河南岸猛攻钟离。先占领了钟离西北数十里路淮河中的邵阳洲岛。在该岛上建了两座横跨淮河南北岸的桥梁，贯通淮河南北交通。元英主力军在南岸攻击钟离，并派杨大眼在北岸筑城。一则防御南梁自东线来袭，二则囤储粮秣以供前线。

钟离的南梁守将昌义之，督率三千守军凭着水深的护城河与高大的城墙随机应变、坚强抵抗。北魏军征发当地民间土牛手推车和民工运土填河。城上飞箭如雨，民工被箭射死的很多。可是在魏兵严酷督战之下，人人奋勇向前，稍一迟疑，不是鞭挞便是一枪刺死。有的踩在松土而被滑落河中；有的推车倒土，还没有来得及转身就被后车倒土压倒而遭活埋的，不知道有多少。

护城河上填出一条道路，魏兵运用冲车冲撞城墙。城墙被撞塌方，梁兵立即搬土填塞。魏兵日夜不停地轮番爬城，梁军奋勇堵击。魏军死伤数万，尸体堆起来比城墙还高。

前方死伤惨重，后补无力了。元恪下令撤兵，而元英却拒绝这道命令，坚持一定攻下钟离。

南梁派中央的右卫将军曹景宗率豫州刺史韦叡军自合肥发兵增援钟离，曹景宗决定先登陆邵阳洲，切断魏军后路。

南梁火攻邵阳洲

邵阳洲是淮河中一个东西向长形的岛屿，南距淮河南岸的钟离(临淮镇)十多里。南梁军乘夜在邵阳洲东端登陆，立即动员兵工，一夜之间挖掘一道南北壕沟，把这个岛截成东西两半。南梁军占据东半部，距离北魏大营只有一百多步。北魏的元英急令平东将军杨大眼率部反攻。南梁的韦叡把所有车辆集中起来结成许多方阵，这是对付骑兵很有效的阵法。再以强大有力的弓弩手集中射箭。北魏的战马、战士死伤惨重。杨大眼右臂中箭，只好暂时撤退。

次日元英亲自率军攻击南梁军。南梁的韦叡好像诸葛亮再世，只乘二人小轿，手执白色牛角如意，从容指挥梁军作战。肉搏冲锋，一日数十次，死伤枕藉，血流遍地。

当晚南梁曹景宗以千人敢死队冒着北魏的强烈反击而在杨大眼的营垒南方筑垒，一夜之间完成一座城堡。北魏发动大规模的死亡攻击，南梁守军箭如雨下。北魏战士前仆后继，最后还是被南梁军击退。

北魏的元英命齐王萧宝夤率部防守跨河大桥，而南梁曹景宗早已准备了特种战舰，甲板高过北魏所筑的跨河大桥。虽然北魏的控弦战士箭如雨下，可是隐藏式的多人划桨，枪箭不能入，很快接触到跨河大桥，推放柴草与油脂，放火烧桥。加之狂风大作，邵阳洲南北两座跨河大桥顿时变成火海。南梁的士气大振，火势、喊杀声，震天动地。北魏军不能抵抗，霎时之间崩溃。南梁军捕捉北魏残余部队一律屠杀。元英放弃城垒，单人匹马，自己逃回合肥东北七十里的梁城，收容散兵。杨大眼也纵火烧了自己的军营、城堡而逃离战场。沿淮河一百多里地，魏军为逃命被挤到水中淹死的尸体漂满淮河。被自己撤退的部队践踏死的、被杀的据《通鉴》说有十几万人之多。南梁军收集被魏军遗弃的军用物资、粮秣，堆积如山，多得无法计算。南梁军追击到淮河北涉水(《中国古今地名大辞典》："即河南、安徽境之渔水。"渔水条："一名涉水。今上流已湮，下流在[河南]永城以东者即今之涉水也。"《永城县志》："浍河在县南二十里，东流入淮。当即渔水遗迹也。")，因船只少而没敢再追。第九次南北战争也就此息火。

义阳之战再起

公元507年夏六月，南梁驻在湖北襄阳境沦陷区的七个流亡县的长官，对于南梁中央没有能力北伐，深感不能忍受而向北魏投降。是年冬，北魏驻守河南长葛的颍川郡守王神念和驻镇江苏睢宁的淮阳镇督军常邕和向南梁献城投降，又勾起元恪的南下野心。

是年(507)秋八月，北魏元恪下令：元英、萧宝夤作战不力，计划错误，又不受命，著予免除死刑，贬为平民。杨大眼有勇无谋被贬到北防营州(辽宁省朝阳市)当一个普通兵士。

元恪又任命好战的司空高阳王元雍为太尉，尚书令广阳王元嘉为司空。同时拓宽陕西宝鸡到南郑的国道，准备再次南伐战争。

元恪准备南犯，南梁虽然无力北伐，但也采取专门策反的间谍战。公元508年(北魏永平元年、南梁天监七年)秋，北魏驻在河南信阳的义阳司马彭珍反正，并邀南梁军进攻义阳。在义阳以南的三关守将侯登也不敢抵抗而向南梁军献城投降。只有驻镇义阳的北魏郢州刺史娄悦登城督战，坚守待援。

元恪起用已被贬为平民的中山王元英都督南征诸军事，率步骑兵三万多人自悬瓠出发增援义阳。汝南距信阳一百公里，骑兵一天就可到达。可是元英却害怕南梁势众，在中途一味向洛阳要求增兵。原驻在悬瓠的北魏豫州刺史司马悦待人暴虐无道，刻薄寡情。是年(508)冬，所属部队长白早生乘驻军南下的机会，刺杀了司马悦而向南梁投降，并要求南梁驻镇湖北孝感的司州刺史马仙琕支援。马仙琕立即率军北进河南汝南南方的楚王城，派副将齐苟儿率步兵两千进入悬瓠城协防。南梁遂任命白早生为豫州刺史。

于是北魏的南疆，自湖北安陆以北河南汝南以南的疆土已经全为南梁收复。河南信阳的义阳已沦为孤城，仍为北魏的娄悦死守中。

田益宗事件

这一重大变局，使魏廷大震。一面急派时为尚书的名将邢峦为豫州刺史，率八百精骑先行进攻汝南的白早生，又命中山王元英继邢峦之后疾速前进。一面任命协防义阳的蛮族首领田益宗为统御河南息县的东豫州刺史。南梁也曾暗地运动田益宗，允为车骑大将军、开府仪同三司，并封五千户公爵以引诱田益宗归降，但为田益宗拒绝。

田益宗年迈，贪婪成性。他的子孙也都是搜刮民间财货的能手，以致民情愤慨。北魏皇帝元恪唯恐激起民变先派中书舍人刘桃符以慰劳为名，去调查实情。刘桃符回报田益宗的儿子田鲁生确实贪污横暴，无恶不作。元恪下令调田鲁生来京任职，而田鲁生抗命不到。元恪下令调田益宗为镇东将军，兼济州刺史，驻镇碻磝(山东省聊城市茌平区)，而田益宗也不到任。元恪命后将军李世哲及刘桃符率军进攻田益宗的总部广陵城(河南省息县)。田鲁生、田鲁贤、田超秀三弟兄乘势投奔关南(三关以南)，带领南梁军队攻陷河南光山以南北魏所有的各军事据点。

南梁皇帝萧衍任命田鲁生为北司州(河南省信阳市西)刺史，田鲁贤为北豫州(河南省荥阳市汜水镇)刺史，田超秀为定州(湖北省麻城市北蒙龙城)刺史。以上三个州都是田益宗那帮蛮族的居住区。

北魏的后将军李世哲攻破田鲁生的防地，收复被田鲁生所占领的各军事据点，田鲁生等逃入深山。魏军把田益宗带回洛阳，元恪为了还要利用田益宗，就加授其征南将军、金紫光禄大夫。田益宗就此老死在洛阳。

南梁又诱使北魏驻镇宿预的镇东参军成景隽，杀了宿预守备严仲贤而投降南梁。北魏立即派安东将军杨椿率军四万进攻成景隽。

邢峦的骑兵部队，很快开到汝南以北的鲍口，白早生派大将胡孝智迎战，被刑峦打得大败而退。邢峦乘胜长驱直入，兵临汝南城下，白早生出城迎战，又被击败。邢峦遂渡过汝河，包围汝南城(悬瓠)。原本领军南下增援义阳的魏中山王元英部队，听说他的根据地汝南城被白早生出卖，遂又回师会同邢峦联合围攻汝南。南梁的指挥官齐苟儿见魏军南北夹击，想南逃也不可能，于是开城投降。十二月初北魏军入城，首先捕获白早生和他的数十同党斩首东市。

元恪下令加授邢峦为南征大将军，都督南讨诸军事。这跟元英的总司令头衔同级。

元英乘胜直指义阳，第一仗就遇到驻守汝南南楚王城的南梁宁朔将军张道凝。没交绥，张道凝弃城南逃。元英顺道追上，斩了张道凝，收编了南梁的部队，派李国兴为驻楚王城守备。

元英大军压境义阳，被困在城内的北魏军士气为之大振。义阳郡守辛祥和郢州刺史娄悦乘夜出击，对南梁围城部队发动猛烈突袭，活捉了南梁的指挥官陶平虏、胡武城。南梁军全部溃散，义阳围解。

北魏军收复了义阳稍事整合后，翌年(509)正月，立即进军义阳以南的重要据点——三关(武阳关，又名武胜关，又称东关；平靖关，又名西关；黄岘关，又称百雁关)。

驻防三关以北外围据点——长薄的南梁云骑将军马广和、胡文超弃守逃回武阳关。魏军包围武阳关，南梁派冠军将军彭瓮生、骠骑将军徐元季等率军增援武阳关。元英故意撤围，诱使南梁军进入武阳关城后，再一举攻下武阳关，俘虏了马广和、彭瓮生、徐元季以及其部队七千多人。

元英再攻黄岘关(在河南省信阳市以南九十里。南距湖北广水应山九十里。故又名九里关)，梁太子左帅李元履和守平靖关(在湖北省广水市东北七十里)的马仙琕，都弃守南逃。

南梁派韦叡救援马仙琕，韦叡进驻安陆故城(湖北省安陆市北，距应山不到一百里)，而马仙琕已经弃守平靖关南逃。元英本来打算追到马仙琕以雪去年邵阳洲战败之仇，可是听到韦叡来援的消息后，放弃原定作战计划，退守义阳。南梁也下令停战。

三关(平靖关、黄岘关、武阳关)是义阳南方的外围重镇，三关既得，义阳可保。北魏的南疆可算稳定一时。

佞佛求安

鲜卑族对于新占领区的维护，首先是重划行政区域，强化新移民的军事管制；其次是利用宗教来笼络民心。这是北魏政治治理的两大法宝。元恪下令把原设置在沘阳(河南省泌阳县)的东荆州分割为十六个郡、五十个县，把当地一万多户的太阳蛮族群分散在各郡县的小行政区内定居。既容易控制他们，又可作为南疆国防上的纵深配备。

由于战乱频仍、民生凋敝、人心空虚，只有利用宗教来安抚民心。在乱局中浮沉的胡官、汉官，贪污是封建统治阶级最普遍的现象。贪得不义财富，良心不安，奢靡生活之后，精神空虚。于是寄望神明保佑，修庙塑神，求得心灵慰藉。还可以把贪污得来的大量金银财宝，寄放在寺庙之内以策安全。

据《通鉴》载，仅在元恪统治的初期，全国州郡就有一万三千七百多座寺院。每座佛寺都拥有大量的土地，还豢养着很多专为逃避兵役、逃避赋税而归附的僧祇户，来为他们从事耕种。

还有从西域来游方的外国和尚三千多人，元恪为他们特别建造一座永明寺，有一千多间宿舍来接待他们。

元恪还命当时著名的建筑师冯亮，会同河南尹甄琛及“佛教统”僧暹等，在嵩山精心设计兴建一所“闲居寺”。在陡峭奇巍的山势中，建成数十栋瑰丽壮观的寺庙，构成极其雄壮壮观的景观。上行下效，由此建庙、礼佛遂成时尚风行全国。佛寺有一万三千多座，和尚尼姑有二百万人之多。冯太皇太后的哥哥冯熙为洛阳刺史，在各郡县建造佛寺七十二座，于是佛教大行。

伊阙造像

伊阙在河南洛阳以南，春秋时就是兵家必争之地，所以名为阙塞，后世称为龙门。《水经·伊水注》：“昔大禹疏以通水，两山(香山与龙门山)相对，望之若阙，伊水历其间，北流，故谓之伊阙。”现在通称为龙门。

《大英百科全书》(中文版)说龙门有洞两千一百零二个，造像十万余尊，题记碑碣三千六百多品，佛塔四十多个。佛洞的代表有北魏的古阳洞、宾阳洞、莲花洞。代表隋唐的有潜溪寺、万佛洞、奉先寺、看经寺等。

造像以唐朝的最多(约占总数的三分之二)，公元713—741年之前以武则天的最多。

主要大窟多与帝王皇族祈求冥福有关，如宾阳洞是北魏宣武帝元恪为其父母孝文帝及文昭皇后营造。古阳洞是为支持孝文帝迁都的一批王公贵族、高级将领们所开凿。奉先寺为唐窟中最精美的大窟，主像卢舍那佛高达17.14米，头高4米，耳朵长达1.9米。据史载，武则天曾“助脂粉钱两万贯”建造。

龙门石窟的形式单纯，题材简明集中，主题突出。魏窟基本上为释迦佛、弥勒菩萨、三世佛、七佛和释迦多宝佛。

隋、唐时的主像多为阿弥陀佛、弥勒佛，也有卢舍那佛、观世音菩萨、千手千眼观世音菩萨等，反映了唐代净土宗、密宗的兴起和石窟艺术世俗化的特点。艺术风格也具有更多的东方形式，也显示中国石窟艺术的重大变迁。(中文《大英百科全书》九册)

龙门(伊阙)石窟是北魏太和十七年(493)魏孝文帝元(拓跋)宏迁都洛阳之后开始凿建的。宾阳洞中正壁主佛，为龙门石窟中最早的佛像。(宾阳洞有北、中、南三洞，中洞完工于延昌末年到熙平初年[515—517]元恪时代)。

据《魏书·释老志》载，宣武帝元恪的景明初年在洛阳南伊阙山为其父元宏(高祖)与文昭皇后凿石窟二所。北魏永平(509)年间，在朝中有“奸谋有余，善射人意”(《中国人名大辞典》语)的司空(宦官)刘腾为元恪又建一窟。以上三窟就是举世闻名的宾阳三洞(《龙门石窟雕刻萃编》)。

唐太宗(李世民)贞观年间，魏王李泰(李世民第四子)为其母长孙皇后(李世民妻)在伊阙造石像，由中书舍人岑文本撰碑文记其事，谏议大夫名书法家褚遂良书丹，是为《伊阙佛龛碑》。四百年后北宋欧阳修在其所著《集古录》中改《伊阙佛龛碑》的标题为《三龛记》。(《旧唐书》语)欧阳修的“三龛记”是不是意指宾阳三洞？现已无法查对，不过在《金石萃编》(清代王昶撰）第四十五卷所载岑文本所撰由褚遂良书丹的《伊阙佛龛碑》文中并没有提“三龛”字样。后来欧阳修所著《集古录》中有“三龛像最大，乃唐朝魏王泰为（其母）长孙皇后造也”。此说又为稍后的《宝刻类编》所否定。《集古录》说魏王泰为长孙皇后造此像是在（唐）贞观十五年，而《授堂金石跋》却有“未审欧阳子何据也”之疑问。使千余年以后的我们只有望文兴叹了。

《集古录》又称《集古录跋尾》，北宋欧阳修著。所录金石之文自谓“上自周穆王以来，下更秦、汉、隋、唐、五代，外至四海九洲、名山大泽、穷崖绝谷、荒林破冢，神仙鬼物，诡怪所传，莫不皆有”。

《宝刻类编》传为北宋书，唯不署作者姓氏，所录古碑之目自周秦而五代。其书分为八类，以人为纲而载所书碑名于其下，并各系以年次与地名。（《中华大字典》）

“三龛”纪实

关于“三龛”，《通鉴》说，元恪的生母高氏，自故都平城前来洛阳途中病死在河南辉县，元恪特别为她凿造大型石窟三个。共征用八十多万人工，连续二十四年始成三大石窟。

现代考古学家们的说法就比较实际。

著名的考古学家宿白教授在其所著《中国石窟寺研究》一书中，引刘汝礼先生 1959 年发表的《关于龙门三窟》，文中指出“仿云冈椭圆形大型洞窟的宾阳中洞，约是正始二年（505）起工，大约完成于宣武（指宣武皇帝元恪）末年。永平中（元恪时）（508—511）开凿的宾阳北洞和起工于宾阳北洞之前的宾阳南洞都是正壁作椭圆形，中前部接近方形的大型窟。宾阳三洞是《魏书 · 释老志》所记北魏皇室为高祖（元宏）文昭皇太后和世宗（元恪）

所营造的石窟三所，近年已为研究者所公认”。

至于龙门最早开凿的洞窟是古阳洞，它是在天然溶石洞的基础上修凿的一座大型纵长方形敞口洞窟。该窟正壁主像在胁侍菩萨下垂衣褶外侧和右胁侍菩萨右肩外侧各刻有“正始二年(505)雕造”的边款小字。边款字小加之尘封多年，五百多年以后的欧阳修很难发现也是很自然的事。现在经过考古专家刘汝礼先生的明察秋毫才把千年疑案大白于世人，真是中华民族文化史上见真章的一页。

龙门石刻最早的古阳洞是在北魏正始二年(505)完成的应无疑义矣(《关于龙门三窟》)。

宾阳三洞中的三尊主佛是为皇帝做功德的，又是朝廷大员直接督工监造，据考古学家们研究：宾阳三洞佛像之雕凿风格与技术是大同云冈石窟的直接传承，所以这三个洞的佛像，历代的学者都认为应是北魏时期的代表作。

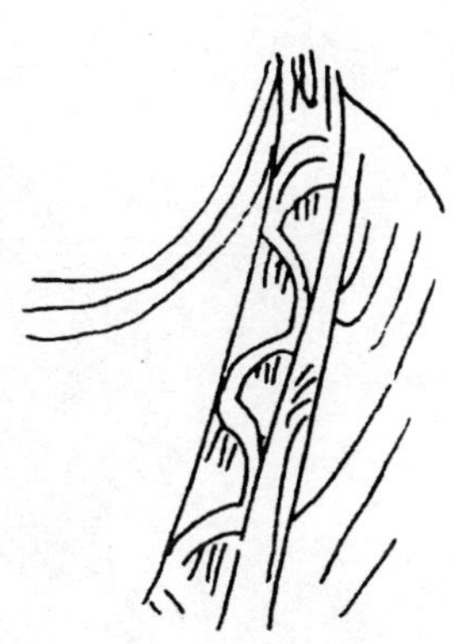

褶带纹

(撷自《中国石窟寺研究》)

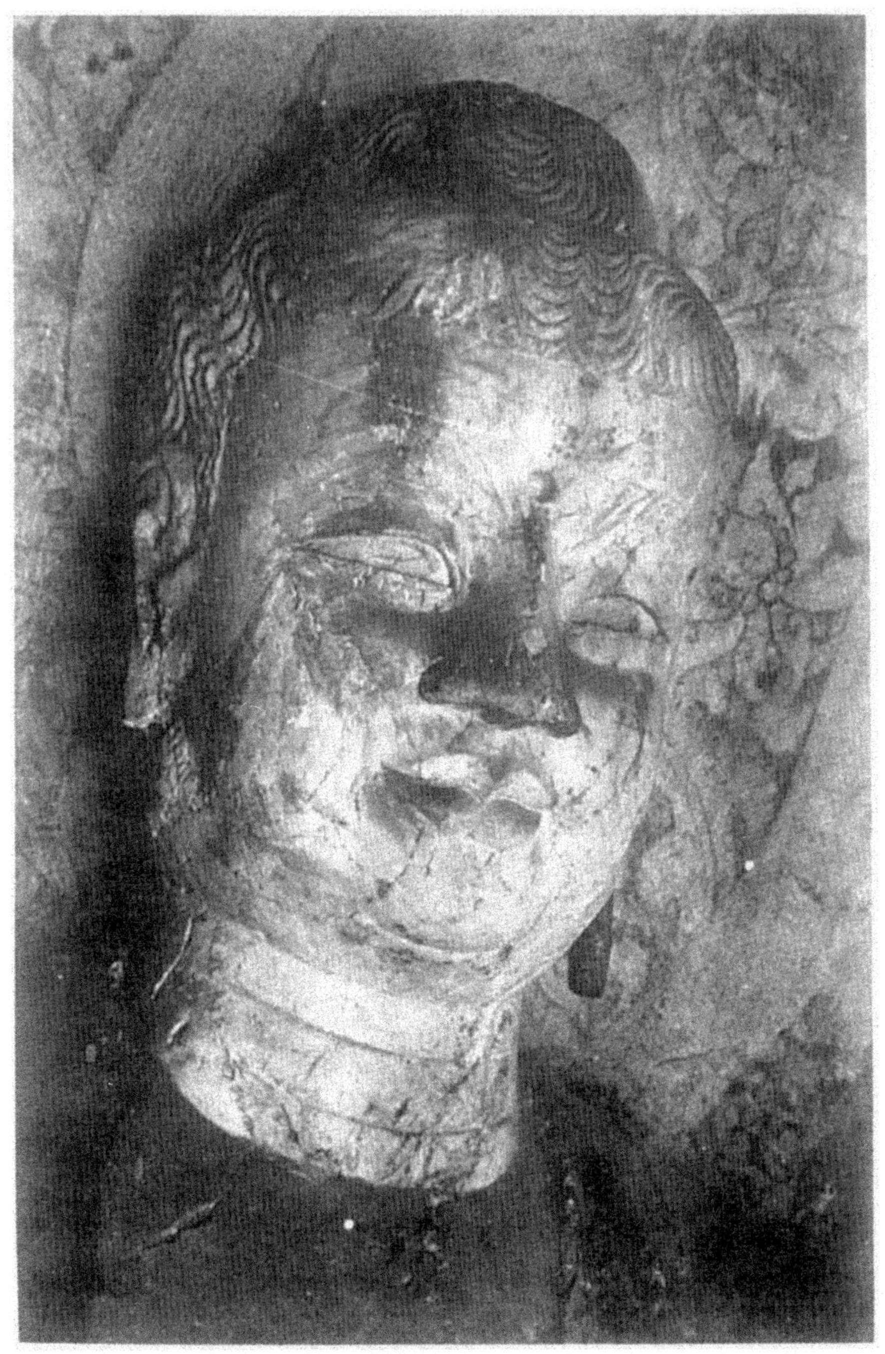

宾阳洞南洞主佛

宾阳洞中洞主佛

宾阳洞中洞北壁立佛

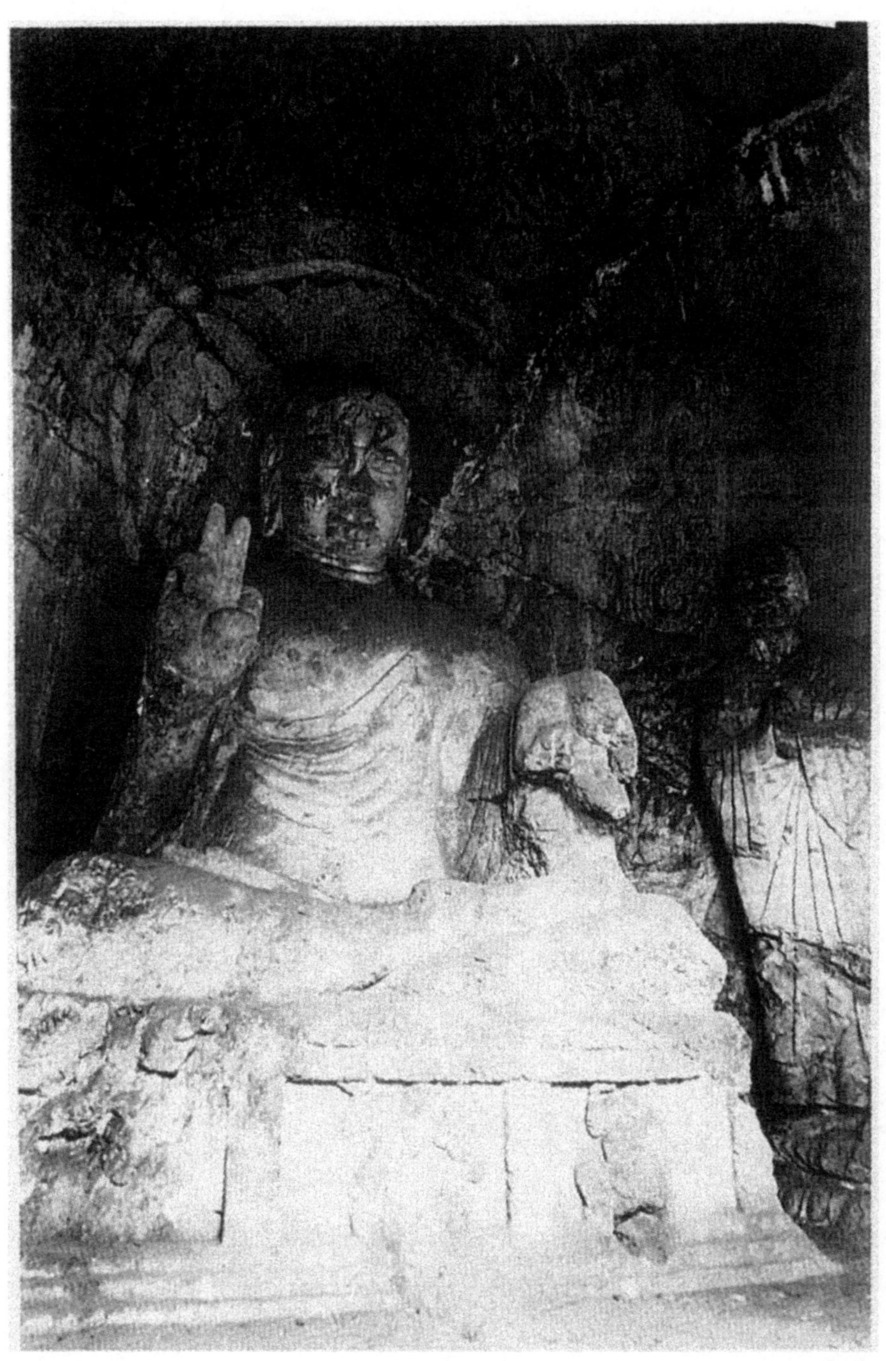

宾阳洞北洞主佛

天灾人祸

河南三年歉收，饥民遍地，以致暴乱四起。

北魏宣武帝元恪深知民以食为天，暴力镇暴或可济事一时，以暴力镇压饥民不如以粮食赈济饥民而使饥民自安。乃一面下令发太仓粟五十万石以赈京畿州郡饥民。一面又把首都——洛阳划分为六个绥靖区，每区选拔有军事经验的人民组成战士巡防区。每区设都尉以督导其巡防任务，又名之为“经途尉”，统归各地基层干部“里正”监督。元恪又下令提高京畿里正的职位与待遇以加强基层治安的工作。

北魏永平二年、南梁天监八年(公元 509 年)春三月，魏驻镇穰城(河南省邓州市)的荆州刺史元志，率军七万进攻南梁湖北襄阳北的潺沟。当时魏军纪律很坏，打家劫舍，掳掠财物，以致当地的各蛮族部落，相率渡过汉江投奔南梁境内的樊城。

南梁司马朱思远率军进至潺沟，迎战元志，数度激战，魏军死伤一万多而败退。

是年夏四月，北魏驻守河南汝南楚王城的李国兴献城降南梁。北魏主管皇族事务的宗正元树也投奔南梁。

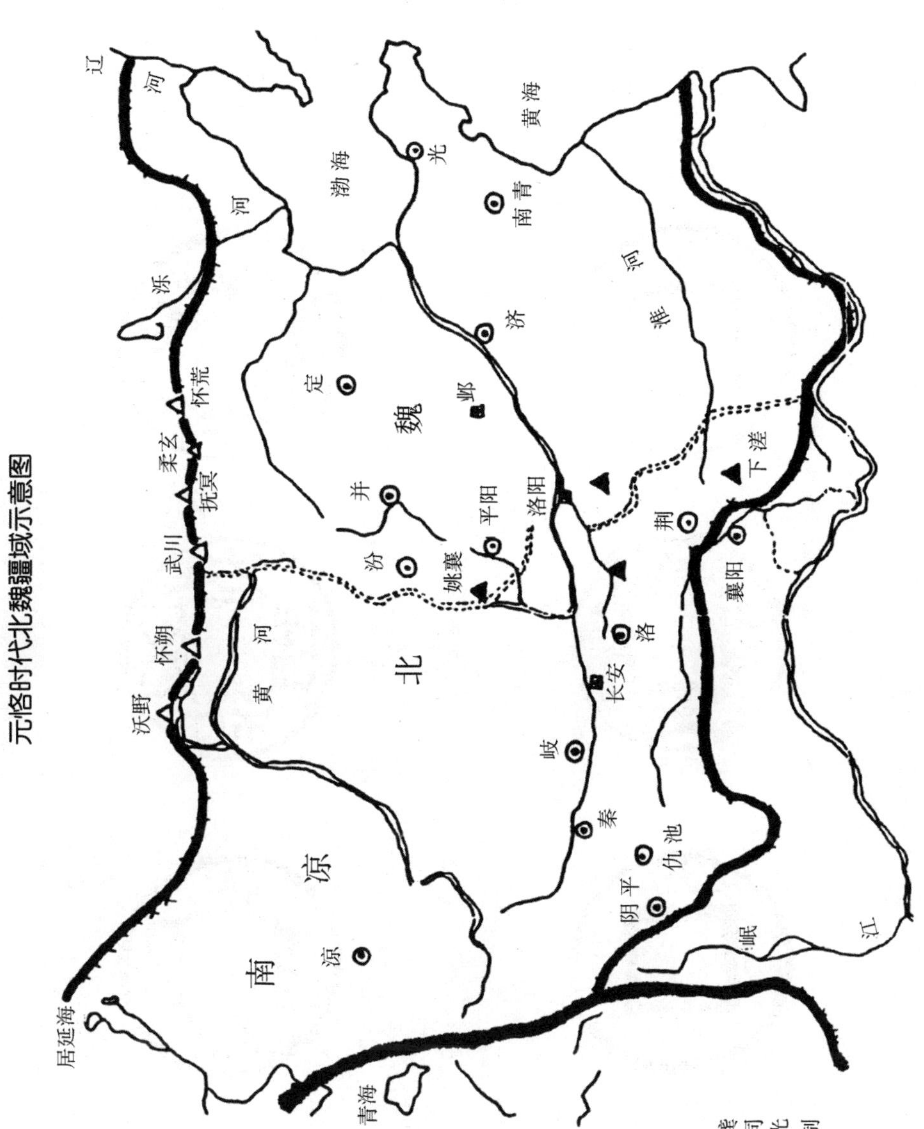
元恪时代北魏疆域示意图
辽
河
河
泺
怀荒
柔玄
抚冥
武川
怀朔
沃野
居延海
渤海
光
黄海
南青
济
河
淮
定
魏
邺
并
平阳
洛阳
汾
姚襄
黄
河
北
南
凉
凉
青海
长安
洛
荆
下溠
襄阳
岐
秦
仇池
阴平
岷
江
龚同光制

五 铢 钱

《魏书·食货志》："世宗(宣武帝元恪)永平三年(510)冬，又铸五铢钱。"

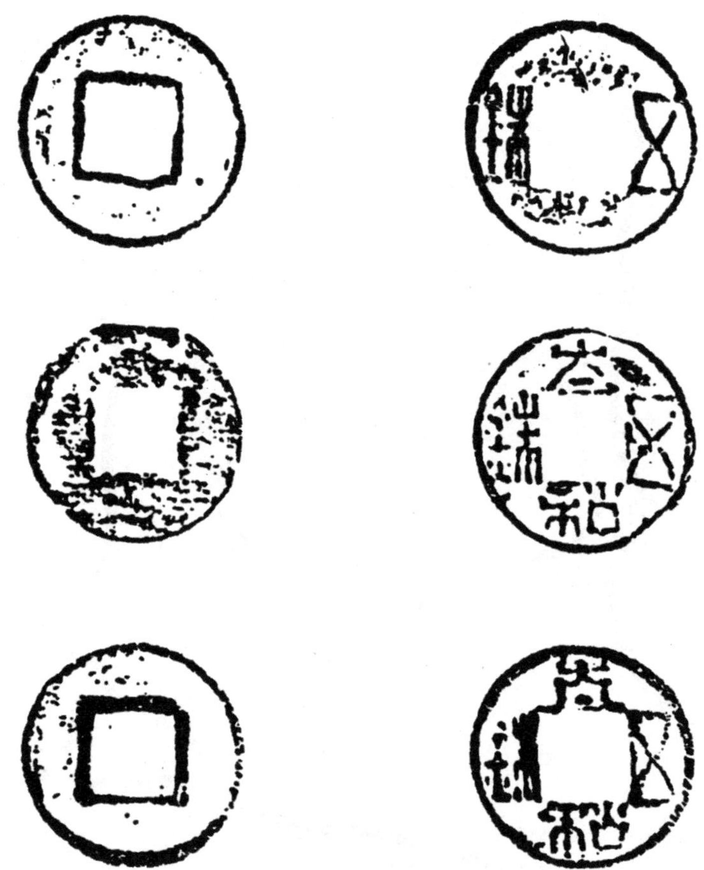

战争需要钱，赈灾需要钱。宣武帝元恪乃于永平三年(510)铸行五铢钱，诏令人民可以利用公家的铸具与技术铸钱，官方抽税。但"铜必精练，无所和杂"(《魏书·食货志》)。

朐山之争

朐山，就是江苏东海(公元577年北周建德六年才把朐山郡改称东海县)，偏僻近海，地势低凹，一般海拔不到一百米，所以潮湿度很高，但它是南梁必争的军事基地。公元511年，北魏元恪的永平四年春，北魏派当地变民首领王万寿，斩杀南梁郡守刘晰而占领朐山县，并吁北魏派军接收。

北魏驻镇江苏铜山的徐州刺史卢昶，立即派遣驻在郯城(山东省郯城县，在朐山西北五十公里)的魏军张天惠即速进军朐山支援王万寿，并派琅邪(山东省临沂市，在东海北方六十里)驻军傅文骥继续出兵而占领朐山。当时南梁曾向北魏提议以江苏省宿迁(宿预，在东海县西南一百里)交换朐山，而北魏没有接受。南梁决心收复朐山，于是急令驻守郁洲(江苏省连云港市一个海岛)的青州刺史张稷出兵狙击北魏，无功。

南梁再派镇远将军马仙琕率大军北上进攻朐山。北魏也派安南将军萧宝夤、平东将军赵遐率军增援，北魏徐州刺史卢昶也亲赴战场指挥。

北魏也曾下令驻镇安徽寿县的扬州刺史李崇出兵，以牵制南梁的反攻，但是没有发挥作用。

元恪接受御史中尉游肇的建议，打算自朐山撤军。可是命令还没有下达，南梁的振远将军马仙琕已经把朐山包围了。马仙琕久经战阵，并且能与士卒共同甘苦，所以士气高昂。他围困朐山半年，以致北魏的卢昶粮尽援绝，部将傅文骥开城投降南梁军，魏军各部队相继溃散。这时又逢天降大雪，魏军有一大半冻死或冻伤，卢昶只好下令撤退。

南梁军乘胜追杀二百里，杀得遍地都是死尸和所遗战马、牲口、武器、装具等，魏军逃离战场的仅有十之一二。南梁收复朐山，张稷仍为刺史。

卢昶放弃总指挥部所有仪仗器材和符节，单人匹马逃到山东省郯城平东将军赵遐部，召集残兵败将。元恪下令把卢昶、赵遐免职。

郁洲与朐山一海之隔，北魏占领朐山，时郁洲居民多与魏军贸易交往，迨魏退出朐山后，很多居民心存畏惧，恐怕南梁报复。于是两年后(513 年春)，朐山居民领袖徐道角(又名徐玄明)等借口南梁张稷所属官员贪污枉法，起而暴动，斩张稷，持人头向北魏投降。元恪派驻镇安徽蒙城马头城的南兖州刺史樊鲁率军接应徐道角。还没出发，南梁的司马霍奉伯已把徐道角平定。

北魏扬州刺史李崇属下的治中裴绚，利用淮河水灾的机会，集结难民，自称豫州刺史，与别驾郑祖起向南梁请降。李崇派宁朔将军李神率舰队截击。李神攻破裴绚大营，裴绚从陆路逃走，被当地村民活捉，押解寿阳途中在尉升湖投水而死。郑祖起等被诛。

元恪死前与死后

北魏延昌三年、南梁天监十三年，公元 514 年，南梁的宁州(云南省陆良县)刺史李略谋反被杀。李略的侄儿李苗畏惧被株连乃投奔北魏，步兵校尉淳于诞也从汉中投奔洛阳。淳于诞曾经做过益州政府的主簿，对于益州(四川省)的军事情报很熟悉。他与李略拟妥夺取益州的作战计划，建议元恪发兵。元恪也后悔九年前没有听邢峦的话致失战机，于是年冬十一月元恪在病中任命权倾一时的司徒(宰相)高肇为大将军、平蜀大都督，代表皇帝统军南征，率步骑十五万人进攻益州(四川省)。另派驻守四川北部广元的益州刺史傅竖眼率步兵三万攻击巴郡(四川省重庆市)。北魏派驻在陕西南郑的梁州刺史羊祉发兵进攻庾城，派安西将军奚康生攻绵竹(四川省德阳市)，抚军将军甄琛攻击四川剑阁。命新投降过来的淳于诞为骁骑将军、李苗为龙骧将军，二人都做向导统军。这是元恪生前最后一道命令。

元诩下令班师

次年(515)正月十三日，时年三十三岁的元恪病死。

当天晚上侍中领军将军于忠、太子中庶子侯刚、太子少傅崔光和黄门郎元昭等扶持年仅六岁的太子元诩在太极殿宣布登基，做了北魏第九任皇帝。史称肃宗、孝明帝。改延昌四年为熙平元年。

次日元诩下令高肇班师，召回各战场的南征军队。这时候益州刺史傅竖眼的队伍刚刚进入巴郡(四川省重庆市)境内。南梁派宁州(云南省陆良县)刺史任太洪率领一支游击部队，挺进到傅竖眼的后方，策动氐族人和汉人组成地方部队以切断傅竖眼的后勤补给。适逢北魏军受命撤军，任太洪乘势追击，遂进军关城(四川省广元市昭化区北)，距离傅竖眼的根据地四川(广元市)只有九十里路。傅竖眼紧急反攻，并派统军姜喜袭击任太洪的后方，南梁军才不支而退。

元恪十六年战史

元恪自公元499年(北魏孝文帝元宏太和二十三年)夏即皇帝位，到公元515年死，计做了十六年的皇帝，可以说是打了十六年的仗。光是对南朝就发动过十八次战役，对内剿平反抗暴政的战役也有十多次。

1. 元恪登基那年(499)秋八月，南徐州刺史沈陵起义，投降南朝。魏廷派兵追剿。

2. 是年冬，幽州人王惠定，聚众数千自称“明法皇帝”，经幽州刺史李肃剿平。

3. 公元500年(元恪景明元年)秋七月，齐州人柳世明聚众起义，是年冬就被齐州、兖州地方部队剿平。

4. 公元501年(魏景明二年)青州、齐州、徐州、兖州，四州大饥，百姓饿死一万多。

5. 是年夏五月，太保咸阳王元禧谋反，剿平后赐死。

6. 公元502年(魏景明三年)三月，河南鲁山的鲁阳蛮起义，攻陷颍州(安徽省阜阳市)，四日围攻湖阳(河南省唐河县)。元恪派抚军将军李崇讨伐，鲁蛮酋长鲁北燕被擒斩首。元恪下令把这个蛮族一万多户，强迫分别迁移到河北北部(幽州)、山西中部(并州)以及北方六镇为农奴。

不久，这些鲁阳蛮又集合起来自行集体南下，打算逃回河南的老家。元恪得知他们的目的了，并不派大军围剿，只是下令沿途各地方部队，随时随地狙击，只许捕杀，并不穷追。这批鲁阳蛮族群就在这种过站必挨打的情况之下，闯过这样一站又一站、一关又一关的两千多里路。沿途被杀的、被捉的、逃散流失的，越走人越少，好不容易逃到黄河渡口时，这个族群已被完全消灭了。

是年(502)河州(甘肃省临夏市)大饥，饿死两千多人。

7. 翌年(503)，魏景明四年，陕西南部的梁州氐族杨会起兵反魏，元恪命代理梁州刺史杨椿率左将军羊祉所部围剿。氐族战斗力极强，双方缠斗一个多月，斩杀氐兵数千。氐族大败，杨会率残众逃入深山。

8. 是年(503)冬十月，河南泚阳的东荆州蛮族部落酋长樊素安不满北魏歧视少数民族的政策，乃聚集族众反抗。元恪命镇南将军李崇讨伐，李崇一战而生擒樊素安和他的带兵将领们，再招降了河南的南阳(穰城)、淅川(顺阳)、新野一带的西荆州蛮族各部落。翌年(504)，东荆州刺史杨大眼又肃清了境内蛮族樊季安(樊素安之弟)部落。

9. 魏正始二年(505)春二月，梁州氐族部落再反，并且主动攻击汉中与北魏各运输系统。元恪命梁、秦二州刺史邢蛮出兵大破氐族部落，同时收复了陕西汉中地区略阳氐族的都城——武兴郡。

10. 是年(505)夏，甘肃成县一带的仇池氐族起义反魏，元恪命光禄大夫杨椿为代理平西将军讨伐。魏军开到仇池，氐族宣布投降。

11. 是年(505)冬十一月，氐族部落酋长杨集起、杨集义两兄弟起义反魏，并拥戴他们的侄儿武兴王杨绍先称帝。元恪再命光禄大夫就近出兵讨伐，不能胜。十二月又命骠骑大将军源怀增援，翌年(506)杨绍先被擒，解送洛阳。杨集起、杨集义二人逃入深山，魏军围山，断绝其粮源，两个月后两弟兄出来投降。

12. 北魏正始三年(506)春，秦州匈奴族屠各胡人王法智聚众两千，自号王公，起义抗魏。又推魏秦州主簿羌人吕苟儿为盟主，年号“建明”。泾水人陈瞻起兵响应，聚众达十万之多。

是年二月间，元恪命右卫将军元丽为安西将军，率步兵五千多进剿，义军六千多人战死。四月间王法智被斩。秋七月吕苟儿率武装义民又占据甘肃天水境的孤山，又包围了天水的秦州。北魏代理秦州刺史李韶乘夜突击吕苟儿根据地——孤山，俘虏了吕苟儿的父母与妻子等人。不数日吕苟儿率其王公大臣等三十多人投降。吕苟儿的部众一部分归附陈瞻，大部分溃散。

13. 陈瞻见吕苟儿失败，索性自己称王，宣布改年号为“圣明”。元恪派太仆卿杨椿讨伐，陈瞻凭险固守。杨椿只是下令封山，并不进攻。等山中粮尽时，漫山出现了大批羊牛。陈瞻的义军几乎全部出动去捕捉牛羊。杨椿一声令下，乘虚攻进陈瞻营帐，捉住陈瞻，立即斩首，余众溃散。

14. 同年(506)夏，四川阆中巴西郡义民，杀了北魏驻军将领李仲迁，献城归降南梁。

15. 当年(506)十月，梁州山区獠族起义被平。

16. 公元507年，夏州长史曹明计划起义被镇压下去。冬十月淮阳太守安乐献城降南梁。

17. 东郢州司马彭珍、治中督荣祖等计划起义，并暗中勾通南梁的边防军来袭义阳。同时河南信阳以南的三关(平靖关、武阳关、黄岘关)守将侯登、阳凤省等献城降南梁。元恪下令中山王元英督骑兵三万收复三关。

18. 北魏永平二年(509)，泾州沙门刘慧汪聚众起义，元恪急召华州刺史奚康生讨伐。

19. 北魏永平三年(510)，秦州沙门刘光秀起义，州郡地方部队捕斩之。

20. 秦州陇西羌杀郡将赵俊，拥兵起义。州地方军讨平之。是年冬殿中侍御史王敞谋反，伏诛。

21. 北魏永平四年(511)正月，汾州山西隰县"山胡"刘龙驹聚众起义，元恪命谏议大夫薛和发东秦州、汾州、华州、夏州等四州的地方部队讨之。经过三个多月的缠斗，于四月间平定。

22. 北魏延昌二年(513)春，山东、河北大饥荒，饿死人数万口。

23. 北魏延昌三年(514)冬十月，幽州沙门刘僧绍聚众起义，自号净居国明法王。幽州郡守捕斩之。

24. 北魏延昌四年(515)春，元恪死。六月冀州沙门僧法庆自称"大乘"。这是以宗教号召的农民起义(《魏书·肃宗纪》《北史·魏京兆王子推传》)。法庆起义是一场大革命，它不仅反对北魏的暴戾统治，同时也反对当时专门剥削农民的大地主和以寺庙为掩护的佛图户、僧祇户和部曲。所以法庆的义军不仅攻城略地、杀戮官吏，他们还杀了很多和尚尼姑，烧了很多寺庙。义军声称"新佛出世"，必须"除去魔障"(《北史·魏京兆王子推传》)，义军迅速发展到五万人。魏廷大震。北魏冀州刺史萧宝夤派长史崔伯骕率军进剿，在煮枣城(河北省枣强县西)决战。崔伯骕战死，魏军大败。

分化、离间之计是北魏惯用的政治作战法。元恪见鲜卑的军队战不过义军，于是一面派亲王元遥率十万大军进入战场虚张声势，一面派出山东籍汉人地方领袖高绰，执招降“白虎幡”在阵前喊话，呼吁投降者无罪。这时义军兵员大增，惜无粮草，又不愿扰民，在魏军强大压力与政治喊话的诱惑之下崩溃了。这支义军虽然坚持了三个月(延昌四年六至九月)而失败了，可是两年后(魏熙平二年)公元517年又有“大乘”教余众再起，攻破瀛州(河北省河间市)，当时被州刺史宇文福讨平(《魏书·肃宗纪》)。

皇族宗亲也要造反

魏景明二年(501)，做过太尉、宰相的咸阳王元禧，素行恶劣，打算乘元恪去邙山狩猎的机会发动政变，推翻元恪。经与之同谋的氐王杨集始及时向元恪告密，是年五月间元恪下令元禧自杀。

北魏京兆王元愉，是元恪的弟弟，元恪把他外放为驻河北冀州的刺史。公元508年(魏永平元年)秋八月，元愉杀了中央派来监视他的长史羊灵引、司马李遵和法曹参军崔伯骥等而自称皇帝，改年号“建平”，计划回到平城故都另组新的中央政府。

早在四十年前拓跋弘在位时，曾把当时投降过来的一万多家柔然族群，分别迁移到宁夏固原的高平镇(今原州区)和灵武的薄古律镇定居。二三十年来逃亡的、叛变的、投靠他族的，到公元490年，只剩下一千多家了。元恪听信管理单位的建议，把这一千多家柔然族族众又迁移到黄河以南山东茌平的碻磝郡，以防他们再叛逃。

这批新移民本来反对元恪政权，现在正好为元愉利用，盼望跟着元愉回到北方老家，于是他们纷纷北渡黄河投效元愉。

元恪命定州刺史元诠和冀州刺史李平发兵讨伐，围城一个多月，元愉无法再守，于是在九月二十三日纵火焚烧宫室，携妻子和百余骑士突围逃走。经追兵在草桥(北京市右安门外十里)捕获，押解回首都洛阳问罪。途经河南沁阳(野王)被当权派高肇毒杀。元愉的部属，冀州刺史韦超、右卫将军睦雅、尚书仆射刘子直、吏部尚书崔朏等一千多人因叛乱罪全被斩杀。

元愉的儿女们和党羽一千多人解送到洛阳，元恪下令赦免。

延昌四年(515)正月十三日元恪病死，享年三十三岁。做了十六年的皇帝，是战乱不断的十六年。

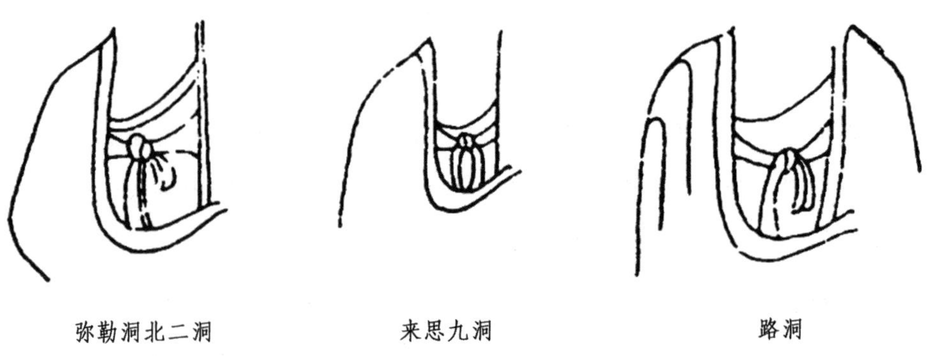

弥勒洞北二洞　　来思九洞　　路洞

司马金龙墓所出器物上的纹饰

元诩时代

(515—534)

官僚、政争

北魏元恪延昌四年(515)的正月十三日,北魏宣武皇帝元恪病死在式乾殿。当天晚上未满六岁的太子元诩被于忠、崔光、侯刚、元昭等拥立登基,是为孝明皇帝。

高肇的侄女高皇后,见皇帝已死,自己失去靠山,而权倾天下的叔叔高肇正在前方带兵作战,新登基的娃娃皇帝固然可以不放在眼里,不过这个娃娃皇帝的母亲胡贵嫔却是高皇后最怕的人物,于是她命中给事宦官刘腾去杀掉胡贵嫔。可是这个宦官很势利,知道大势所趋,所以就向新贵掌权人于忠告密,于忠就把胡贵嫔隐藏起来,才保全了她的性命。

正月十四日新朝宣布大赦,十五日就下令召回西战场的南征军队与总指挥官高肇。

元诩,一个五岁多的孩子,他会懂什么?当然还是围绕在他身边,靠他吃饭、靠他混官做的官僚政客们出主意。什么旨,什么意,都是这班政客官僚的文字游戏。

高肇其人

高肇是河北景县人，也有说他是高丽人。他的妹妹嫁给元恪的父亲孝文皇帝——元宏，封为皇后，所以说高肇是元恪的舅舅。因为高肇娶了元恪的姑妈高平公主，所以说高肇又是元恪的姑丈。高肇哥哥高偃的女儿被元恪选入宫中为贵嫔，封皇后，所以说高肇又是元恪的岳伯父。

高肇有两个堂妹，一个嫁给元恪最亲信的冠军将军茹皓为妻，一个嫁给元恪的堂叔祖安定王元燮为王妃，那么高肇和元恪又成为祖孙关系了。元燮是北海王元详的堂叔，而元详又和这位堂婶(高肇的堂妹，元燮的王妃)通奸，这层伦理关系不知道如何称谓了。

高肇这一系列的裙带关系，由外族、贵族，而到皇亲国戚。其权位、势力，都是一人之下、万人之上，使他成为压倒尚书、宰相、大将军这些群僚的权倾天下者。

因为高肇是外族人，他在鲜卑皇族、贵族中没有高贵身世。很多人看不起他。可是他为了稳固自己的权位，必须得广结党羽，培养自己的势力。他天生的自卑感导致他大肆排斥异己，甚至仗着皇帝元恪的宠爱，竟然敢向皇族亲王们挑战。

孝文皇帝元宏的妹妹陈留公主在两年前封的是“彭城公主”，她的嫂嫂冯润皇后强迫她嫁给冯润的弟弟北平公冯夙。虽然元宏也曾同意，可是彭城公主却不屑与声名狼藉的冯家为伍。于是自洛阳逃出，冒雨跑到五百里路之外的河南汝南(悬瓠)前线，投奔正在前方指挥作战的皇帝哥哥元宏。还告了皇后嫂嫂一状，揭发了冯润的败德丑行。

元恪命她再嫁给当时为扬州刺史的功臣王肃。不到两年(公元 501 年七月)，王肃死在寿阳，彭城公主孀居。时高肇为仆射，曾追求她而被拒。后来她却改嫁给时为秦州刺史的张彝。高肇恼羞成怒，乃诬张彝谋反，张彝遂被免职，在洛阳家居。十七年后(519)，元诩的神龟二年，时张彝已经半身不遂，洛阳暴动发生时为乱兵烧死。

元恪的叔叔咸阳王元禧曾经谋叛，是高肇告密而被杀的(另一说是杨集始报告的)。北海王元详看不起出身微贱的高肇，因而高肇就向元恪告密元详、茹皓、刘胄、常继贤、陈扫静等要发动政变。元恪不问青红皂白，就下令茹皓、刘胄、常继贤、陈扫静等四人自杀，元详被贬为平民，最后又下狱，死在狱中。

元恪永平元年(508)三月，皇子元昌死，是御医王显诊断错误，当时谁都知道王显是奉尚书令高肇的命令来谋杀的。

元恪的于皇后病死，满朝文武都知道是高肇的侄女高贵嫔在药中下毒导致的。可是元恪不唯不察，反而还要封这个高贵嫔为皇后。元恪的叔叔彭城王元勰曾经劝阻皇帝封高贵嫔，高肇恨元勰，就利用京兆王元愉谋反称帝的机会，诬陷元勰与元愉同谋，并且还说元勰勾结南朝，然后又假传圣旨毒死元勰。(元勰是拓跋弘的第六子，是元恪的堂叔，是北魏第十一任皇帝孝庄帝元子攸的父亲。)

元愉谋反称帝，失败被捕。元恪本来念及兄弟之情，要把元愉解送洛阳以家法训诫的。可是高肇为了杀人灭口，不致使他诬陷元勰事被揭穿，于是就派人在河南沁阳(野王)途中把元愉毒死。

高贵嫔终于晋位皇后，高肇的权威也因此而震动朝野。

高肇要求元恪下令他直属的特务部队虎贲武士，守卫各亲王家门，名义上是保护他们，实际是监视他们。

高肇又以宰相的权力削减皇亲贵族采邑，减少功勋待遇。主管财政的度支尚书元匡曾向高肇抗议，高肇利用手下的太常寺卿刘芳、御史中尉王显等弹劾元匡，要求元恪处死元匡。可是这一次元恪没有完全听高肇的，元恪仅把元匡降级叙用。这是高肇失势的开始。

元宏的太和二十三年，公元499年，元恪登基那一年的六月二十四日，高肇要求新帝追赠他（元恪）两年前去世的母亲高氏（高肇的妹妹）为“文昭皇后”。同时追封外公（文昭皇后）的父亲高扬为“勃海公”爵，由高扬的长孙高猛世袭。并封母舅（文昭皇后的哥哥）高肇为“平原公”，高显为“澄城公”。

两年后（元恪的景明二年，公元501年），高肇开始掌权。到元恪的延昌四年（515），三十三岁的元恪病死，年仅五岁的太子元诩继立。高肇被新朝的新贵群逮捕，过去所有的封号完全撤销。最后被绞死了，还给他戴上一个“畏罪自杀”的帽子。他以前常常这样害人，轮到他自己又被人这样弄死，不知道是不是冥冥中的必然报应。

高肇在朝弄权十四年，显赫一时，遗臭万年，正是他的一生写照。

高阳王元雍做太尉，清河王元怿为司徒（宰相），广平王元怀为司空。朝中内斗了两个多月，元恪王朝中的旧班底，该死的、该杀的、该贬的也都清除得差不多了。于是公元515年元诩又下令撤销他嫡母（高肇的侄女，元恪的皇后）“高太后”的封号，并放逐到瑶光寺做尼姑。三年后（518）的秋天，被元诩的生母（胡太后）毒死。

新贵们在大肆清除异己之后，该论功行赏了。元诩下令尊他母亲胡皇太妃为皇太后，居处崇训宫。派车骑大将军于忠兼崇训卫尉，并兼尚书令。命崔光为车骑大将军，加授开府仪同三司。胡太后接受要员们的奏请，垂帘听政，行使皇帝职权。于是加授她的父亲胡国珍为侍中，封安定公，随时出入皇宫，参与国家大计。

崇训宫卫尉是皇太后的卫兵司令，时刻接近皇太后。所以皇帝的命令多出于于忠，生死大权也都操在于忠之手。于忠也因而飞扬跋扈，横行霸道起来。

嵩山古塔

在河南省登封市北之嵩山西麓。建于北魏孝明帝元诩(516—528)时代。塔高十五层，是中国现存最古之砖塔。

胡太后接纳众议，解除于忠侍中与崇训宫卫尉的职务。但念及他有功于新朝，外放为都督冀州、定州、瀛州三州诸军事，征北大将军，冀州刺史。数月后又调回中央任录尚书事，又封“灵寿县公”，以报答他的救命之恩。于忠在公元518年，元诩熙平三年三月十六日死。

公元515年六月，冀州——信都佛教和尚法庆跟勃海(河北省南皮县)人李归伯乘魏廷新旧政权交替的机会聚众起义，由法庆为盟主。法庆娶尼姑惠晖为正妻，任命李归伯为“十住菩萨”、平魔军司，封定汉王。(法庆宣称：杀一个人，称“一住菩萨”，杀十个人称“十住菩萨”。)法庆自称“利益天人，广脱一切”的“大乘”。法庆又配制使人发狂的药，吃了之后，父子兄弟，都不认识，而只知道杀人。

冀州刺史萧宝夤派长史崔伯驎率军讨伐法庆，崔伯驎兵败被杀。义民军气势越发旺盛，所到之处，摧毁寺院庙庵，诛杀和尚尼姑，焚烧佛像。他们宣称：“新的佛祖已降临人间，必须铲除各种妖魔。”是年秋七月六日，皇帝元诩命右光禄大夫元遥代理征北大将军，出兵讨伐。九月，元遥击破“大乘”义民军，生擒其首领法庆以下一百多名高级骨干，送洛阳斩首。

熙平二年(517)，北魏“大乘”义民集团残余部众，突然攻入瀛州。刺史宇文福的儿子、员外散骑侍郎宇文延率领家奴和宾客合力抵抗，义民军纵火焚烧刺史官舍住屋。宇文延突入火海，把老爹抱出来，以致头发肌肉皮肤都被烧焦，仍然指挥部属苦战。义民军终于被驱四散逃走。

发动战争是官僚政府镇压政争内乱的最好办法。新朝新贵们清除异己之后，建议派军南犯。于是元诩下令派杨大眼为平南将军，进驻安徽凤阳钟离以西四十里的荆山。(杨大眼，仇池杨难敌的孙子。累除荆州刺史)杨大眼矜恤士卒，每阵必身先士卒，敌无敢犯者。淮泗荆沔地方有小儿啼的，大人常以“杨大眼来了”唬之，儿啼乃止。

西硖之战

南梁也立即军事反应，派游击将军赵祖悦攻占北魏所辖安徽凤台西南的西硖石为基地，对抗北魏的杨大眼。又令将军田道龙攻击附近魏军各据点。北魏驻镇安徽寿阳的扬州刺史李崇也派出将领分头堵击。是年(515)秋九月，北魏派镇东将军萧宝夤直接进攻南梁所筑的俘山堰(淮河大坝)，又派镇南将军崔亮反攻西硖石。南梁守将赵祖悦出城迎战，大败而退回城内固守。

翌年(516)春，北魏崔亮围攻西硖石数月不下，乃约同驻在寿阳的扬州刺史李崇，定期水陆两路进攻西硖石。可是李崇届期没有赴约。胡太后另派吏部尚书李平为使持节(代表皇帝)、镇军大将军、兼尚书右仆射，率精骑两千人前往寿阳设立行台代表皇帝督战。

南梁派左卫将军昌义之会同直阁禁卫官王神念增援西硖石。南梁军是沿淮河水路逆流而上，一则装载费时，二则战斗序列的部署也颇费周章，于是给北魏有了从容部署防御的时间。

北魏镇南将军崔亮命所属崔延伯、伊瓮生分别驻守淮河南岸的下蔡(安徽省凤台县)，与对岸构成截击南梁水师西上的坚强阵势，堵住外来的南梁援军。然后令统帅李平指挥水陆两路大军猛攻硖石。以致南梁守将赵祖悦的外援不至，粮草已尽，又无退路，不得已于公元516年，南梁天监十五年、北魏熙平元年的二月底开城投降。北魏军斩了赵祖悦，南梁军全部做了俘虏。

贪官污吏祸国殃民

二十年前(495)，元宏同父异母的弟弟赵郡王元干，在刺史任上贪污枉法，当时元宏打他一百军棍免职。有其父必有其子，二十年后(515)，元干的儿子赵郡王元谧在陕西凤翔做岐州刺史的任内凶暴残忍。有一次听信部下的报告说有人密谋造反，他就下令关闭城门，大肆搜捕很多人，酷刑拷打，没有理由地斩杀数十人。于是激起众怒，全城群起抗暴。魏廷遂下令免除元谧的职务，调回首都洛阳。可是由于元谧的夫人是当今胡太后的侄女，元谧又被任命为大司农卿。

同时还有一个贪官酷吏元法僧，在益州(陕西省勉县)刺史任内贪污枉法，凶暴恶极，激起民怨。葭萌县(四川省广元市)居民任令宗等借一般民众痛恨贪官污吏的共同心理，宣布起义。于是年(515)冬，击杀了北魏的郡守元法僧，向南梁献城投降。当地的汉人、山地人群起响应。

南梁驻镇四川成都的益州刺史鄱阳王萧恢派四川阆中(巴西郡)、梓潼县郡守张齐率领三万大军北上接应义民任令宗。

翌年(516)夏季，南梁军在葭萌与北魏元法僧的儿子元景隆军会战，元景隆大败，十多个城池失守。南梁军乘胜挺进包围了陕西南部的武兴郡。元景隆婴城固守，可是所辖境内民众到处燃烧起义怒火。魏廷急召益州前任刺史，现在淮河前线作战的镇南军司傅竖眼，率轻骑三千紧急行军来援救元景隆。

傅竖眼军进入益州(四川省)境内，辗转作战二百多里，五月间击败南梁军的主力梁州刺史任太洪部。南梁梓潼县郡守张齐立即下令撤围，退守四川广元以北白水关。

傅竖眼曾做过益州刺史，廉洁爱民。当地民众，不论胡人、汉人或獠人都很爱戴傅竖眼。军队能得民众支持，当然可打胜仗。所以傅竖眼很快赶走南梁军，平定了益州全境。

南梁的张齐退保白水关，仍以游击的方式不断攻击北魏的葭萌。北魏新任益州刺史傅竖眼派虎威将军强虬采挖根战法，猛烈突击白水关，把南梁的守关主将信义将军杨兴起斩首，收复白水关。

南梁派驻在甘肃南部文县阴平郡的宁朔将军王光昭出兵支援白水关。甘肃的文县距四川的广元约五十公里，可是在王光昭刚一集合部队时就被北魏军猛烈突袭而溃散。

张齐又亲自率领所部精锐进攻傅竖眼的基地，经过两个多月的多次激烈战斗，南梁的张齐所部终于全军溃散。南梁这一次的失败，使北疆的险要据点，剑阁的大小剑山、东益州又完全回归北魏版图。

王足升官图

王足，本来是北魏名将邢峦部下的统军，公元 505 年，元恪正始二年，他在梓潼攻防战中大胜南梁军。于是梁州十四郡，东西七百里，南北一千里的地方全部归入北魏的版图。当时魏廷晋升王足为益州刺史。是年秋，适值南朝反攻益州的时候，轻诺寡信的北魏皇帝元恪又另委羊祉为益州刺史。王足听到这个消息大怒，立即率军撤退。这一撤退，不仅使益州大部分土地又为南梁收复，而且使北魏从此再没有力量进窥四川了。战时一个战将的一进一退影响之大，真可谓举足轻重了。

王足因为不满元恪的用人没有伦理制度，又愤而投奔南梁。九年后(514)，王足向南梁建议在淮河的中游，距安徽寿县(北魏南犯的总基地）二百公里的地方构筑一个巨大的拦水坝，拦堵淮河之水，倒灌寿县城。

南梁接受了王足的献计，动员工匠、战士和民工二十万人，在安徽五河东，淮河南岸的浮山、北岸的巉石，从两岸分别挖山取土填在淮河中合龙成坝，命名为“浮山堰”。到翌年（515）夏，淮河浮山堰筑成而又崩溃，再经沉入数千万斤的钢铁，又沿淮河两岸一百里以内的树木砍伐干净，浮山、巉石的石块也挖掘一空。经过近两年的艰苦施工，终于公元516年（南梁天监十五年、北魏熙平元年）的夏季，这个长九里、下宽一百四十丈、上宽四十五丈、高二十丈的浮山堰才算完成。南梁在坝上屯驻军队以防破坏。

北魏方面也加强了准备工作，先是派军突击施工中的南梁军，没有成功。以后又在淮河上游掘几条泄洪水道，使积水分别向东方、北方排泄，也没有收效。眼看大坝的蓄水面积广达数百平方里。多少村庄、多少人家的生命财产、房舍坟墓，都淹没在水底。北魏的扬州刺史李崇下令多处架设浮桥，又在八公山东南麓兴建魏兴城，准备一旦水淹寿阳，作为紧急避难之用。北魏正在紧急应变，南梁却以幸灾乐祸的心态静观水淹寿阳城。

这个大坝自公元514年十月兴建，南梁曾投入技术工人、一般工人二十多万。翌年就因寒潮侵袭而冻死十五万人，还有饿死的、病死的、累死的不知道有多少，二十多万人中还有几个存活的也不知道。历时一年半的时间总算完工了，可是不到半年的时间就因淮河水位暴涨而崩溃了。在三百多里之内的下游村庄又淹死了十多万人，不知道还有多少村庄被大水冲到海里去了。

元诩时代的币制

北魏建国之初，商业交易仍和初民一样以物易物。民间用的还是曹魏时代留传下来的旧“五铢钱”，也有民间私铸的钱。拓跋焘时代虽曾有了新的货币理论，但对国家重大支付(包括军费在内)，仍然以绸、缎、布帛、谷物为主。

公元495年，孝文帝元宏时，由于商业发达的实际需要，再开始官铸“太和五铢”钱，并设官专职，开发铜矿以充实币材原料。并准许民间自备精铜，委由官炉代铸。但对重量、大小、品质不合标准的钱或前朝旧钱，一律严格禁止流通。

后来任城王元澄根据市场上的实际情况，建议凡是民间惯用前朝所铸的旧五铢钱，或魏晋时代的古钱，只要形状完好、重量十足，即使大小不同也都准其流通。至于这些币值的贵贱，则由各地市场自行决定。不过由于币材(铜)的产量不多，有人常把大钱熔毁另铸小一点的钱，所以发生了“鸡眼”钱、“凿边”钱等，违法情形也都严予处理。可是这些钱币，只在商业繁荣的城市流通，至于乡间、农村，仍然采用以物易物为交易手段。

北魏尚书崔亮深感币材不敷应用，乃建议在山西垣曲的王屋山开采铜矿，精炼铸币。胡太后批准这个建议案，官铸多了，民间私铸也多了起来，钱的重量、体积也都越来越小、越来越薄，也就越来越不值钱了。

到了元子攸为帝(公元529年，元子攸的永安二年)又开始铸“永安五铢”钱(注：十二粟为一分。十二分当一铢。——《淮南子·天文训》)。准此“五铢钱”的重量大概是现称的六钱重。

魏孝庄帝元子攸于永安二年(529)为筹措庞大军费而铸“永安五

铢”钱：

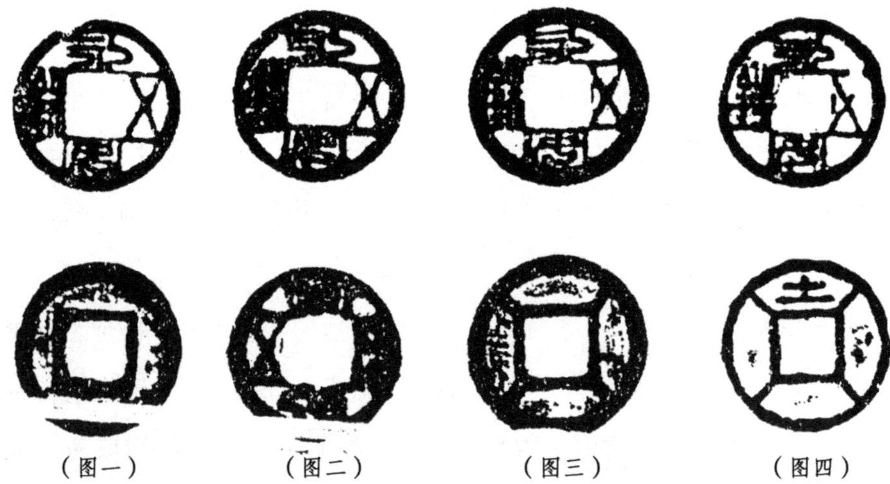

（图一）　（图二）　（图三）　（图四）

魏孝庄帝元子攸于永安二年（529）为筹措庞大军费而铸“永安五铢”钱：
（图一）永安五铢，铜质，钱的正面是“永安五铢”四字。背面没字。
（图二）钱的正面、背面都有“永安五铢”字样，史称“合背五铢”。
（图三）钱的正面有“永安五铢”字样，背面的方孔四角有四柱，史称之为“背四出”。
（图四）背面在方孔上有一“土”字，与下面的方孔形成一个“吉”字，史称“吉”钱。

胡太后与瑶光寺

在胡人的传统里，女人是没有地位的，可是胡人中女人一旦掌权，就会造成异乎寻常的事迹。

六年前(510)，元恪在洛阳皇宫旁建造一所御用的瑶光寺。工程之浩大、设计之精美，可以说是洛阳之最。瑶光寺还没有完工，胡皇后已经做皇太后了，权力之大也已是北朝之最。十多年前(496)元宏的皇后冯清曾在瑶光寺出家为尼。去年(515)胡太后又把前任高太后(高肇的妹妹)贬到瑶光寺为尼，两年后她又把这个高太后毒死在瑶光寺。她对瑶光寺没有好感，所以又在皇宫旁边另建一所比瑶光寺更豪华、更庞大的永宁寺，做她的御用佛寺。寺内建九层宝塔，高达一千尺，塔顶是黄金铸成的。另有一百二十个金吊钟、五千四百个金风铃，风动铃响声闻十里之外。

佛殿供奉一丈八尺高的金佛像，另十尊和普通人那样高的金佛像排列两侧。绣珠像三尊、金织像五尊、玉佛像两尊。制作精致，高贵华丽，是中国佛教史上空前绝后的杰作。

由于这些佛寺的影响，上行下效，洛阳在两年之内就兴建佛寺五百多所。和尚房舍一千多间，另在伊阙(洛阳南)兴建石窟寺，工程之大、雕琢之美，无与伦比。

胡太后最赏识的扬州刺史李崇、任城王元澄等曾书面报告胡太后叙说当前佛教盛行，寺庙林立，每个寺庙都霸占着大量土地而不纳税，每个寺庙都收容了大批年轻农民去当和尚而逃避兵役的现象。荒芜农耕不仅造成民间愤慨，也是国家莫大的危机。所以要求遣散在永宁寺服务的工作人员，减少瑶光寺和永宁寺的各种建材，解散石窟寺雕凿佛像的工匠。至于御库房那些徒然浪费的各种制作，都应立刻停止。胡太后虽然很恼火，但仍假意温和嘉许，婉拒李崇、元澄等的谏言。不仅如此，公元518年夏胡太后的父亲胡国珍去世，胡太后又为他兴建一座寺庙，雄伟壮丽和永宁寺一样。

高车与柔然

柔然与高车这两个弱势族群，虽然同是匈奴之后，但历年来两家互相攻击挞伐，已成世仇。十年前高车进攻柔然，当时柔然族酋长是第十任可汗——佗汗可汗郁久间伏图，在新疆蒲类海(巴里坤湖)与高车族会战。高车族战败，遂向西退去。柔然军在巴里坤湖以南的伊吾山北扎营。适逢盘踞在吐鲁番西的高昌王鞠嘉向北魏要求准其内迁，北魏乃派龙骧将军孟威率三千大军到达伊吾山接应高昌王。柔然可汗郁久间伏图误以为是高车族邀来支援高车的，于是紧急撤退。北魏军并没有注意柔然军的行动，而高车酋长弥俄突却见机可乘，下令所部闪电追击，于是大败柔然军，斩了郁久间伏图，还把其首级献给北魏的孟威将军。并且还乘机向北魏进贡示好，北魏宣武帝元恪也重赏高车族。

郁久间伏图的儿子郁久间丑奴继任柔然第十一任可汗，是为“豆罗伏跋豆伐”可汗。改年号为“建昌”。郁久间丑奴时思报此杀父之仇。公元516年冬，柔然西进攻击游牧在新疆吐鲁番的高车王国，生擒了高车国王弥俄突，捆着双脚放在地上让马拉着跑，鞭打劣马狂奔，把弥俄突拖拉得体无完肤而死。然后砍下人头做成骷髅头壶，涂了油漆当作酒器。弥俄突的弟弟伊訇，率领残众投奔新疆皮山的嚈哒王国整军经武，准备复仇。

郁久间丑奴乘其战胜余威征服了以前叛离柔然的各部落。

郁久间丑奴精于兵学，在此战役之后，又派外交官尉比建等前往魏廷请求以平等地位和解。

魏帝元诩虽然没有答允平等待遇，但仍派遣外交使节赴柔然报聘。

公元520年，郁久间丑奴被他的母亲侯吕陵暗杀，郁久间丑奴的弟弟郁久间阿那瓌继任柔然第十二任可汗。郁久间阿那瓌登基仅仅数天，就被他的族兄郁久间示发武力推翻。郁久间阿那瓌和他的弟弟郁久间乙居伐轻骑南下投奔北魏。他的堂兄郁久间婆罗门率族众又推翻郁久间示发，逼迫郁久间示发逃亡到东北黑龙江上游的地豆干汗国而被杀。郁久间婆罗门遂自称柔然第十三任的“弥偶可社句”可汗。

郁久间阿那瓌兄弟俩在北魏甚得孝明帝元诩的优遇，并被封为“柔然王”。

北魏正光二年(521)二月，郁久闾阿那瓌再三请求魏廷发兵，护送他回去复国。最后以百斤黄金买通当权派的首脑元乂下令怀朔镇(内蒙古自治区固阳县)都督杨钧率精骑两千及一万五千民兵护送郁久闾阿那瓌回国。

是年(521)夏五月，在怀朔镇，郁久闾阿那瓌得到资讯说郁久闾婆罗门派大臣丘升头等率军两千南来接应，不怀好意。郁久闾阿那瓌恐惧万分。一面停止前进，一面上疏请求准许再回洛阳。

这时高车王伊訇率军进攻柔然可汗庭，郁久闾婆罗门大败，乃率残余十多部落向甘肃武威北魏的凉州刺史袁翻投降。其余部落数万残众由郁久闾阿那瓌的哥哥郁久闾俟匿伐酋长率领，分别向北魏怀朔镇投奔郁久闾阿那瓌。

魏廷采凉州刺史袁翻及高阳王元雍等建议，把比较靠得住的郁久闾阿那瓌所部安置在内蒙古乌兰察布的吐若奚泉定居。把甘肃酒泉及内蒙古居延的西海郡拨给郁久闾婆罗门所属各部落游牧。同时又命郁久闾婆罗门修复西海故城，以拒北方一千多里的金山(蒙古阿尔泰山)高车族。并派安西将军元洪超为西北行台尚书，驻节甘肃敦煌监督之。

翌年(522)冬，郁久闾婆罗门果然背叛北魏，逃奔新疆皮山的嚈哒国。魏廷派西北道行台费穆率军追讨。费穆选精骑追击，活捉郁久闾婆罗门，解送洛阳斩首。他的族众，有的投降北魏，有的投奔他国，也有散在当地为农或组小部落游牧的。

北魏正光四年(523)，郁久闾阿那瓌的牧区发生大饥荒，郁久闾阿那瓌率所属部众南进魏境求食，并吁魏廷拨粮救济。

二月初魏廷派尚书左丞元孚持节前往柔然侵占地区(柔玄——内蒙古自治区兴和县、怀荒——河北省张北县)去慰问，安抚郁久闾阿那瓌的族众。

这时郁久闾阿那瓌的势力已经壮大，拥有号称三十万控弦战士。同时他的内在政敌郁久闾婆罗门部已经消灭，他以为他自己可以对抗北魏了。

于是拘捕了元孚，把他囚禁在车子上随军南下。一路上打家劫舍，直到山西大同的平城，才释放了元孚。

北魏正光四年(523)夏四月二十八日，魏廷下达紧急动员令：派尚书令李崇与左仆射元纂，率精骑十万北上讨伐柔然。郁久闾阿那瓌得到消息，又施展他祖传敌来我走的老套战法，裹挟平民两千多家以及牲畜数十万头向北逃窜。

大戈壁中大部分是荒漠一片，风沙四起，人畜走过立即绝迹，再找回头路也难。有些地方是茫茫草原，可是人烟罕至，也有些地方茂林密布。李崇追击三千多里路，派参军于谨，率铁骑两千继续追击。于谨采猛追狠打战法，先后数十次会战都是柔然大败。郁久闾阿那瓌一直向北逃回他的老窝——西库伦，大约是贝加尔湖一带的郁对原。

羌乱与暴动

北魏熙平三年(518)春，甘肃天水(秦州)羌族部落聚众起义。是年秋七月，游牧在甘肃临夏(枹罕)的河州羌族酋长却铁忽也自称“水池王”，起兵相应。魏廷派源子恭为行台总监，率军讨伐。源子恭与部队约法三章，纪律严明，号令上下一致。军队到达河州不到一个月羌族酋长却铁忽等相继投降。兵不血刃而平定羌乱。

在陕西勉县境东益州的氐族部落，联合南秦州(甘肃省成县西)的氐族起兵反抗北魏。魏廷鉴于源子恭和平解决变乱的经验，乃派龙骧将军崔袭，持节宣慰。可是氐族的传统民族性就是顽强好战，以前的苻坚就是例证，所以没能说服氐众。魏廷再派抚军将军邴虬率军讨伐，由于当地的形势非常复杂，加之氐族骁勇好战，大小战事数十次，历时三年仍然不能征服。魏廷再派驻镇甘肃天水的秦州刺史河间王元琛为行台总监，大军进驻甘肃成县西的骆谷城。元琛贪污无能，对待部属暴虐残忍，所以时常被氐族的游击部队打败。魏廷革除元琛的刺史与军职，氐族的反抗势力更是快速膨胀，大有恢复“武兴王”时代王土的野心。

魏正光二年(521)，北魏治下南秦州——骆谷城(甘肃省成县西)境内的氐族部落全部叛乱。北魏再命抚军将军邴虬率军讨伐。

邴虬率大军开到秦州(甘肃省成县)境内安营，然后与当地刺史崔游商议，利用当地豪门杨松柏游说氐族部落放下武器。

辖区在甘肃东南部及陕西西南部的东益州和甘肃天水的秦州居民都是氐族聚居之地，与南秦州的变民同族，并且相呼相应。邴虬运用政治手段解决南秦州的氐族变乱，才使周边三州免于战火。

北魏政权都是靠军人给他打下来的，所以魏廷对于军人优渥有加。军人有了战功，不仅可以获得许多特权，如颁赐免税的土地，分配罪犯家属或掳来的俘虏或人民作为奴仆，使他们养尊处优。更有破坏文官制度的特权，他们可以转任文官。带兵习惯了飞扬跋扈，做了文官自然仍会作威作福。这是政治制度上的癌症，历来遭到文官们不断的反对，可是魏廷都没有改善。

张彝是北魏朝内少数清廉有为的政治家。他做过北魏的持节御史，巡察山东及河南十二州，所到之处都有清廉公正的风评。对武官转任文官这一制度的利弊他知之甚详。后来做到安西将军、秦州刺史。公元502年，元恪的景明三年，为酷吏高肇诬陷而罢官家居。

张彝有两个儿子，长子张始均，学问很好，做著作郎时曾把陈寿所著的《三国志》改为编年体。后来升为朝廷主持民政的左民郎中。次子张仲瑀，在朝廷管理铨叙事务，颇有父风。公元519年(北魏神龟二年)春，张仲瑀写了一封密奏给胡太后，建议废除军人转任文官的制度。

这个密奏被胡太后泄露出去了，立即引起退伍和在职军人的强烈反应。积压已久的不满情绪，这一下子像火山一样爆发了。他们在大街小巷到处集会，到处串连，到处贴标语、辱骂，叫嚣着要杀张彝的全家。这时候如果魏朝廷采取有效措施，或是张彝有些预防准备，也许事态不致扩大到不可收拾的地步。可是魏朝廷不知道是什么缘故而装聋作哑，不知道为什么对于身为陈留公主驸马的张彝家竟然没有加以保护，而张彝也许是自以为是皇亲国戚而毫不在意这件事。

是年(519)二月二十日，担任首都警卫的禁卫军也参加了这个风起云涌的暴乱，使这个暴乱情势更加不可收拾。他们冲进了官署，要求交出张仲瑀的哥哥张始均，而官署已经空无一人了。乱兵砸破官署的门窗，又一路放火烧到张彝家中。把已经半身不遂的张彝拖到院子里百般辱骂、殴打，最后放火烧了张宅。又把张始均打成重伤，然后把他投入熊熊烈火中活活烧死。张仲瑀也被打成重伤，挣扎着逃出幸免一死，张彝也因伤重而死。史书没有记载陈留公主的下场。不过这个三嫁三妨的可怜女人，从此也就不知所终了。

这一暴乱，震撼洛阳城。胡太后已经知道事态严重了，于是一面下令逮捕为首的乱兵八人斩首，一面又下令胁从不问，赦免余众。是年二月二十五日，又被迫下令准许军人可依照其武官阶级转任文官。

洛阳暴乱虽然只有五天的时间就被敉平，可是这次兵乱反映出北魏政权的无能，败象环生。从此北魏境内已是群雄并出，像尔朱荣、高欢、侯景、刘贵、司马子如、杜洛周、陈双炽、葛荣、段荣、吕伯度、贾显度、胡琛、窦泰等，个个都能敲响元诩的丧钟。

(洛阳暴乱九年之后，胡太后及小娃皇帝被投入黄河。十六年后北魏分裂为西魏、东魏。三十四年后两魏也瓦解灭亡了。)

是年(519)冬，高句丽的国王高云死了，他的儿子高安继立，并向南梁报丧进贡。南梁朝廷任命高安为宁东将军，并封为高句丽王。

南梁又派使节江法盛，携带很多朝用服饰与贵重礼品乘船去高句丽宣慰。北魏最怕高句丽与南朝勾结而使他腹背受敌，于是命驻节山东掖县

(今莱州市)的光州海上武装予以拦截，把所有人员与财物统统解送到洛阳。

女人乱政

胡太后沉迷于佛教，一座又一座的兴建佛寺。流风所及，皇族王侯、贵族、宦官以及驻军都在洛阳附近以兴建佛寺来夸耀财富。胡太后还命各州郡都要建造最少五层高的佛塔。

北魏政权是从战争上建立的。连年战争的破坏，加上魏廷无尽止的搜刮剥削，已经弄得百姓十室十空，为求生存而卖儿女的人家比比皆是。可是胡太后时常举行斋会，施舍给和尚、尼姑的财物和花费在这类活动上的金钱，可以说是无法统计，而他们从来没有体恤到老百姓的生活之艰苦而赒济分文。

胡太后的面首郑俨，胡太后被软禁时，他躲到驻镇陕西的齐王萧宝夤那里做一个小小属员。迨胡太后复出摄政，郑俨回到首都，胡太后立即派他做“谏议大夫”“中书舍人”“尚食典御”。日夜在宫中侍奉年近四十岁的胡太后，每逢郑俨回家省亲，胡太后必派宦官随行，使郑俨只能处理一些家务而没有机会与妻子私下叙叙夫妻之情。

前尚书令李崇的儿子、中书舍人李神轨也是胡太后的面首，曾有意娶散骑常侍卢义僖的女儿为妻。卢义僖因为听说李神轨与胡太后有染，为怕胡后怪罪所以不敢答允。后来卢义僖的女儿正要与别人结婚时胡太后却下令不准他们举行婚礼。

郑俨与胡太后的亲昵太表面化了，已经十九岁的儿皇帝元诩觉得没有面子，有意召唤尔朱荣入朝除掉郑俨。可是他万万没有想到他的亲娘竟会先把他毒死(公元 528 年的二月二十五日)。而胡太后也没想到就在她毒死自己亲生儿子两个月后，自己竟在黄河中结束了她那肮脏的一生。

六镇起义

六镇是指沃野、怀朔、武川、抚冥、柔玄与怀荒镇。这六所驻在北方边境的军事单位，在当时是六支地位特殊的野战单位。官兵都是贵族子弟，待遇较一般军队均好，士兵退役后可升任一般部队的军官，另军官退役可转任地方行政官员。

自从朝廷南迁洛阳后，这些部队中部分精锐官兵也随着朝廷南调。魏廷乃以一般部队调动，并以罪犯补充之。因此这六镇国防军原有的光彩荣耀逐渐褪色，这是原有士官兵引起反感的主因。

魏正光五年(524)，由于欠发军糈与军饷，乃招致沃野镇兵破六韩拔陵杀其镇将领导起义，北地兵民群起响应，史称“六镇起义”。

北魏泰常八年(423)，拓跋焘还是太子的时候，他首次征服柔然，修筑一条东自河北的赤城，西到内蒙古五原，长达两千多里的长城以防柔然。并把当时俘虏来的柔然或已归顺的其他胡族众安置在这个边墙之外屯垦，没收他们赖以游牧的马匹、武器，发给耕具，分配给土地，使他们安于农耕。并设军事管制据点，施行严密的军事管制，是为镇压异族的“六镇”。

这些镇督大将或统兵都是出自皇族，所属士兵也都来自鲜卑族的贵族群或汉人或其他胡族的豪族名门子弟。他们的身份特别，待遇也很优厚，当兵两年回去可以升官，当官的可以转业行政界。所以“六镇”在当时是人人向往的仕宦之路。

这时还是五胡(北燕、北魏、北凉、西秦、胡夏)并存的时代。迨北魏太和十七年(493)，拓跋宏把首都自平城南迁洛阳之后，有一部分精锐被

六镇示意图

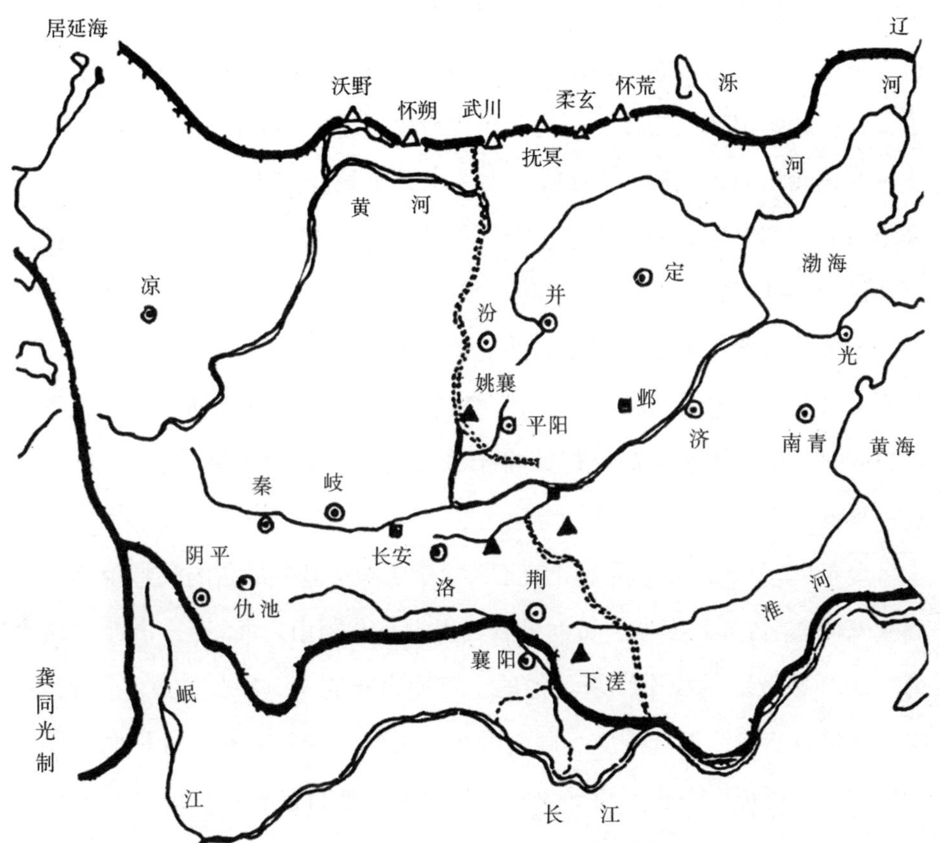

沃野镇：在大同(平城)西北五百公里内蒙古自治区五原县，一说在乌拉特后旗。
怀朔镇：在大同西北三百公里内蒙古自治区包头市或谓固阳县西南。
抚冥镇：在大同西北一百五十公里内蒙古自治区武川县北四子王旗。
武川镇：在大同北二百公里内蒙古自治区呼和浩特市西北近武川县。
怀荒镇：在大同东北二百公里河北省张北县，一说在内蒙古兴和县。
柔玄镇：在大同北二百公里内蒙古自治区兴和县西北台基庙东北。

南调首都洛阳。六镇驻军的粮饷时有不继的现象，最重要的是镇将与士卒的素质低下，身份不如以前那么高贵了。甚至魏廷常以罪犯、死刑犯充军到这里当兵抵罪。这一冲击以致老兵们失去了原有的尊荣，人人都有些失落感。加之魏廷中央先由元叉等掌权帮的胡作非为，再继之胡太后乱政当道，举国上下天怒人怨。再加上四年前洛阳暴动，连中央的禁卫军都参加了，这些影响都在人心浮动的边防军中产生了很大的冲击。

北魏元诩的正光四年(523)，柔然南犯平城。北魏北方的边防军力本来很薄弱，加上军人的素质差、士气低落，致柔然一举攻进边塞，掳掠公家和民间的牲畜数十万头，还有两千多平民而去。

不久，柔然又进攻最东边的怀荒镇，正逢当地饥荒歉收，戍卒已经数月不见粮饷。大家要求镇将于景开仓发粮，于景借口没有朝廷命令，不敢擅自开仓，以致激怒士兵，把镇将于景及其妻子备加羞辱之后予以杀害。这一事件遂引发了六镇起义。

翌年(公元524年，北魏正光五年)三月，六镇中最西的沃野镇辖下的高阙塞(内蒙古鄂尔多斯，黄河外腾格里湖东北阴山之西)有一个姓“破六韩”名“拔陵”的戍卒，杀了他的主官而宣布起义，很快占据了沃野镇，于是胡汉青年戍卒群起响应。破六韩拔陵虽然是匈奴后裔，可是他领导下的大将如卫可孤、王也不卢等大都是鲜卑族，他自己也可以说是鲜卑化很深的匈奴人。这就说明六镇起义完全是反暴戾、反奴役，争生存、争自由而且没有种族意识的全民革命运动。

高平镇(宁夏回族自治区固原市)戍卒赫连恩等举兵攻下高平镇，推高车部落酋长胡琛为“高平王”，率部响应破六韩拔陵。

义军声势大振！破六韩拔陵派别帅卫可孤攻下武川镇(内蒙古自治区武川县)，进围怀朔(内蒙古自治区固阳县)。魏镇将杨钧在山西神池尖山募得贺拔度拔和他三个儿子贺拔允、贺拔胜、贺拔岳父子四员勇将，抵抗义军卫可孤。

杨钧听说武川镇已经为义军所占领，怀朔军心大乱，立刻崩溃！贺拔度拔父子同被义军卫可孤俘虏。只有贺拔胜随杨钧逃离战场。

是年(524)夏，魏廷派驻守云中(内蒙古自治区托克托县)的临淮王元彧出兵北上援救杨钧。在五原(内蒙古自治区包头市)和义军破六韩拔陵会战，元彧大败并且也被撤职。安北将军李叔仁所部在内蒙古呼和浩特(白道)又被义军打垮。白道是云中的要冲，于是义军势如破竹，全部占领了六镇。

魏廷委任已七十多岁的李崇为“使持节”(代表皇帝的权力)、开府仪同三司，北讨大都督，率抚军将军崔暹、镇军将军广阳王元深等大军北上讨伐破六韩拔陵。

北魏驻守姑臧(甘肃省武威市)的漳州刺史属下的禁卫队主将于菩提等，罢黜刺史宋颖，占据姑臧宣布起义。

宋颖密邀吐谷浑可汗慕容伏连筹发兵来救，于菩提被捕斩首。地方领袖赵天安等推宋颖官复原职。

是年(524)六月，崔暹和义军在内蒙古呼和浩特的白道地方会战，崔暹全军覆没，自己单骑逃回。义军乘势攻进李崇大营，李崇力战不胜，只好退回云中(内蒙古自治区托克托县)采取守势，可是军心已散。

崔暹战败！魏廷下令逮捕治罪。可是崔暹倾家荡产用所有的金银珠宝、美女重贿元叉，最后被无罪开释。

是年(524)秋八月，元诩想起来广阳王元琛两个月前的一封报告，下令把北方六镇改为正常行政区域。怀朔镇改为“朔州”，原设在盛乐的朔州改称“云州”。并派黄门侍郎郦道元为特命大使，代表皇帝北上宣慰六镇。可是这时北方、东方的匈奴族及其他胡族已经全面起义，归降破六韩拔陵，六镇也已经全面起义，郦道元也没有敢出发。

魏孝昌元年，公元525年，义军破六韩拔陵，包围五原(内蒙古自治区包头市)，广阳王元琛命统军贺拔胜迎战。贺拔胜编练敢死队二百人，出东门突击，杀义军一百多人，义军稍退。元琛也趁此放弃五原，移防云州(后名朔州，在内蒙古自治区和林格尔县)。

这时候在甘肃游牧的高车部落响应破六韩拔陵的义军。魏广阳王元琛派参军于谨深入高车部落，说服其酋长乜列河，率部众三万多家向魏广阳王元琛投降；并约定在山西朔州西北塞外的折敷岭会师。

破六韩拔陵听到这个消息，立即发兵拦截乜列河，适与接应乜列河的魏军一场遭遇战，破六韩拔陵败退，魏军救得，高车族班师。

破六韩拔陵的义师，已经是威不可挡了！元诩这个娃娃皇帝不惜开门揖盗，竟然勾结柔然引兵来打击义军。柔然的敕连头兵豆伐可汗郁久闾阿那瓌于公元525年(魏孝昌元年)的春天率领十万大军进攻破六韩拔陵的基地武川镇，斩义军大将孔雀等人，并西向沃野镇。义军屡战屡败，破六韩拔陵为了保存实力，迫不得已而于是年(525)六月渡过河套南移，以避柔然之锋。

义军大部分没有经过正规训练，而且大部分都带家携眷，当然敌不过久经战阵的柔然军。义军进入河套之后，还剩残众二十多万，又被魏广阳王元琛截击。破六韩拔陵战死，余众投降。

破六韩拔陵自公元524年三月起事，到公元525年六月败死。虽然只有一年零三个月，但对后来影响巨大，可以说是北魏历史上前所未有的亡国预兆。

另一曾在怀朔镇将杨钧部下为统军的高车部落酋长斛律金，率部众投降破六韩拔陵。稍后斛律金发现破六韩拔陵所部都是乌合之众，恐难成大事，遂率部众南移，拟向魏军投降。行经山西山阴北的黄瓜堆，被义军杜洛周部击败。斛律金转而投奔尔朱荣。

破六韩拔陵起义不到一年，陕西靖边的夏州、延安东北广武的东夏州、甘肃宁县的豳州、武威姑臧的凉州等地，到处都有义师兴起。除破六韩拔陵和莫折大提、莫折念生规模较大者外，小型抗暴者计，公元524

年秋：

就德兴，营州起义。

于菩提，凉州起义。

乞伏莫于，秀容起义。

张映龙，雍州起义。

薛珍在上邽(甘肃省天水市)率义民刺杀北魏秦州刺史李彦全家，投降义师莫折大提，并拥戴莫折大提为秦王。

张长命在秦州起义。

胡琛、万俟丑奴等在高平镇起义。

公元525年杜洛周(《梁书·侯景传》称吐后洛周，今从《通鉴》)在上谷(河北省广灵县)起义。

匈奴部落刘彝升等在山西左云(云阳谷)起义，自称皇帝。公元526年五月北魏派安西将军宗正珍孙为都督，讨伐之。

曹阿各拔在陕西靖边(夏州)起义。

公元526年四月鲜于阿胡在朔州占据城池举义。魏廷派仆射元纂代表皇室的行台，进驻故都平城。鲜于阿胡率众于七月间攻陷平城，元纂逃奔冀州。

六月，被强迫迁居在山西新绛的四川人(史称“绛郡蜀”)首领陈双炽等，率族众举义，自称“始建王”。魏廷派镇西将军长孙稚为讨蜀都督。长孙稚派薛修义单骑直往陈双炽大营，向陈双炽分析利弊得失，陈双炽立即投降。魏廷派薛修义为龙门(山西省河津市)镇将。

公元526年，费也头牧子，在山西山阴(桑乾)起义，西部敕勒酋长斛律洛阳与之联合。三月中，北魏游击将军尔朱荣以地方民兵在深井击破斛律洛阳，接着进击桑乾，大破费也头牧子。

是年冬十一月，山东济南(历城)，平原县(治聊城)的居民刘树声等聚众起义，攻陷附近郡县城池及地方政府驻军。齐州刺史元欣发动地方团队讨伐平定。

公元527年春，河北清河居民房须聚众数千人，占据山东临朐的昌国城，自称“大都督”起义，当年就被北魏讨平。同时，山东淄博山区民聚众起义，魏齐州长史房景伯运用地方人士游说沟通，义民解散回归田里。

二月间，甘肃天水的秦州义民，占据潼关，旋即弃城溃散。

东郡(河北省大名县，又说是河南滑县)人赵显德聚众起义，杀了郡守裴烟，自称大都督。当年夏就被魏将元斌之击败，赵显德被杀。

湖北人刘钧在山东济南(齐州)聚众起义，自称“大行台”。当年夏就被魏都督李叔仁讨平。

秋七月，河南项城人刘获、郑辩，在河南西华聚众起义，跟围攻河南息县(东豫州)的南梁帝国谯州(州官署设安徽省亳州市)刺史湛僧智结合，武装反抗北魏，改年号“天授”。北魏帝国命代理东豫州刺史曹世表为中央驻东南道行台，率军讨伐，命源子恭接替曹世表为东豫州刺史。所属将领，都认为变民军强大，政府军占弱势，而且都是重新集结的残兵败将，不敢挑战，只打算固守城池，保护自己不死。曹世表正患一种背痈重病，让人把他抬出来，召见一位姓是名云宝的统军，吩咐说：“湛僧智之所以敢深入国境，是因为刘获、郑辩都是州民中有声望的人士，而且作为他的内应。刚才听说刘获率军去城外八十里，迎接湛僧智，如果能出其不意，只要一次突袭，就可把刘获击破。刘获一破，湛僧智自然撤退。”于是挑选兵马交给是云宝，在傍晚出城。第二天拂晓攻击刘获，大破刘获军，穷追猛打，把残余的党羽全部削平。湛僧智听到消息，只身逃回安徽谯州(亳州)。郑辩跟新任东豫州刺史源子恭是亲戚又是老友，所以躲到源子恭家，曹世表集合将士，当面责备源子恭，逮捕郑辩并将他斩首。

是年冬十月，山西闻喜人薛凤贤聚众起义，并约同族薛修义也在山西永济(河东郡)联合，占领山西解县的盐池，围攻永济(蒲阪)县城。魏廷派都督宗正珍孙率军讨伐。

七月间，光州人刘举在濮阳(山东省鄄城县)聚众起义，自称“皇武大将军”，但很快就被魏军大都督宗正珍孙消灭。

北魏孝昌元年，公元525年，破六韩拔陵真王三年，六镇起义失败。是年四月，朔州(怀朔镇改制)鲜卑人厍狄丰洛和已经鲜卑化了的高车族裔鲜于阿胡等，又占据朔州宣布起义，并曾一度攻下北魏的故都平城。

胡太后下令把二十多万六镇降户分别发配到河北的冀州、河北定州(中山)的定州、河北河间的瀛州，由各州郡政府就地列管就食。可是这些地区已经“饥谨积年，户口逃散”(《北史·常山王传》)，他们到这些地方仍是无食可就。为了生存，于是又发动了河北大起义。

杜洛周事件

是年(525)秋八月，吐谷浑后裔的鲜卑人杜洛周(《通鉴》说杜是匈奴人)，也是柔玄镇的降户之一。他迫于生存危机，乃在河北怀来的上谷郡聚众起义，自称“真王”，攻陷附近数郡县。怀朔镇(内蒙古自治区固阳县)的降户高欢、尉景、段荣、彭乐等都来投效在杜洛周的麾下。杜洛周围攻燕州(河北省涿鹿县)，翌年五月北魏刺史崔秉弃城南逃定州。

九月中，魏廷派幽州刺史常景为北区行台，代表皇帝率幽州都督元谭所部讨伐杜洛周。魏军采取逐城战法，北方自河北迁安的卢龙塞西到居庸关的军都关，所有险隘关口都有重兵把守。

这时候，魏廷派驻在河北北部的边防军中，约两万人突然宣布倒戈，投降义军，杜洛周也自基地出兵接应。魏驻守太行山军都关的崔仲哲出兵拦截失利，崔仲哲战死。幽州都督元谭所部也在一夜之间崩溃。杜洛周遂南下进攻蓟城。北魏朝廷派李璩为幽州都督，在蓟城以北截击义军，李璩又战死。北魏行台常景率军截击，义军才退回基地上谷(河北省怀来县东南）。

杜洛周又派都督曹纥真率军到蓟城（北京市大兴区）以南抢粮，魏行台常景派都督于荣等在河北固安（栗园）与义军遭遇，大破义军，斩曹纥真，灭将士三千多人。

杜洛周率军南进河北涿州（范阳），又被常景阻击而败退。

公元526年十月中，义军“武川王”贺拔文兴继续南下，又被魏将常景击破，贺拔文兴战死，义军被俘四百多人。

涿州与大兴是河北的粮仓，义军决心攻占之。几经激烈的攻城之战，十二月初，城内居民起而响应义军，活捉了北魏行台常景与幽州刺史王延年，大开城门迎接义军入城。

北魏皇帝元诩声言即将亲征讨伐西部盘踞在甘肃天水的叛贼，于是内外戒严。正巧，秦州的义军向西撤退，北魏军轻松收复潼关（陕西省潼关县）。三月五日，元诩又使用心战，明令改变行程，御驾转向北征。其实，他仍端坐深宫，并没有出宫门一步。

河北枣强（广川）人刘钧，在齐州（历城，今山东省济南市）聚众起义，自称“大行台”。清河（河北省清河县）人房项，也聚众起义，自称“大都督”，驻军昌国城（山东省武城县西）。

夏季四月，魏军将领元斌之，讨伐东郡（滑台，今河南省滑县）义军，斩义民首领赵显德。

四月十七日，柔然第十四任可汗郁久闾阿那瓌派使节到北魏进贡，并且声称愿意出兵讨伐义民军。北魏政府畏惧他的反复无常，于是婉拒。

北魏永安元年，公元528年，杜洛周的真王四年一月，驻守河北河间赵都军城的北魏瀛州刺史元宁又献城投降义军。

是年二月，杜洛周为葛荣击斩，部众也归葛荣收编，杜洛周所部消失。

鲜于修礼与葛荣

北魏孝昌二年，公元526年，被发配在中山左城(河北省唐县)的六镇降户，首领鲜卑化了的丁零族裔鲜于修礼领导北部迁来的难民武装起义，不服北魏正朔，自称“鲁兴”元年。

义军将南下进攻有粮仓之誉的中山，魏廷命驻守山西灵丘的左卫将军杨津支援。灵丘距中山近三百里路，杨津的轻骑兵兼程进驻定州，鲜于修礼大军赶到时，杨津以逸待劳，立即出城迎战，义军数百人战死，攻势顿挫。北魏朝廷任命杨津为北道行台兼定州刺史，又调驻镇安徽寿县的扬州刺史长孙稚为大都督、北讨诸军事，会同杨津与河间王元琛同力讨伐鲜于修礼。

长孙稚北上邺郡(河北省临漳县)，被鲜于修礼的游骑兵部队截击，长孙稚大败而被撤职。

这年八月，正当鲜于修礼迅速发展时，他手下鲜卑贵族派来卧底的将领元洪业刺杀了他。当元洪业宣布要向魏廷投降时，另一鲜卑族将领，曾做过镇将的葛荣立即击杀了元洪业，继续领导鲜于修礼所部义军。

葛荣的经营理念是在河北大平原上求发展，因为这里粮产丰富，骑兵的运动也方便。

义军攻下河北河间赵都军城的瀛州，又西指博野。魏广阳王元琛自河北武安(交津)发兵尾追。章武王元融驻守博野县的白牛逻，葛荣以轻骑部队闪击元融的大营，元融战死，魏军主力完全溃散，元琛也不敢继续前进。葛荣就在博野宣布即皇帝位，国号“齐”，改年号为“广安”。

元琛退到定州，他的部属毛谥向定州刺史杨津密告说他将叛国称帝。杨津派毛谥搜捕，元琛逃到河北的安平(博陵)，为葛荣的边防部队俘虏，葛荣下令斩元琛。这是公元526年十月的事。

葛荣陷殷州

北魏把辖有十二个郡，六十五个县的相(司)州所属的赵郡、南赵郡、定州所属的钜鹿郡十五个县、七万七千多户口归并新成立的殷州，治广阿——河北隆尧，任命北道行台崔楷为殷州刺史。崔楷携眷上任，义军首领齐帝葛荣大军涌到殷州，崔楷鼓励将士誓死守城。义军攻击更加紧急，伤亡惨重！正月十七日殷州城陷，崔楷手执符节，誓死不屈，葛荣斩崔楷，再进围信都。

北魏孝昌三年正月，公元527年，葛荣攻陷河北隆尧的殷州。翌年(528)正月又围攻信都。魏刺史元孚守城十一个月，最后粮尽援绝，十一月底城破，元孚被擒。

葛荣把信都城内居民驱逐出城，由于时值寒冬，冻饿而死的有十之六七。被俘的魏将元孚、元祐弟兄俩以及都督潘绍等数百人，齐向葛荣跪求，葛荣才下令赦免。

是年夏六月，想与魏廷夺权的相州刺史元鉴，乘着天下大乱，向义军葛荣部投降。魏廷派都督源子邕、李神轨、裴衍等进攻元鉴据守的邺城。八月中魏军破城，收斩元鉴。

魏廷遂命源子邕、裴衍率军继续北上讨伐葛荣。十二月魏军开到阳平(河北省大名县)漳水畔，葛荣率十万大军迎战，源子邕、裴衍阵亡。魏军败退。

这时候葛荣已占领了河北的冀州、定州、沧州、瀛州、殷州，这是河北大平原的中心地带，葛荣的部队已经号称百万大军。他的下一个目标就是洛阳。

这时候北魏朝廷发生一连串的政变，先是胡太后毒死了她的亲生儿子——十九岁的孝明皇帝元诩，接着就是大军阀尔朱荣把胡太后和三岁小儿皇帝元钊一起投入黄河。尔朱荣还没有进洛阳，就以新帝元子攸的名义屠杀满朝文武官员数百人(就是震动古今的河阴大屠杀)。国家大权全由尔朱荣掌握。

北魏员外散骑常侍高乾与新皇帝元子攸交情很好，他听到尔朱荣在河阴实施大屠杀的消息后万分愤慨！乃约同他的弟弟高傲曹、高季式集结逃荒难民数万家，在河北起义，并委任葛荣为将军，不断击破魏军。嗣经元子攸致函邀请，高乾弟兄乃向新的魏孝庄皇帝元子攸投降，但并没有出卖葛荣。

葛荣的势力膨胀得太快，军糈粮草消耗量也日益增加。是年夏收之后，葛荣派仆射任褒率军到河南济源(沁水)一带抢粮。与魏大都督东北道诸军事元天穆的部队遭遇，大战竟日，终因义军素质太差，加之寡不敌众而败退。

公元528年魏北道大都督、北道行台杨津坚守孤城定州三年，不得已乃派儿子杨遁潜赴柔然，日夜哭泣恳求援兵，柔然大可汗阿那瓌乃派堂祖父郁久闾吐豆发率精骑一万南下，前锋抵达广昌(河北省涞源县)，义军堵住飞狐谷隘道山口，无法通过而返。正月七日，杨津的长史李裔引导葛荣军入城，杨津被俘，葛荣打算水煮烹杀他，但又释放。

葛荣、尔朱荣

葛荣率领号称百万的大军包围邺城。游骑兵、斥候的活动都已越过邺城之南，震惊洛阳！

时任大将军、都督中外诸军事的尔朱荣在晋阳(山西省太原市)向他所扶植的新皇帝元子攸要求出兵。

尔朱荣先派大批便衣人员潜入义军占领区搜集情报，然后命驻守山西忻州的侄子——肆州刺史尔朱天光移师晋阳接防，然后亲率精锐骑兵七千人，以侯景为前锋，每人配属副马两匹，穿过太行山的釜口(河北省武安市)，进入河北大平原的攻击位置。尔朱荣以少制众的战法是：编成很多突击战斗群，每人除带本身兵器之外，另备木制袖棒一根，准备在马上对付步兵。

葛荣自邺城以北筑垒布阵，长达数十里，只是缺乏纵深配置。

尔朱荣亲率轻骑数百，一声令下冲入敌阵，绕到主营之后，发动奇袭，对敌主营构成内外夹攻之势。其他各战斗群以此要领施行全线突破。

义军大部分没有经过正规训练，对于阵地作战没有经验，因此义军大败，葛荣就在战场被俘，义军全部投降。

尔朱荣善于处理俘虏，他下令被俘的义军解散，各自投奔想去的地方。于是义军四散，数十万人各奔东西。可是尔朱荣却在阵地四周数十里外设有很多收容站，供应逃散义军饮食，然后再集合整编到各部队中去服役。

北魏孝庄皇帝元子攸的武泰元年(528)、齐帝葛荣的广安三年冬十月，葛荣在洛阳从容就义。

韩楼、邢杲、就德兴

就在当年(528)的十二月，葛荣的部将韩楼、郝长等出来整合部分散众数万人，占据幽州(北京市)继续抗魏。

翌年(529)正月，北魏的都督彭乐率骑兵二千余投奔韩楼。

是年秋九月，尔朱荣派大都督侯渊率七百骑兵深入韩楼占领区，在距幽州仅百余里地方与义军一万多人步骑混成兵团遭遇。侯渊暗中埋伏，等义军过后，突然奇袭其后围，大破义军，俘虏五千多人，韩楼战败被俘。

自公元525年八月杜洛周在上谷起义，历经鲜于修礼、葛荣、韩楼等，到公元529年九月韩楼失败，这一系列河北的起义抗暴运动，计四年又一个月。

在河北起义期间，河北中部有二十多万家逃到山东青州一带去避乱。公元528年，魏永安元年、邢杲天统元年六月，河间的汉人河北献县人邢杲，本来是魏平北将军府的主簿，因愤于尔朱荣河阴大屠杀的暴行，乃纠集黄河以北各地流亡难民十多万家，在北海郡(山东省潍坊市)起义，自称“汉王”，改元“天统”。一度占领山东莱州和胶州半岛，魏派车骑大将军李叔仁率军讨伐。

翌年(529)夏四月，北魏上党王元天穆率尔朱兆所部支援李叔仁，在山东济南历城会战。义军都是难民初成军，并没有训练，加之河北难民为主力，与山东当地人民没有融合的时间，与正规军接战，当然不胜，义军大败！邢杲投降，被押送到洛阳斩首。这次起义自公元528年六月到翌年四月，虽然只持续十个月，但却显示出来当时汉民族不团结的严重弱点。

公元524年秋，北魏的营州(辽宁省朝阳市)人刘安定与就德兴率众起义，击斩北魏刺史李仲遵，占领营州城。义军部将王恶儿刺杀刘安定，向魏廷投降，就德兴率领余众自称“燕王”。

魏廷派黄门侍郎卢同衔命前往营州游说就德兴投降。就德兴投降后听说魏廷要调他职，于是又率部再反。北魏卢同屡次讨伐，屡次败北。因此魏廷派卢同为幽州刺史，而卢同也知难而不敢赴任。

魏孝昌二年，公元526年，燕王就德兴攻陷平州(河北省卢龙县)肥如，斩魏刺史王买奴。

公元529年，就德兴的燕王六年十一月，就德兴又向魏廷投降，营州乃告平靖。

秦王莫折念生

北魏元诩正光五年，公元524年的秋天，羌族莫折大提的儿子秦王莫折念生，派都督杨伯年进攻甘肃徽县以西的北魏军事据点仇鸠、河池。北魏驻在陕西勉县的东益州刺史魏子建派将军伊祥迎战，杀、伤义军一千多人。

魏廷派统军李苗率梁州刺史淳于诞所属梁州(陕西省汉中市)、益州(四川省广元市)之民兵自陕西南郑出击义军。莫折念生一面迎战魏军，一面派高阳王莫折天生率大军进占陕西与甘肃交界的陇山地区，抵御魏雍州刺史元志。莫折天生所率义军在陇山的险要处——陇口与魏军遭遇，大战一日夜，魏军大败，元志只身逃奔凤翔(岐州)。

八月间，莫折念生派都督窦双进攻魏属陕西略阳的盘头郡；魏派将军窦念祖反击，义军败退。

怀朔镇统军贺拔度拔父子三人刚从莫折念生的大将卫可孤的俘虏营中释放回来。可是六镇完全解体，他们在义军中数月，对于卫可孤的军中资讯知道的很多，于是邀同东鲜卑人宇文肱等在武川地方募集散兵游勇成军。这时候莫折念生的主力正在西战场与北魏的西道行台萧宝夤部缠斗中，义军卫可孤部西上协同作战，贺拔度拔遂乘机袭击卫可孤部义军，斩卫可孤。

贺拔度拔再与丁零部落义军作战，结果兵败阵亡。他的三个儿子(贺拔允、贺拔胜、贺拔岳)侥幸生还。宇文肱投向另一匈奴部落。

是年冬十一月，莫折念生派高阳王莫折天生攻陷北魏的岐州，俘虏了岐州刺史裴芬之、都督元志。莫折念生下令把他们二人斩首并碎尸。

莫折念生又派大将卜胡支援高平(宁夏固原市)，义军进攻北魏的泾州

(甘肃省泾川县)；在平凉击败北魏光禄大夫薛峦。然而高平的义军却阵前倒戈，刺杀卜胡，迎接另一支义军高平王胡琛。

公元524年冬十二月，莫折念生进攻凉州，围城数日，城中地方领袖赵天安挟持魏刺史宋颖，开城投降莫折念生。义军声势大振。

翌年(525)冬十月宋颖摆脱赵天安的控制再向吐谷浑求救。吐谷浑出兵攻下凉州，赵天安又向吐谷浑投降。凉州又回北魏之手。魏廷派京兆王元继为大将军，都督西道诸军事，讨伐义军秦王莫折念生。

义军高阳王莫折天生的总部驻在陕西宝鸡境的黑水。兵力强盛、士气旺盛。他的部队所过之处，不分胡人汉人，大部分是风过草偃，如有不归顺的，他们都会杀光。

魏廷于公元525年正月又派岐州(治雍县，今陕西省宝鸡市凤翔区南)刺史崔延伯为征西将军、西道都督，归西区行台(皇帝的行宫主任)萧宝夤指挥，率五万大军征讨莫折天生。

崔延伯足智多谋，骁勇善战。他先以严明的军纪展示于敌前，仅选精兵一千多人，乘夜渡过黑水，排成阵势接近莫折天生的大营叫阵。待莫折天生出营观察，见魏军很少，于是一声令下，各营门大开，兵种不同的武装部队一起涌出，万马奔腾，有如潮涌。可是崔延伯并不与之交战，下令按照部署好的梯次，一波掩护一波地从容渡过黑水河，崔延伯仅率铁卫控弦战斗群殿后。义军见状大惊，以为另有阴谋，所以也没追击而回营。

崔延伯熟悉战场环境之后，第二天再次出战；萧宝夤出动全部兵力随后支援，莫折天生知其来者不善，于是倾营迎击。崔延伯在两军阵前，只带数十精骑，对准义军前锋的弱点冲入敌阵，一举攻进莫折天生的主阵。莫折天生措手不及，紧急下令舍弃营盘，向西方的小陇山转进。义军一时大乱，被杀的、被俘的有十多万人，于是陇山以东地区的义军全被消灭。

萧宝夤进驻宛川郡(陕西省宝鸡市)，自以为大胜义军，乃放纵士兵大肆掳掠。他自己还搜捕居民，以俘虏名义送回后方做奴仆。又选了十多个平民美女送给岐州刺史魏兰根，可是魏兰根没敢接受。

是年(525)二月间，莫折念生为掩饰黑水河之败，派都督杨鲊率军进攻甘肃成县西的仇池郡，被北魏的行台魏子建击败。

北魏平西将军高徽，奉命出使嚈哒王国(新疆皮山县)，回国途中，经过枹罕(临夏)，正巧，河州刺史元祚逝世。前任刺史梁钊的儿子梁景进引导义军秦王莫折念生大军，包围州城。长史元永等推举高徽为行州事。高徽命武装部队进入紧急状态，严密固守；梁景进也自称是行州事。高徽再向吐谷浑请求援救，吐谷浑出兵，梁景进战败逃走。

莫折念生的部属吕伯度受胡琛引诱，于公元526年，北魏孝昌二年十月占据甘肃秦安西北的显亲地方，宣布脱离莫折念生。胡琛提供军队，命他攻击莫折念生，给莫折念生很大挫折。

吕伯度又接受了北魏行台萧宝夤的保奏为甘肃泾川的泾州刺史，并封平秦郡公。这一下把莫折念生逼得走投无路，公元526年，天建三年十月间，莫折念生只好也向萧宝夤投降。萧宝夤派左丞崔士和进驻莫折念生的根据地总部为监督大员。这有伤莫折念生尊严，因而他一怒之下又宣布独立，捉住崔士和，为了讨好胡琛，说是把崔士和送给胡琛审判，但在途中就把崔士和杀了。胡琛再和莫折念生联合，莫折念生唆使胡琛的大将万俟丑奴攻击吕伯度，斩了吕伯度，收编其部众。莫折念生的义军声势再振。

义军反扑

萧宝夤兵团是北魏在大西北最具实力的最大兵团，可是为了应付这几年来的变乱，全部已经是疲惫不堪，军心涣散，士气不振！

魏孝昌三年(527)正月，莫折念生开始反攻，在甘肃泾川(泾州)会战，把萧宝夤十几万大军打得只剩一万多残兵败将，退守长安西北的逍遥园。

受萧宝夤兵团失败的影响，北魏驻在陕西陇县(汧城)东的秦州刺史潘义渊，向义军献城投降。

陕西凤翔(雍城)的岐州全城居民起义，活捉刺史魏兰根而投向义军。莫折念生进攻豳州，北魏刺史毕祖晖战死！魏廷所派的行台辛深也弃职逃走，魏北海王元颢的兵团也已瓦解。义军将领胡引祖占领北华州(杏城——陕西省黄陵县境)。另一支义军首领叱干麒麟也在战地响应莫折念生。义军并曾越过长安东进潼关，大有逼近洛阳趋势，北魏的首都为之大震！

北魏雍州刺史杨椿，据守长安，征召胡、汉青年壮士七千多人稳住西北重镇的长安。元诩下令全国戒严，一面宣称“御驾西征”，一面派重兵堵击义军，收复潼关，解除洛阳之危。另外重金收买义军部将，分化义军。是年(公元527年，北魏元诩孝昌三年、莫折念生的天建四年)秋九月，莫折念生的部将常山王杜粲刺杀了莫折念生及其全家而据秦州向魏廷投降。不久，杜粲又被他的部属骆超所杀。莫折念生所创立的秦王政府霎时瓦解。而另一支由万俟丑奴所领导的义军又继之而起。

《通鉴》说，莫折念生是在进攻雍州战役时中了萧宝夤的埋伏，被部将羊侃射死。

西北的义师胡琛

公元524年，义军首领高平王胡琛，派宿勤明达分别进攻甘肃宁县的定安(豳州)、陕西靖边的统万(夏州)、陕西黄陵的杏城(北华州)。魏廷派北海王元颢率军分头堵击。

公元525年，北魏孝昌元年，高平王胡琛起义第二年的四月间，胡琛派大将万俟丑奴、宿勤明达等出击北魏在安定(甘肃省泾川县)的泾州，北魏的泾州守将伊瓮生、卢祖迁屡战屡败。魏廷下令驻西部行台萧宝夤和征西将军崔延伯派出十二万大军，骑兵八千人支援泾州。

崔延伯自恃三个月前曾经战胜莫折天生，且现在拥有强大兵力，他向萧宝夤请求自做先锋。他针对义军以骑兵和控弦战士为主的优点而设计一种排城战法，制造大型盾牌，使兵士套在身上排列成人墙向前推进，以减缓骑兵和控弦射手的冲击。每个盾牌中装有兵器、辎重和食物。

战士可以随地休息，可以持久作战。可是士兵负荷过重，体力能够维持多久，这个问题，他没有想到。

万俟丑奴的对策是不打硬仗、不攻坚，专用小组轻骑兵灵活运动，随时随地乘间抵隙，使那些身负重牌的步兵们疲于奔命。然后利用诈降之计，接近萧宝夤的大营，发动火攻，以致魏军死伤二万多人。萧宝夤集结残众退保安定。

过了几天，崔延伯整合残军败将后，没有经过萧宝夤的统帅部就自安定西进，向义军大营猛攻。万俟丑奴早有准备，下令所属把所有牛、羊以及私人的金银财宝统统放在帐外，将士骑马撤出营区。魏军一进入义军营，看到遍地都是遗落财物，争相抢夺，顿时秩序大乱，而崔延伯无法制止。

义军乘机反扑，魏兵被杀一万多人，崔延伯中箭阵亡。这是一场决定性的战斗，可是元诩和胡太后听到的却是“政府军大胜”。

胡琛在公元524年是以响应破六韩拔陵而起事的。

北魏孝昌二年、高平王胡琛三年，公元526年，胡琛与莫折念生联合，破六韩拔陵不忍受胡琛倒戈，于是派大将费律潜赴高平王胡琛大营刺杀了胡琛。其部众遂由胡琛的大将鲜卑族万俟丑奴所统御。

当公元524年三月，破六韩拔陵在六镇首义，高平镇敕勒族酋长胡琛举兵响应时，万俟丑奴就是胡琛的部将。次年莫折念生一度为政府军击败，损折很大，胡琛就命万俟丑奴和宿勤明达等率领义军进攻泾州，北魏行台萧宝夤率岐州刺史崔延伯等“甲卒十二万，铁马八千”（《通鉴》），赶来镇压。万俟丑奴击溃了政府的主力军，形成关陇义军起义以来的空前大捷。胡琛死后，万俟丑奴继胡琛为领袖。及莫折念生为杜粲所杀，关陇义军统归万俟丑奴指挥，接连攻下东秦州(陕西省陇县)和豳州(陕西省彬州市)。

北魏永安元年，公元528年的夏天，万俟丑奴就自称天子，建元“神虎”。公元529年，北魏永安二年，万俟丑奴进围岐州(陕西省宝鸡市凤翔区)。那时北魏政权已落入尔朱荣的手中。尔朱荣在消灭了葛荣之后，就命其从子尔朱天光、都督贺拔岳等率领新收编的六镇军团中的武川军团，赶到关陇进行镇压。公元530年，北魏建明元年的四月，义军战败溃散，万俟丑奴本人被擒解送洛阳壮烈成仁。

万俟丑奴失败后，一支六千人左右的关陇义军，在万俟道洛率领之下，退至略阳(甘肃省秦安县)，与氐人王庆云会合，据守水洛城(今甘肃庄浪县)，继续抵抗。后来遭到尔朱天光军队的包围，义军在突围时中伏，全部被尔朱天光坑杀，“死者万七千人”(《魏书·尔朱天光传》)。

义军的另一支在宿勤明达率领之下，退至夏州(即统万城)，又从夏州退至东夏州(治广武，今陕西省延安市东北甘谷驿附近)。到了公元531年北魏普泰元年四月，尔朱天光军进攻东夏州，宿勤明达也被擒到洛阳斩首。

自莫折大提524年六月领导起义，到宿勤明达531年失败，义军一共持续六年十个月。

以前被强制移民到陕西中部的四川西部巴蜀人，因关中战乱，十数年来始终不能安定生活。酋长张映龙、姜神达率众举义，进攻雍州(长安)。北魏驻镇长安的雍州刺史元脩义向绥靖甘肃宁县(豳州)的黄门侍郎兼侍中杨昱求援。杨昱率都督李叔仁所部进击长安，收斩姜神达，余众溃散。

以前被强迫移民在汾州(山西省隰县)境内的匈奴部落全面起义。魏廷派章武王元融为大都督率军讨伐。

在陕西北部、内蒙古南部游牧的匈奴也全面响应山西隰县起义的匈奴族群，并围攻陕西靖边的统万(夏州)城。魏夏州刺史源子雍困守半年，粮食吃完了，吃树皮、吃草、吃战马、吃马皮、吃马鞍，始终坚守不屈。源子雍留下儿子源延伯守城，自己率领数十勇士冲出城去，打算到东夏州去求粮，一出城就被义军俘虏。源子雍以大义精神说服义军首领曹阿各拔的弟弟曹桑生刺杀曹阿各拔而向源子雍投降，并护送源子雍回夏州城。当时陕西北部遍地义师，到处都是不同隶属、不同种族的义军。源子雍与曹桑生且战且走，还沿途劝募、征粮，经过三个月的苦战才算运粮回城，而保住了夏州。

南方也有战事

524年九月中，南方局势吃紧，魏廷派郦道元为代表皇帝的持节，兼侍中、行台尚书，督同河间王元琛率军南下增援寿阳，安乐王元鉴支援淮阳(江苏省淮安市西南)。

元琛的大军主力开到安徽凤台西南的西硖石，南梁立即解除涡阳(安徽省蒙城县)之围；并退出安徽怀远的荆山。

是年冬十一月，南梁驻守安徽合肥的豫州刺史裴邃攻占北魏在江苏溧阳的建陵城，同时驻守湖北武昌的郢州刺史元树率部配合，进攻建陵城西的曲沭戍。

为了扩大战果，驻镇江苏连云港外郁洲岛上的青州、冀州刺史王神念，命令扫虏将军彭宝孙进攻北魏山东临沂东南五十里的琅琊郡。

十二月底，南梁的信威将军府长史杨乾收复河南信阳(义阳)外围据点的三关——武阳关、黄岘关、平靖关。同时武勇将军李国兴又乘势进攻今处河南信阳的北魏郢州。北魏郢州刺史裴询与大别山区的蛮族酋长和驻在河南沘阳的西郢州刺史田朴特联合作战，全力抵抗。双方缠斗三个多月，南梁军退。

魏子建与元法僧

甘肃成县，是氐族的原住地，而氐族又是一个强悍且好战的族群。这年冬，氐族酋长韩祖香领导族众起义。经魏驻在陕西勉县的东益州刺史魏子建，以政治手腕，分化义民，各别安抚、沟通，最后诱斩韩祖香。于是全州六个郡、十二个军事基地完全平定。

魏廷任命魏子建为代表皇帝的西道行台，兼驻东益州(武兴——陕西省勉县)、梁州(汉中——陕西省汉中市南郑区)、巴州(巴西——四川省阆中市)、益州(晋寿——四川省广元市)、秦州(上邽——甘肃省天水市)、南秦州(骆谷城——甘肃省成县西)等六个州的刺史。这是北魏史上的唯一大州官。

南梁普通六年、北魏孝昌元年，公元525年，南梁驻湖北襄阳的雍州刺史，正月就派安北将军府长史柳运攻陷北魏河南淅川的南乡郡。安北将军府司马董当门进攻河南邓州东北三十五公里的马圈城。梁军先攻下马圈城的两个外围据点——晋城、雕阳，然后再陷马圈城。

元法僧是北魏皇族的旁支，当时依附北魏，得任徐州刺史，驻镇彭城。平素对于皇族的朝政混乱、北方各胡族群的全面叛乱，他极端厌恶！

是年(525)正月，元法僧杀了监视他的魏廷特派行台高谅，又杀了中书舍人张文伯；而后宣布自称“宋帝”，改年号为“天启”。

魏廷派安东将军府长史元显和率大军讨伐元法僧，元显和失败被俘，元法僧劝降而元显和不从，就斩了元显和。

魏廷再派安乐王元鉴率大军来伐，元法僧不敌，乃派儿子元景仲向南梁接洽投降。

南梁一面派散骑常侍朱异前往徐州慰问元法僧，一面任命前年投降过来的元略为大都督，会同将军陈庆之、胡龙牙、成景儁等自安徽宣城发兵接应元法僧。

南梁的元略大军在彭城以南和北魏安乐王元鉴的大军遭遇，两个姓元的族亲相见，元略在心理上有些尴尬。未经交绥就率数骑逃进彭城。元鉴正在莫名其妙时，元法僧却出乎元鉴意料地自侧面袭来，大破北魏军，元鉴单人匹马逃离战场。

公元525年的正月，南梁任命元法僧为司空，封始安郡公。元法僧的儿子元景隆与元景仲分别为衡州(含洭——广东省英德市)与广州(广东省广州市)的刺史。

北魏再派安丰王元延明为东进行台，临淮王元彧为都督，举兵伐彭城。南梁政府为防元法僧有变，下令调元法僧及元略二人进京(南京市)。元法僧裹挟彭城官员及人民一万多人渡江。《南史》说元法僧胁迫三千多军官随同渡江，当做家奴；并予黥面以防逃亡。是否真有其事，姑且不论，不过类似这种疯狂残忍的胡将还不知道有多少是在史书上没有记录的。

南梁对于北魏一直是无可奈何，北伐是有心无力。公元524年秋，乘北魏北方大乱的机会，南梁朝廷令徐州刺史成景儁攻占北魏前方毫无军事价值的江苏沭阳的一个小镇——童城。九月初成景儁又攻陷童城西方的睢宁。同时南梁驻镇淮阴的北兖州刺史赵景悦见北魏边防空虚，也乘机西进安徽怀远境的荆山。驻镇安徽合肥的豫州刺史裴邃率精骑三千袭击寿阳。寿阳是北魏的扬州政府所在地，又是北魏南犯的前进基地，北魏的防守力也很坚强。南梁军虽一度攻入外城，一天之内有九次大型会战，可惜友军配合不好，南梁的裴邃不得已派别动部队佯攻睢宁而得以掩护撤退。

南梁这次反攻的主要目的是想收复政治经济重点的安徽寿阳——北魏的南疆重镇，可是以自己的兵力还不敢和北魏进行大规模的决战。所以就用以面制点的战法来围困寿阳。

公元524年十月初，南梁的豫州刺史裴邃攻下寿阳东南霍邱境的狄城，接着又攻下了甓城，计划以水师进攻寿阳，然后总指挥部进驻寿阳东南的黎浆亭。这个黎浆亭也是三国时的名战场，同时又派定远将军曹世宗收复寿县东北的曲阳，对于寿阳已经形成包围态势。

这年冬，北魏东海郡(江苏省宿迁市)守韦敬欣献城(吾城——宿迁市)投降南梁。

十二月初北魏南疆安徽怀远东南的荆山郡也向南梁投降。

南疆多事

统辖四川的益州，是北魏与南梁的国界，南梁的益州治设在成都。北魏虽然仅领川北五郡(东晋寿郡——治广元，西晋寿郡——治广元昭化镇，新巴郡——剑阁县、治江油，南白水郡——治青川县，宋熙郡——治旺苍县)十县(黄县、石亭县、晋安县、晋寿县、阴平县、新巴县、始平县、京兆县、兴乐县、元寿县)之地，也在晋寿(四川省广元市)设置益州政府，刺史姓邴名虬。南梁的益州将领樊文炽、萧世澄率军围攻北魏益州最前方的哨站——小剑(剑阁县境)。北魏的守将益州府长史和安，向益州刺史求援，邴虬派统军胡小虎与崔珍宝率军增援小剑，中途又被南梁军截击，两个统军被俘遇害。北魏西南道的军司淳于诞率军增援小剑，在剑阁的龙须山上攻破南梁樊文炽的营盘，南梁军大败，萧世澄等十多个将领被俘，樊文炽单骑逃出一命，士卒伤亡一万多。北魏释放了萧世澄，交换回来胡小虎的尸体。

在河北、山东连续起义的影响下，河南西南部与陕西商洛这一带山区的蛮族部落也相继起义，占领鲁阳关(河南省鲁山县西南、南召县西北，又名三鸦镇)各险要隘口，并袭击各地北魏的地方政府及驻军。使北魏在河南鲁山的北荆州、河南正阳北真阳的西郢州和在陕西东南隅商洛的西荆州等地的政府及驻军都受到惊扰。北魏又无可奈何!

在这个乱区北边的河南襄城汝河上游的汉族原住民，都是世代之家，具有根基深厚强大的亲族集团，有一万多家。其亲族领袖各自称王、称侯，各自组成各式各样的结合方式，各自占据地方险要抵御外族侵扰以自保，因而对外交通几乎完全断绝。

魏廷大为震惊，元诩下令立即动员大军讨伐山区义师，维护南疆的安全，并扬言即将御驾亲征。

这些起义部落就向南梁驻在湖北的将领曹义宗等洽商投降，并引领南梁军进攻河南邓州东南的穰城——北魏的北荆州。北魏的都督崔暹率军数万自洛阳南下增援，行至鲁阳(鲁山县)发现遍地皆敌而不敢再前进。

魏廷再派临淮王元彧为征南大将军，司空长史辛雄为行台左丞率军为左翼军，向叶城(河南省叶县)推进。右翼大军由征虏将军裴衍、恒农(河南省灵宝市)郡守王罴等率一万步骑自武关(陕西省东南隅的商洛)出发，对山区中的义师形成包围态势。义师惶恐万分！于是不战而四散，隐匿在深山之中。

南梁的曹义宗部很顺利地攻下河南邓州东北三十五公里的马圈城。在北进内乡的淅阳时，被北魏东下的征虏将军裴衍击败。魏军遂收复顺阳，进围马圈城。这时南梁军曹义宗部反攻，跟踪魏军，夺回顺阳而解马圈之围。

公元526年，南梁普通七年、北魏元诩的孝昌二年冬，北魏驻镇安徽寿县的扬州刺史李宪，因为经不住南梁的不断攻击，同时魏军精锐都已北调，李宪只好向南梁献城投降。所辖五十二个城市，居民七万五千口，全部归附南梁。

扬州自两汉以来就是统辖江苏、浙江、江西、安徽、福建的大州。曹魏时代府治就设在安徽寿春，也就是现在的寿县。公元450年春，北魏拓跋焘占领寿县，把扬州府治设在这里，之后七十多年来一直是北魏威胁南朝首都的前进基地。现在北魏失去了南疆的前进基地，所以从此北魏再也无力向南进兵了。

在河南战场上，南梁军攻下了河南邓州东南穰城北魏的荆州，进而逼近河南新野。北魏派都督魏承祖及尚书左丞、南道行台辛纂率军增援新野，南梁军才稍停进攻。

北魏对绥靖地区的统治

义军四起，魏廷由胡太后当权，十八岁的元诩皇帝也举止失常，国库消耗殆尽，于是只有加税。收入不够支出，朝廷又向人民预借田赋七年。还是不够开支，开源不足，只好节流；于是先取消贵族以及文武官员的酒肉配给，还不够，又扩大税基，多立税目，开始乱征，凡到市场上买与卖的小市民都要交税，旅店要“店捐”、住店旅客要“花捐”，总之，人民日常生活动辄得捐钱。这些钱被地方官吏中饱私囊，能到国库的还会有几文？能够支撑国家财政吗？当时魏廷吏部郎中辛雄曾指出：义民四起的根本原因是官吏们的贪污、暴虐和黑金政治，并指出人民已忍无可忍。他要求中央大员负起责任，严惩贪污，切实澄清吏治。可是魏廷并不承认他们有错，拒不接受辛雄的建议。

北魏统治者对绥靖地区的传统统治办法是缩小行政区域，增加武装部队，加强军事管制，对于起义的平乱责任，则诿过于地方官吏。

有一个主管民政的官员，向皇帝元诩上递过一封报告，略述当前政情，他的大意是明指文武官员大多不是与皇亲国戚有关，就是来自豪族名门；他们平常养尊处优，做了官就贪污横行，上行下效，官员勾结黑金、黑道来满足私欲，而黑金、黑道则利用权贵的支持来鱼肉百姓。武官平时醉生梦死，利用军队权势，结党营私，竞相向皇帝献媚；而皇帝也正好利用军头的不和来排除异己。文官庸劣无能，皇帝只要他们服从自己就行。皇帝高唱改革，群僚一意孤行，皇帝下令扫黑，遭殃的是被乱捉乱捕的小老百姓。

这封报告，皇帝当然也看不到；即便皇帝看到，他也只不过批个“交办”以虚应故事而已。

北魏统治者对绥靖地区的传统统治办法是缩小行政区域，便于地方军事管制。北方主管民政的右民郎路思令向皇帝上书，直陈各级军事将领多数是皇族或高贵门第出身的子弟，他们平时行为放荡，口不离酒，骑到马上，精神恍惚，心情浮躁，可是却耀武扬威，自以为叱咤风云，指挥若定；一旦面对强大敌人，忧愁恐惧交集心头，智谋计略、英雄豪气，霎时间化为乌有；只好命老弱残兵在前方抵挡义军，而把精锐强壮的士卒留作后卫保护自己的性命，再加上武器军械不够精良，前进后退毫无纪律。用这种军队去讨伐据守险要的变民，当然一定失败。士卒知道一定失败，所以刚上阵就会拔腿逃走。将领畏惧义军，只有跟着退却。政府每天都抛出大量金银绸缎，以致国库空虚。民间财富也被搜刮枯干，人民无法生活，促使民变更为扩大。而今，如果擢用贤能，赏有功，罚有罪，挑选强劲善战的士卒，磨利武器军械应战。对于变民集团，以政治作战为先，展开心理攻势，晓以大义，分析利害得失，最后不得已时再以兵力讨伐之。

可是那些皇族或贵族出身的军官将领都与皇室有关，皇帝当然袒护他们，所以路思令等于说了一篇废话。

南梁在公元 526 年收复了安徽的寿县后，不仅解除了北疆很大的压力，而且给其的北伐计划鼓励也很大。南梁把侨寄在安徽合肥的豫州迁到寿县，而将合肥改称“南豫州”。任命原豫州刺史夏侯亶兼任南豫州刺史。稳住北疆之后，就运用小型北进战法的技巧。公元 527 年，南梁大通元年、北魏孝昌三年春，南梁展开全面性北伐。命驻在安徽亳州的谯州刺史湛僧智先派将军彭群和王辩率一支骑兵把驻屯在山东临沂的北魏琅邪郡兵团包围起来，牵制着徐州战场的魏军。魏廷命青州刺史元劭出兵救临沂。一直到秋季，青州的刺史元劭才抽调出司马鹿悆和南青州长史刘仁之等凑出战斗部队去援救临沂。南梁军见战略目的已达，于是悄悄撤退。南梁的湛僧智自安徽亳州驻地西南下进攻北魏驻在河南息县的东豫州，这是直接声援南梁司州刺史夏侯夔，壮武将军裴之礼等自河南信阳出发顺利收复湖北麻城境的三关——平靖关、阴山关和穆陵关。这三关都是北魏的军事要地。

南梁的徐州刺史成景儁，乘临沂战事正在激烈进行之际而进攻北魏驻在江苏铜山的彭城基地。北魏胡太后下令征召三年前已被免职的前荆州刺史崔孝芬为徐州行台，率军增援彭城。

成景儁打算在泗水下游筑堤倒灌彭城，北魏崔孝芬与都督李叔仁乘其就要施工时猛烈攻击南梁军。成景儁见势不敌，下令撤退，转头攻下安徽灵璧的临潼、宿州北的竹邑与厥固，又派兰钦攻下安徽萧县的萧城。

南梁的部队也没有足够的实力北伐，只能做些局部性的攻击。公元 527 年，北魏元诩的孝昌三年春，南梁曾派将军彭群、王辩包围山东临沂的琅邪郡，打打停停直到是年秋，北魏驻镇山东东阳的青州刺史元劭才派他的司马鹿悆与南青州的长史刘仁之等联合击退南梁军，彭群战死。

在南战场上，南梁驻守安徽亳州的谯州刺史湛僧智，发动所部包围北魏驻在广陵城(河南省息县)的东豫州刺史元庆和。北魏派将军元显伯出兵救援元庆和，南梁驻节湖北孝感西北的司州刺史夏侯夔也从信阳南三关之一的武阳关增援湛僧智。而北魏的元庆和还没有等元显伯的援军到达就向南梁的夏侯夔投降了，南梁俘虏了四万多人。

北魏增援元庆和的援军元显伯，听到广陵城(河南省息县)陷落的消息，于夜间拔营逃走，南梁军追击，斩杀及俘虏一万多人。南梁皇帝萧衍任命湛僧智兼东豫州刺史，镇守广陵城(河南省息县)。夏侯夔率军进驻安阳(河南省正阳县)，另派将领攻陷楚城(河南省汝南县南)，下令屠城杀了全城北魏守军与居民。

河南息县的失守，使在息县西南一百里的北魏南疆重镇义阳(河南省信阳市)变成四面皆敌的孤城了。

涡阳、蒙城之战

从河南的信阳到江苏的铜山(徐州)划一条直线，安徽的涡阳就在这一直线的正中间。徐州还是北魏的重要根据地，而河南的信阳已经孤悬在南梁势力范围之内，涡阳的形势在战略上已经是十分重要了。所以南梁的领军将军曹仲宗与东直阁禁卫军陈庆之联手进攻北魏据有的涡阳，以寻阳太守韦放为后卫。北魏散骑常侍费穆率轻骑兵来援涡阳却被南梁的后卫韦放部打得大败而退。

北魏再派将军元昭率五万大军增援涡阳，前锋开到涡阳东南四十里的驼涧(蒙城县西北)就被南梁的围城部队陈庆之所部背城一战，把北魏的前锋部队打乱！然后会合韦放所部又把北魏军堵着不能接近涡阳守军。双方自春季对峙到冬天，交战百数十次，胜负不分。

北魏军也构筑十数野战堡垒，打算把这支南梁军长期控制在这里。

南梁的陈庆之在夜色掩护下向北魏发动突击，攻克四个堡垒；涡阳城主王纬向南梁军请求投降。

韦放在投降过来的将士中挑选了三十多个人，释放他们回去，让他们分别到各堡垒中报告作战经过，挑起军中猜忌。然后再把所有战俘编组成队使之回营。魏军正在莫名其妙中，南梁的大批正规军擂鼓鸣号，大声呐喊随后冲锋过来。北魏的城堡阵线全面崩溃！南梁遂在涡阳设立“西徐州”政府，以对抗北魏的徐州。

萧宝夤的复国梦

萧宝夤本来是南齐萧政权的皇族，被封为鄱阳王。公元502年，南齐的中兴二年，南齐的大司马萧衍推翻了南齐的末代王朝，成立南梁政权。萧衍虽然与南齐政权的萧家同族，但他登基之后却决心彻底消灭前南齐皇族。当时年仅十六岁的萧宝夤经过当地居民华文荣一家人的协助，乔装逃过南梁的搜捕，投奔北魏驻镇寿阳的扬州刺史元澄。他在北魏备受礼遇，翌年(公元503年，北魏元恪的景明四年)元恪封萧宝夤为丹阳公、齐王、都督东扬(安徽省定远县东)等三州诸军事、镇东将军、东扬州刺史，并配备给他正规军队一万人，派驻安徽定远东城。

萧宝夤后来被北魏调到洛阳，襄赞中枢；以后又调为秦州刺史驻节西北。在六镇之乱中，他拥有强大兵力也立过战功，最后在泾州(甘肃省泾川县)一役被义军莫折念生打得大败，退守长安城西南的逍遥园。后来他的部将消灭了义军莫折念生部，他的防区才算稳定。

萧宝夤这次在泾州的惨败影响了整个关中大局，使魏廷几乎崩溃！司法部门要求判萧宝夤死刑，可是魏廷却于孝昌三年(527)赦免了他的死刑，不过褫夺了他的公职和封爵，贬为平民。乱世乱命，萧宝夤依然拥兵自重。

是年，北魏雍州刺史杨椿病重，在中国的大西北能够支撑大局的将领大都死去或告老还乡。魏廷只好再起用萧宝夤为雍州(长安)刺史，都督雍州、岐州、泾州、南豳州(陕西省彬州市南十里)四州诸军事，征西将军，开府仪同三司，西讨大都督，潼关以西所有的军队都归他指挥。

杨椿曾向魏廷建议在萧宝夤部中应由朝廷另委长史、司马、城防都督以监视萧宝夤，可是胡太后接受了这个建议而没做到。

萧宝夤从十六岁那年投奔北魏起，二十八年来一直在做他的复国梦。而魏廷也已开始对他怀疑起来。

魏廷派郦道元为钦差大臣前往长安考察，萧宝夤派人在中途杀了郦道元。萧宝夤也知道再回江南是不可能的事，他又打算着借地复国。于是公元527年(北魏孝昌三年)的冬十月二十五日，他在长安宣布他是齐国的皇帝，改元“隆绪”。

他的幕僚都督长史毛遐与毛鸿宾兄弟俩，首先反抗萧宝夤的乱命，率领当地三原县的氐、羌部落反抗萧宝夤。

山西闻喜(正平)的地方领袖薛凤贤、薛修义在山西永济聚众起义，占领盐池、蒲城响应萧宝夤，但很快就被北魏的都督宗正珍孙讨平。

公元528年，北魏元诩的孝昌四年、萧宝夤的隆绪二年春，萧宝夤派将军侯终德讨伐三原的毛遐、毛鸿宾，可是侯终德却受魏廷密令倒戈相向，回头攻进长安西城，萧宝夤亲自督军迎战失败。这时候萧宝夤眼看自己已经是众叛亲离了，他只好带着妻子儿女和一百多亲信侍卫，冲出长安投奔义军万俟丑奴。

萧宝夤走过黄金时代，经过大起大落，他的内心也产生了很大的起伏。他一心想利用他所属数万将士的血肉来圆他的复国梦，到头来却是失败。再投奔他曾认为是“叛逆”的义军，结果由于万俟丑奴的失败而被俘，最后他还在“借地复国”“借人复国”的梦魇中被北魏的新帝元子攸下令自杀，死年四十四岁。

萧宝夤称帝虽然为时只有两个多月，但是正当义军四起的时候，萧宝夤失败了又投奔义军万俟丑奴，使这支义军增加不少声势。

胡太后的小档案

在胡人的天下里，女人是没有社会地位的，可是女人一旦掌权，那就像爆炸了的核弹一样，会弄得天翻地覆。三十年前的冯太皇太后就是一例，三十年后的胡太后也是一样。

胡太后是武始伯爵胡国珍的女儿，以帝王妃子九嫔以外的“充华”女官身份，入侍元恪。公元 510 年，北魏元恪的永平三年春三月十四日，给元恪生下唯一的男孩子——元诩。当时北魏的传统是女官妃嫔所生的儿子一旦被立为太子，其生母就得自杀。所以魏宫妃嫔们为了保全自己的性命，都不愿意生男孩。可是胡氏却与众不同，她以为不应该以自身的求生而致国家绝储。因此她祈求生一男孩，好为国家续统。元恪二十八岁那年，胡氏为他生下元诩，并且被立为太子，元恪也打破传统，没有杀胡后，北魏也就从此废除这一惨无人道的罪恶传统。公元 515 年，北魏延昌四年的正月，元恪死。

元诩五岁登基，胡氏当然以国母之身份而垂帘听政。当时正是高皇后和她的父亲高肇当权，高皇后曾想谋杀胡贵嫔，幸经宦官刘腾、领军将军于忠、太子少傅崔光、太子中庶子侯刚等把胡氏藏匿起来才保住性命。后来元诩做了皇帝，胡贵嫔被封为皇太后，有权杀人了，她就先杀了高肇，又把高皇后贬为尼姑，三年后再毒死了高皇后。胡皇太后初出摄政，谨慎行事，先封她已为侍中的父亲胡国珍为中书监，这是执掌法律的最高职位，仪同三司，又是宰相级的威仪。三年后胡国珍病死，胡太后竟用追赠皇帝御用的“黄钺”，追封其父“相国”“都督中外诸军事”“太师”“太上秦公爵”，墓表又称“太上秦孝穆君”。由于“太上”的称号，惹起举国哗然！她都施展了高超手腕很快平息，她的爹爹依然为“太上”。她又专为胡国珍兴建一座寺庙，雄伟华丽，媲美御用的永宁(明)寺。一般大臣议论纷纷，她也很快地说服了那些反对派。

任城王元澄报告皇帝：最近几年来，国家与民间都陷于贫困，应该节省不重要的开支，去支援重要的公共建设。

主管营造明堂与国子监的源子贺也严正指出：废弃国家重要事务，从事无关紧要的浪费，对于国家是很严重的危害。

胡太后对于那些谏言，虽然不肯接受，不过她却给他们一个很礼貌的回应——不理。

胡太后又命尚书崔亮在王屋山开采铜矿，铸造新的铜钱。于是引起民间纷起私人铸钱，以致铜钱的品质越来越差，朝臣的谏议她一贯是不批驳，也不答理。

盐是元恪时代(公元506年，魏正始三年)开放民营的，胡太后认为富豪霸占、垄断，于是批准太师元雍的谏议又恢复公卖制度。当时也曾遭到豪门勾结贵族来发动强有力的抗争、阻挠，不过都为胡太后的政治手腕所平息。

敦煌在当时是佛教圣地。北魏的首都——洛阳虽然寺院林立、高僧云集，但一提到佛教莫不以敦煌为尊。都说敦煌是佛教的中心，而佛教圣地则是印度(天竺)。佛教已经成为北魏政权的护身佛了。胡太后为了巩固她自己的统治权位，表示对佛祖的虔诚，乃选派洛阳的高僧宋云、惠生前往印度取经。

公元518年，魏孝明帝元诩的神龟元年，宋云、惠生等自洛阳出发西行，走了四十天到达北魏的最西边境(赤岭——即青海省青海湖东北的日月山)，翻过赤岭再西行到达青海都兰地带。沿柴达木盆地北缘再西行，越过阿尔金山到新疆的若羌地区(鄯善)，西南行经过且末、和田，西行经塔什库尔干越帕米尔高原(葱岭)进入嚈哒，又经越兴都库什山进入天竺(印度)。真是走过千山万水，历尽千辛万苦才算到达佛教圣地之国，遍游佛迹各地，又克服了语言、习俗问题等千难万险。历时五年，才于公元522年，北魏正光三年自天竺带回佛经“大乘妙典”一百七十部。

宋云、惠生此行不仅完成了取经任务，而且带回的其沿途所见所闻成为中西文化交流史上极其珍贵的历史资料。对于当时印度、阿富汗、巴基斯坦、克什米尔一带许多国家及其地理环境、政治、经济、民俗文化等来说也是很宝贵的文化财富。宋云等此行更传播了中国文化，也带回来极有价值的西亚文化。

太后与人性

元宏的小儿子清河文献王元怿读过很多书，文学根底很好，一般知识分子都很敬重他。三十来岁的胡太后也对这个风流倜傥的小叔心仪已久。一天，胡太后召元怿进宫，胡太后乃强迫与之成奸。元怿后来被胡太后另一个面首侍中元叉所陷害，胡太后同时也遭元叉软禁。这是公元523年，元诩正光四年的事。

胡太后的面首还有郑俨、徐纥、李神轨。徐纥曾于公元528年在山东兖州(瑕丘)投奔南梁。还有一个被胡太后强行相爱，愤而投奔南梁的杨白华。

北魏孝昌元年，公元525年的正月，徐州刺史元法僧叛投南梁，元法僧是元叉的忠实党羽，现在他反叛了，可是元叉还在朝中掌握大权。五年前元叉为争风吃醋而杀了胡太后最心爱的情人元怿，又软禁了她。现在刚刚摆脱软禁的胡太后，时刻在想着铲除元叉，夺回政权。恨上心来，她要以零刀碎割的手段来报复元叉。她先教她六岁的儿皇帝元诩私下告诉元叉说太后无心国事，正要打算出家为尼，使元叉不疑胡太后；然后她又甜言蜜语，使元叉辞去执掌军政的领军将军。元诩遂即又派元叉为骠骑大将军、开府仪同三司、尚书令、侍中，还兼领左右军(等于侍卫长)。然后乘元叉离京回家省亲的机会又下令解除元叉所有职务，贬为平民。最后下令元继、元叉和元爪父子三人在家自杀。又把元叉最得力还曾是她最贴身的宦官，而且已经死了两年的刘腾，挖出尸体、敲碎骸骨、抛弃荒野，并没收其全部家产，诛杀刘腾所有的养子(《通鉴》)。所有元叉当权时代的党羽，都被设法弄死。这是525年，元诩孝昌元年四月间的事。

六十年前元宏时代的冯太皇太后，前后主政三十八年，最后把北魏完全汉化。六十年后元诩时代的胡太后前后当政十三年，却把北魏带进了分裂败亡，她最后也被投入了黄河，也算是创造了北魏的历史。

尔朱荣出线

匈奴族裔契胡系的尔朱荣是山西朔州西北的秀容川人。他的先人尔朱羽健，早年追随拓跋珪攻打山西太原(晋阳)、河北定州(中山)等地有战功，北魏拓跋珪登国年间(386—396)，拓跋珪就把以秀容川为中心的周围三百里地方作为尔朱氏家的采邑，为他子孙所世袭。尔朱荣的祖父尔朱代勤曾做过北魏的肆州刺史，封过梁郡公。尔朱荣的父亲尔朱新兴继承酋长，对于北魏政权时常进贡战马，捐助粮食辎重，很受魏帝元宏的嘉许。尔朱新兴传位给尔朱荣。

据《通鉴》说，秀容郡有四个县：

一、秀容城：辖原平城、石鼓山神、女郎神、金山神、护君神、凤神。

二、石城：辖大颓石神。

三、肆卢：辖有清天神、大罗山、台城、大邗城等地。

四、敷城：辖石谷山、亚角神、车轮泉神。这个在尔朱家治下的北秀容区中有一万一千五百六十户，四万七千二十四人。

北史卷四十八
唐　李　延　壽　撰
列傳第三十六
尒朱榮 子文暢 從子兆 從弟彥伯 彥伯子敞 彥伯弟仲遠 世隆
世承 榮從父弟度律 榮從祖兄子天光
尒朱榮字天寶北秀容人也世爲部落酋帥其先居尒
朱川因爲氏焉高祖羽健魏登國初爲領人酋長率契
胡武士從平晉陽定中山拜散騎常侍以居秀容川詔
割方三百里封之長爲世業道武初以南秀容川原沃
衍欲令居之羽健曰家世奉國給侍左右北秀容既在

剗內差近京師豈以沃塉更遷遠地帝許之所居處曾
有狗舐地因而穿之得甘泉因名狗舐泉曾祖鬱德祖
代勤繼爲酋長代勤太武敬哀皇后舅也既以外親兼
數征伐有功給復百年除立義將軍會圍山而獵部人
射虎誤中其髀代勤仍令拔箭竟不推問曰此既過誤
何忍加罪部內咸感其意位肆州刺史封梁郡公以老
致仕歲賜帛百疋以爲常卒謚曰莊孝莊初追贈太師
司徒公錄尚書事父新興太和中繼爲酋長曾行馬羣
見一白蛇頭有兩角咒之求畜牧蕃息自是牛羊駝馬
日覺滋盛色別爲羣谷量之朝廷每有征討輒獻私馬

当尔朱荣拥有这批雄厚的政治资源时，正当义师四起，魏廷岌岌可危的时候，公元524年，北魏元诩的正光五年，南秀容人乞伏莫于聚众起义，联合万于乞真，击杀当地魏政府官员，宣布反抗北魏统治。尔朱荣的北秀容与乞伏莫于的南秀容相距三百里。这时候尔朱荣招募骁勇武士，出动武力削平了乞伏莫于和万于乞真的叛乱，更邀得胡太后的器重。从此胡太后就借重这个新兴起的大军阀——尔朱荣的武力大举镇压各地义师，先后平定了葛荣，诛杀了元颢，处死邢杲，翦灭了韩楼、万俟丑奴与萧宝夤等。尔朱荣的官也由一个地方恶霸(酋长)而升至车骑大将军，仪同三司，位当部长级的三公。并且兼任涵盖整个山西、内蒙古及河北部分(即《通鉴》所谓并、恒、云、汾、广、肆六州)讨虏大都督。

原来在义师中为主要干部的高欢、段荣、蔡俊、尉景等先后投效在尔朱荣的旗下。

古人所谓“功高震主”，尔朱荣的势力大了，他的政治野心也随之显露出来了。他曾和皇族系的并州刺史元天穆商议向胡太后谏议派精骑三千移师相州(河北省临漳县)，可是胡太后对他顾忌太多，而没批准。

元天穆是拓跋魏史前祖先拓跋郁律的第四代子孙，时任皇帝元诩是第九代了。

当时的皇帝元诩也曾想收揽尔朱荣，打算利用他的兵力来朝肃清君侧，可是由于胡太后的阻挠而没有成功。

当时尔朱荣已经是车骑大将军、仪同三司，号称并、恒、云、汾、广、肆六州讨虏大都督，称霸山西、内蒙古与河北西部分地区。六州是：

并州——山西太原、大同，河北的正定、保定等。

恒州——山西大同。

云州——故盛乐城、山西祁县、内蒙古的和林格尔。

汾州——山西蒲子(隰县)、永济一带。

广州——河南襄城。

肆州——山西忻州西(九原)。

尔朱荣早有篡魏的野心，只是鲜卑族的潜在势力不可忽视罢了。这次他可有了“肃清君侧”的借口，决定声讨洛阳。他先准备由元诩的堂叔长乐王元子攸出任皇帝，于是派员秘密赴洛阳，先把元子攸接到黄河北岸的河阳(河南省孟州市)。尔朱荣遂自晋阳(山西省太原市)发兵南下。四月中渡过黄河，魏廷派驻河南孟州的武卫将军费穆向尔朱荣投降，派守黄河大桥的郑李明、李神轨等都放弃职守逃回洛阳。胡太后最亲近的幸臣郑俨逃回家乡，徐纥盗得御马十匹投奔兖州。胡太后需要男人壮胆，而她的面首群却都离她而去。

胡太后黄河饮恨

公元528年正月，北魏孝明帝元诩的姬嫔潘充华生下一女儿。胡太后竟对外宣称是一个男孩子，并郑重其事地大赦天下，改年号孝昌为武泰。

元诩已经十九岁了，胡太后为掩饰自己丑恶淫行，时常把元诩身边的亲信侍臣们调离朝廷，不愿意被外放的就被暗杀或诬其有罪而明诛之。于是胡太后与皇帝元诩母子之间猜忌日甚，胡太后的面首族郑俨、徐纥乃唆使胡太后毒死她的亲生儿子现任皇帝元诩。

当年(528)二月二十五日，魏廷突然宣布皇帝——元诩无疾而终。二十六日宣布以潘充华所生的皇子继承帝位。没两天，胡太后醒悟到纸是包不住火的，唯恐将来真相暴露会更难收拾；于是她又立即声明潘充华所生的是女儿，是公主，不是皇子。于是又立孝文皇帝元宏的曾孙，临洮王元宝晖的长子元钊为帝。元钊只有三岁，依例胡太后仍是独揽朝政大权。

这场儿戏刚刚演出，尔朱荣以为时机已至，乃下令发兵洛阳。

尔朱荣一面与元天穆商议先立长乐王元子攸为帝，元子攸是前彭城王元勰的儿子，元勰是拓跋弘的儿子，公元501年曾被元恪罢黜，公元508年被元恪毒死。后来元子攸做了短命皇帝，才追封元勰为武宣王、肃祖、文穆皇帝。论辈分元子攸应该是元诩的堂叔。

是年(公元528年，元钊的武泰元年)三月，尔朱荣自山西太原举兵南下，至河阳与元子攸会合。四月十二日元子攸在河阳宣布登基，是为北魏第九任皇帝敬宗孝庄皇帝。元子攸封他的哥哥元劭为“无上王”、弟弟元子正为“始平王”，尔朱荣为侍中、都督中外诸军事、大将军、尚书令，又封为“太原王”。洛阳文武官员备妥法驾车队在黄河大桥恭迎。

胡太后自知大难临头，只有投靠神明以求保佑，乃率领元诩的三宫六院全部落发为尼。次日尔朱荣进入洛阳，抓捕了刚刚落发为尼的胡太后和年仅三岁的北魏皇帝元钊，下令把他们投入黄河淹死。

河阴大屠杀

尔朱荣对于朝廷中那帮贪污腐化、男盗女娼的皇族以及那些仰胡鼻息的汉官们早已恨之入骨！所以在他入洛之前就有彻底清除他们的决心。他曾跟他的爱将贺拔岳以及皇族至友并州刺史元天穆密谋，举兵入洛一定要彻底做到“内诛嬖幸！外清群盗”。元天穆与贺拔岳都曾鼓励他马到成功。

尔朱荣带着三千多精骑进入洛阳，把胡太后和小儿皇帝投入黄河之后，一面先行布置杀场四周的军队，一面宣布皇帝(元子攸)御驾西狩，通令朝中大小官员都得到孟津西北的行宫趋迎。

尔朱荣陪同这位不明所以的新皇帝(元子攸)沿着黄河西行到孟津西北一公里的淘渚(河阳西北三里，南北长堤之西)安住行宫，然后命令全体文武官员集合跪在行宫之后的广场上，宣称三驱之礼。皇帝祭天，要大家匍匐伏地。突然间尔朱荣一声令下，四周武装骑士围拢上来，尔朱荣宣告前朝(指胡太后执政之朝)祸国殃民，其责尽在全体官员。皇帝既死，官员们平常醉生梦死，尸位素餐；国家有难，官员们又贪生怕死！现在是该官员们以身殉国来赎罪的时候了！于是一声令下，万马奔腾的匈奴骑士从四面八方冲入列跪在广场的官员们，刀砍、枪刺、马踏！霎时间血肉横飞！先来的就这样惨死了。随后赶来迎接皇帝圣驾的一百多皇家亲眷也遭到了同样的屠杀！

《魏书》《周书》都说尔朱荣的河阴暴行是“惑于费穆之言”。

《资治通鉴》也附会其说：

费穆密说(尔朱)荣曰：“公士马不出万人，今长驱向洛，前无横陈，既无战胜之威，群情素不厌服。以京师之众，百官之盛，知公虚实，有轻侮之心。若不大行诛罚以立威，更树亲党，恐公还北之日，未度太行而内变作矣。”而另一近代传统史学家(佚其名)竟也羽护尔朱荣以“荣本不知中国情形”来强调费穆之说而掩饰尔朱荣的罪行。说尔朱荣不知中国情形的这位史学大家应该知道当时在河阴惨案之前尔朱荣的从弟尔朱世隆已经是魏廷的直阁学士(编修)了。而且在尔朱荣还没有发兵之前，当权派的胡太后还曾派他(尔朱世隆)去太原游说尔朱荣呢！再说尔朱荣当时兵符在握，他的儿子尔朱天光与亲信奚毅、仓头王相等时常往还于京师洛阳与太原间，与尔朱世隆密议废立之事。今说尔朱荣“不知中国情形”似乎不切实际。

况且在河阴惨案发生之前，尔朱荣除了曾跟北魏皇族重臣元天穆还有爱将贺拔岳等重要人物都说过他入洛阳要“内诛嬖幸”的打算外，他还对西魏名臣慕容绍宗说过他要屠杀群臣的计划。虽经慕容绍宗劝阻，但尔朱荣仍然一意孤行(见《北齐书·慕容绍宗传》)。这都可以证明河阴大屠杀完全是尔朱荣一人的计划。

再说费穆与尔朱荣。

费穆自从三年前在朔州征伐柔然而败阵，走投北秀容，原来打算依尔朱家的，大概是尔朱家并不欢迎，他只有回朝请罪，太后明令原宥，后来尔朱荣兴兵，胡太后又派费穆带兵屯小平津(河南省洛阳市孟津区)布防抵抗尔朱荣，后来尔朱荣的兵到了，费穆弃众投降。

依其现在是胡太后身边的武卫将军，而胡太后又与尔朱荣正在交战中，费穆有没有向尔朱荣谏言的机会？这是值得怀疑的。当尔朱荣南下，费穆在河防向尔朱荣投降，一个降将的话，尔朱荣会听吗？

后来尔朱荣回师太原，北魏叛臣北海王元颢乘隙入洛阳称帝，而费穆又放弃职守向元颢投降。元颢“引入诘让(责备)，出而杀之”(《魏书·费穆传》)。传统历史家给元颢编的杀人理由就是“以河阴惨酷滥(杀)事起于穆”(《魏书·费穆传》)。这个说法可能是史家自圆其说吧。

又《通鉴》卷一百五十二记载，高欢自义民军中亡归尔朱荣，时尔朱府骑兵参军刘贵多次向尔朱荣推荐高欢，可是尔朱荣看高欢并没有什么特别之处，乃发付马厩工作。还是后来高欢制马有术，尔朱荣才邀他参与军谋。

就在同一年间(公元528年，依《通鉴》)，尔朱荣已于河阴惨案之后，在“精神恍惚，不自支持”的状态下，“时都督高欢劝荣称帝”(当时劝尔朱荣称帝的恐怕不止高欢一人)。迨尔朱荣自铸金像不成，情绪稍定之后，贺拔岳又“请杀高欢以谢天下”(《通鉴》)。

就在这个时候，就是这种“制马有术”身份的高欢有没有资格参赞国家大事而“劝荣称帝”呢？

这一段出自名家的史记，如果最初作者只是为“惑于费穆”(《魏书·尔朱荣传》)这句话而作文章，使这段故事戏剧化，则徒然自相矛盾而已。如果居心罗织不可思议的故事而掩饰尔朱荣屠杀无辜的罪责，则有失史信了。

还有一段小故事可以证明尔朱荣谋杀大臣的阴谋。

据《魏书·尔朱荣传》中说，尔朱荣嗜好打猎，不分盛夏或酷寒，士卒苦之。

尔朱荣的好友元天穆劝他体恤士卒之苦。尔朱荣很礼貌地答复元天穆：

一、这是一种训练方式。

二、今秋打算与您共勒士马、校猎嵩山，下令朝中那些贪官污吏们都到围场中去与猛虎搏斗。

总之，河阴惨案应属尔朱荣自己一手的主谋应无疑议。历史贵在责任，贵在真实。特录此一辩。

尔朱荣好像杀红了眼，好像恶魔附身，这天(四月十三日)，他又指挥数十武士，手持钢刀，闯入皇帝行宫。这时新帝元子攸和他的哥哥、弟弟不知所措！武士遂把元劭、元子正推去斩了，又把元子攸挟持到黄河大桥的营帐中。

中国历史上有无数悲惨的大屠杀，可是不唯都没有解决问题，而所留下来的还是更悲惨的问题。这时候元子攸已经意识到尔朱荣的真正目的了，他派人转告尔朱荣，希望他——尔朱荣自己来做皇帝，或者另选元氏皇族血缘更近更为贤能的人来做皇帝。尔朱荣的好友皇族系元天穆的帐下都督贺拔岳却对尔朱荣说："既兴正义之师，就应行正义之事；今天乘机而得帝位，不一定能得天下人。"于是尔朱荣开始迟疑，他的幕僚们建议筹铸自己的铜像，如果铸成，当是天意属他做皇帝。可是铸了四次都没有成形。尔朱荣由河阴大屠杀而挟持皇帝，满以为帝位就在眼前，不可一世的心态已经升到了巅峰状态。突然间铸像不成，天意不容，加上幕僚们多唱反调，人事也是一头冷水。即将统御天下的皇帝，霎时间将成灭门族诛的罪犯，这给他的打击犹如晴天霹雳！把他打得神经错乱，精神恍惚，几乎无法支持。时而若有所失，脑际全空，忽然乱丝一团，越理越乱，蓦地又好像有点醒悟，自言自语着：“如今铸成大错，只有以死报答……”

幕僚们发觉事态严重！贺拔岳是尔朱荣最亲近的爱将，他要想法子使尔朱荣推卸责任，疏解其心情上的压力，他乃劝尔朱荣“杀高欢以谢天下”。

其实那时候的高欢在名分上对尔朱荣并没有什么分量。所以左右侍从们都说四方多事，正是需要将才的时候，要求宽恕高欢。

就是这样一场争论，尔朱荣的注意力转移到新的问题上了，他恢复了理智，心情一轻松，他就完全放弃了篡夺帝位的念头。当天(公元 528 年四月十三日)夜晚，尔朱荣再把元子攸从临时营帐中迎接到皇帝御营；并在元子攸面前下跪请罪。由于河阴大屠杀的恶行，他曾想着把魏廷迁都晋阳，因武卫将军汎礼的劝阻而作罢。次日，尔朱荣护送元子攸回洛阳，当天下令大赦天下，改年号为建义。追随尔朱荣来洛阳的将士，一律晋升五级，其余文官擢升二级，武将擢升三级；百姓免除田赋差役三年。

当时的洛阳城由于河阴大屠杀，一下子死去两千多官员，城中居民恐怕河阴案再演，纷纷逃走十之八九。宫廷之内空空荡荡！尔朱荣自己也总觉得在洛阳心中不安。他再要求迁都邺城，元子攸虽然没有反对，但都官尚书元谌力阻。当时尔朱荣大怒，并且还要问罪元谌。可是当尔朱荣陪同元子攸在洛阳高地散步，他的心神稍定，第二天就又向元子攸表示后悔，可见他当时是经过极其痛苦的自我思想斗争、反省而才有了后来的稳定。

由于这次动乱，尤其是河阴大屠杀，致使驻镇东阳(山东省青州市)的青州刺史元世儁，驻镇河南信阳的郢州刺史元显达，驻守湖北枣阳的南荆州刺史李志以及东道行台临淮王元彧、北海王元颢、汝南王元悦等先后投降南梁。

是年(528)四月十六日，元子攸发表第一批朝中新任官员之后，宣布解除戒严，洛阳城内人心才稍安定下来。

五月一日，元子攸加授尔朱荣为北道大行台，这是特命全权的皇帝代表。

尔朱荣入宫，再一次向元子攸下跪道歉，并发誓忠贞不二。元子攸亲自扶起尔朱荣，也发誓表示没有猜疑之心。尔朱荣的女儿尔朱英娥原已做了元诩的妃嫔，现在尔朱荣要求元子攸娶这个堂侄媳做皇后，元子攸口头上也同意了。尔朱荣大喜，并与元子攸同饮，喝得酩酊大醉！

元子攸本来想要借这个机会杀了尔朱荣，可是左右近侍顾虑到尔朱荣兵力布满洛阳，以时机不对而劝阻。

宦官们把烂醉如泥的尔朱荣抬到宦官的总管府休息。半夜，尔朱荣醒来，见自己身陷险境而没死，吓得一身冷汗！

晋阳，东有太行山、常山，西有吕梁山，南有霍太山、高壁岭，北扼东、西陉关，地形四塞，气势险要。所以尔朱荣不会忘记他这个使他有今天的根据地。

是年(528)五月五日，尔朱荣要回封国的晋阳，元子攸在邙山设宴饯行。尔朱荣谏议调元天穆进驻洛阳，元子攸立即下令加授元天穆为侍中、录尚书事，主管中枢机要、京畿大都督，还兼着领军将军。除此之外，在尔朱荣的安排下，中枢的重要官职全由尔朱荣的心腹亲信人员担任。

是年秋七月，魏帝元子攸加授尔朱荣为柱国大将军、录尚书事(主管政府机要)，从此尔朱荣就在太原遥控洛阳了。

元子攸为了安抚尔朱荣，总是想尽方法找机会给尔朱荣加官晋爵。是年又擢升尔朱荣为大丞相、都督河北省畿外诸军事。尔朱荣的两个儿子平昌公尔朱文殊、昌乐公尔朱文畅都晋封为王。世子尔朱菩提为骠骑大将军、开府仪同三司。又指定河北冀州(长乐郡)等七个郡，每郡一万户，连同前封采邑共十万户为尔朱荣的采邑。尔朱荣平定葛荣有功，元子攸又加授他为太师。

元颢称帝

公元528年夏，南梁扶植的魏王元颢，乘北魏新朝未稳，于公元529年春，自安徽宿州西南的铚城北上，南梁派陈庆之护送，先后攻占了河南宁陵北的堂城(荣城)和商丘。经过四十七次大战，攻占三十二城。北魏的都督丘大千，拥有七万甲士的兵力，分筑九个营垒抵抗元颢，结果还是不敌护送元颢的南梁军而投降。

元颢进军到河南睢阳，就宣告登基称帝，改年号为“孝基”。北魏济阴王元晖业率羽林禁卫军两万驻守河南兰考；南梁的陈庆之攻陷兰考城，元晖业被俘。

是年五月二十五日，元颢进入洛阳，进驻皇宫再改年号为“建武”。封南梁的陈庆之为卫将军、徐州刺史，兼侍中。

元子攸只身逃过黄河，投奔山西太原的尔朱荣，到达距太原还有三百多里的山西长子时，尔朱荣自太原兼程来迎。

尔朱荣立即调动军队，六月间就收复洛阳。

元颢率侍从逃出洛阳，侍从散去。元颢做了前后不到两个月的皇帝梦，醒来时已经是落荒原野，在临颍被一个地方团队的小卒江丰斩首。陈庆之的部队溃散，他自己伪装成和尚逃回南京。

元子攸回到洛阳，加授大丞相尔朱荣为天柱大将军，再增采邑十万户，连前计二十万户，还有很多锦绣绸缎的赏赐。元子攸为了应付这些数目庞大的犒赏，乃发行“永安五铢”钱以应急。

元子攸建明元年，公元530年，尔朱荣消灭了最后一支义师万俟丑奴。北魏朝廷内在元子攸身边的大小官吏都是尔朱荣的耳目，所以他虽然远在太原，但却很有效地遥控着北魏的神经中枢——洛阳；元子攸的尔朱皇后是尔朱荣的女儿，常恃娘家的威风。这些给元子攸的精神压力一天比一天大。

孝庄帝元子攸的永安二年(529)铸造“永安五铢”钱，也是“听人与官并铸五铢钱”(《钱币思想史》)，其办法比以前的办法要进步很多，是政府立炉，备铸工代为人们冶铸。使钱币的规格形式与品质提高了很多。如下图：

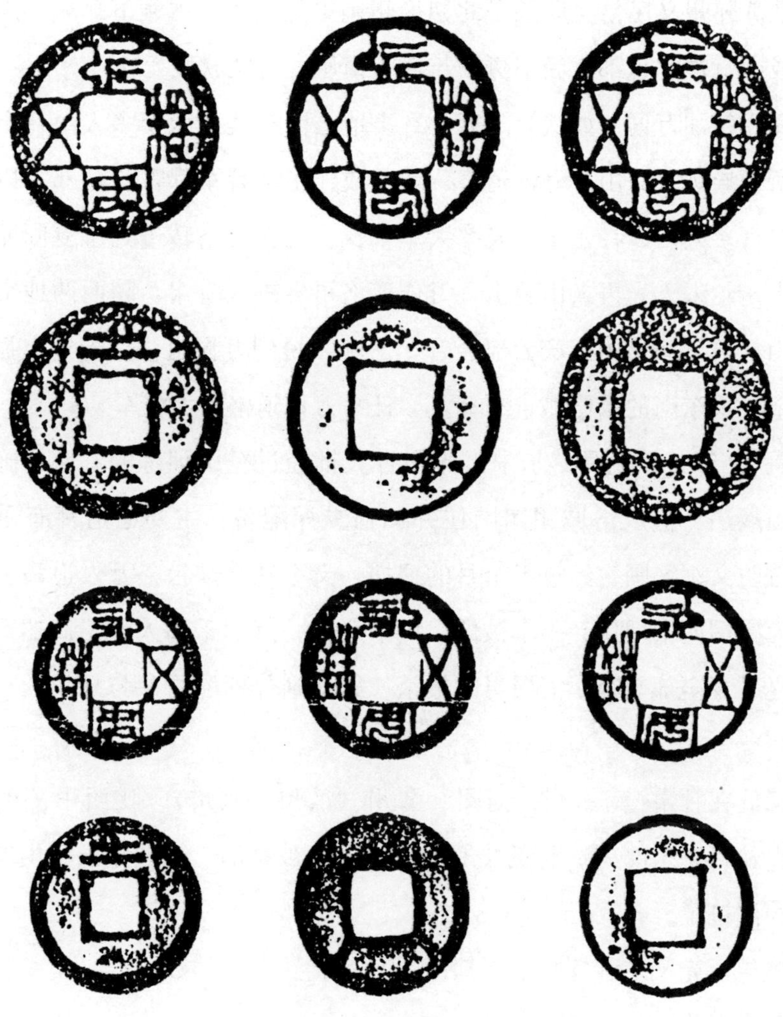

“永安五铢”钱三式之正反面

义师余响——王庆云称帝

是年(公元 530 年，北魏长广王元晔建明元年、万俟丑奴神兽三年)春，江苏邳州义民吕文欣杀了北魏徐州刺史元大宾，占领下邳城。声势正在形成中就被北魏都官尚书樊子鹄武力镇压，吕文欣战死!

义民领袖万俟丑奴战死之后，甘肃地方尚有残众六千多人由行台万俟道洛所领导逃入深山。万俟道洛一度反攻，击杀魏军都督长孙邪利以及其部众二百多人。魏将尔朱天光率大军来伐，万俟道洛转进到宁夏固原西牵屯山中。尔朱天光再入山追击，万俟道洛再转进入甘肃、陕西两地交界处的陇山，与另一义军王庆云部会合。王庆云得到万俟道洛，士气大振，遂在甘肃庄浪东南的水洛城宣布登基，任命万俟道洛为大将军。

是年(530)秋七月，尔朱天光集合大批经过登山训练的部队，施行逐村搜山战法，把水洛城团团围住并加强纵深配备，主要通道都有重兵把守，以防义军突围。经过半个月的搜捕，义军缺水缺粮，万俟道洛和王庆云冒死突围而中埋伏，不幸被俘。城中余众一万七千多人缴出武器后，尔朱天光下令全部屠杀！家属男的被杀，妇女则分别配给参与是役的官兵为妾侍。

从此在甘肃(南秦州、河州、渭州、瓜州、凉州)、陕西中部的东秦州，以及青海东部(鄯州)的义军，投降的、被杀的、战败逃入深山的，大都销声匿迹了。

尔朱天光又乘胜挥师南下扫荡天水、成县一带的数小股义军，收复了秦州和南秦州。

尔朱天光以其野蛮善战的契胡骑兵，疯狂地追剿各地义军。东战场消灭了葛荣、邢杲，陇西消灭了万俟丑奴、宿勤明达，达成军事上的胜利统一。

这时候的关陇(陕西、甘肃)地带，久经战乱，农村残破不堪。时尔朱天光属下泾州刺史贺拔岳的步兵校尉宇文泰，因战功擢升征西将军、行原州事。宇文泰很得民心，所以二三十年后他就成了大气候。

尔朱荣的死前死后

拓跋弘的孙子北魏宗正卿元树，对于尔朱荣之乱政深恶痛绝！曾向皇帝元子攸数次建议，而元子攸都没有理会，元树一气之下投奔南梁。当时南梁曾封元树为郢王，任命他为镇北将军、都督北讨诸军事；驻镇南梁的北疆重镇谯城(安徽省亳州市)。

元树虽降南朝，但仍心系祖国，他再向元子攸提出严重警告：尔朱荣的作为，已经招致天怒人怨，此断不除，国家危矣！

这时候的元子攸外受尔朱荣的权力威胁，内有尔朱皇后的精神压力，心情忧郁，甚至想着放弃这个皇帝之位。

唯一让元子攸稍为安心的是各地起义势力还在与尔朱荣互相僵持着，使尔朱荣没有更多的时间来过问朝政。

一方面，几位元子攸的近亲、近侍大臣们，都拿两年前(528)河阴大屠杀的残酷教训来警告元子攸应该早日除掉尔朱荣。另一方面，尔朱荣的内部亲信也显示出对尔朱荣的过分蛮横而不满。

公元530年的八月，尔朱荣战胜义师，率骑兵四千多人自太原南下，元子攸亲自出城迎接。尔朱荣与元天穆随同元子攸入宫饮宴，顿时洛阳到处传言尔朱荣就要发动政变了，元子攸在皇宫中也正准备应变。

九月二十五日，元子攸在明光殿两厢布下埋伏，声称尔朱皇后生下皇子，设宴邀请尔朱荣与元天穆入宫饮宴。尔朱荣不知是诈，乃和他的好友元天穆相偕来明光殿朝见。尔朱荣坐在元子攸的御座右首，大家刚刚坐定，宫廷光禄少卿鲁安大喝一声，由御厨房典御李侃晞为首的一群杀手持刀向尔朱荣乱砍！尔朱荣也一跃而扑向元子攸，当时元子攸也早在座后准备尖刀一把，尔朱荣猛扑过来时，元子攸遂顺势以刀尖抵挡。尔朱荣用力猛扑，尖刀穿透尔朱荣的腹、背。刹那之间尔朱荣和元天穆两人都死在乱刀之下(尔朱荣死年三十八岁)。尔朱荣随行十四岁的世子尔朱菩提以及车骑将军尔朱阳都等三十多人也都被伏兵斩杀。

尔朱荣被杀的消息立刻传出宫外，洛阳全城一片欢呼之声！文武官员纷纷进宫道贺。当天晚上，尔朱荣的夫人率领留在京师(洛阳)的卫队，连夜逃到河阴暂避。

尔朱家的反扑

公元530年秋九月二十五日，尔朱荣与元天穆被杀，当天晚上尔朱荣的从弟尔朱世隆陪同尔朱荣妻子立即率领留在洛阳的部众，奔出西阳门，在河阴整合部众待机而动。尔朱荣的旧部卫将军贺拔胜(贺拔岳的二哥)在洛阳与尔朱荣另一旧属朱瑞等同时宣布脱离尔朱氏家族，为鲜卑元氏的皇室效忠。

就在尔朱荣被杀的第二天，尔朱世隆率部攻击黄河大桥，击斩元子攸的守将奚毅，占据黄河北岸的北中城，准备回头攻击洛阳。

元子攸派人去安抚尔朱世隆，可是尔朱世隆却斩了来使，表示坚决反抗到底。元子攸又打算诱导最具军事实力的驻镇长安的雍州刺史尔朱天光，任命他为侍中，仪同三司，才算稳住尔朱天光的情绪，没有立即发生反抗行动。

是年冬十月，尔朱世隆派尔朱拂律归率匈奴骑兵一千，白盔白甲开到洛城下，要求元子攸发还尔朱荣的尸体。元子攸劝降不成，就拿出皇家国库中所有贵重的绸缎珠宝，招募敢死勇士，一天之内竟集结来一万多人，就在城外和尔朱拂律归会战。尔朱拂律归的部队都是训练有素且很有战斗经验的部队，元子攸新募来的乌合之众，当然不是对手。元子攸再命前车骑大将军李叔仁为大都督，整合忠于皇家的各部队分别对抗尔朱世隆。

元子攸又命中书令魏兰根兼尚书左仆射，派驻河北行台。这是代表皇帝的使节，统一指挥定州(中山——河北省定州市)、相州(邺城——河北省临漳县)、殷州(河北省隆尧县东)诸军事。

洛阳城在尔朱世隆的围困之下，元子攸召开御前紧急会议，寻求对策。可是文武官员们没有人敢发言，通直散骑常侍李苗自告奋勇，招募一批敢死队，集结数十舰只，满载干柴与油脂，于十月中自黄河中一个小岛(马渚)上游，在夜色掩护下顺流而下，距黄河大桥数里处点燃柴火，一时间数十只火舰撞上大桥，很快就把浮桥烧断了。被隔在南岸的尔朱世隆所部争先恐后奔向北岸，走在桥上烧死的、跳下水去淹死的不计其数。李苗所率领的一百多士卒停泊在马渚等待洛阳来援救，可是洛阳并没有派兵来援。尔朱世隆迫近攻击，而李苗的战斗任务只是放火烧桥，并没有战斗装备，尔朱军来攻，只有肉搏相向，最后全部战死，李苗也投河自尽。

尔朱世隆与尔朱兆

尔朱世隆整合残众向北转进。

元子攸命行台源子恭率步骑兵一万多人由西路，杨昱率领新军八千人由东路截击尔朱世隆。

源子恭在山西晋城东南的太行山丹谷构筑了纵深防御工事。尔朱世隆先攻击晋城的高都城，驻镇此地的北魏建州刺史陆希质闭城抵抗。尔朱世隆攻下城池，下令洗城。全城军民只有陆希质一人逃出，其余不分兵、民，男、女、老、幼全部被尔朱世隆屠杀！

尔朱荣的从子尔朱兆，原为驻屯山西隰县的汾州刺史，听到尔朱荣的死讯后，立即率领部队北上进据晋阳。这时尔朱世隆也打算自河北开来占据晋阳的，行经山西南部的长子地方，听说尔朱兆已经进据太原了，于是邀请尔朱兆同在长子会商。公元530年十月三十日，议定废除元子攸的帝号，推举魏廷行并州事的长广王元晔为北魏皇帝。大赦天下，改年号为“建明”。

元晔任命尔朱兆为大将军，晋封王爵。尔朱世隆为尚书令，封乐平王，并加授太傅、司州牧。尔朱世隆的哥哥尔朱彦伯为侍中。又任命尔朱荣的堂弟尔朱度律为太尉，封常山王。派徐州刺史尔朱仲远为车骑大将军，兼尚书左仆射，进为三徐(徐州、北徐州、东徐州)大行台，全权代表新朝统辖江苏彭城、邳州和山东临沂地区的军政大权，并发兵直指洛阳。

是年冬十一月初，尔朱仲远攻下河南滑县，俘虏了北魏西兖州刺史王衍。

投机者戒

尔朱荣的得力战将斛斯椿，时为北魏派驻徐州(江苏省邳州市)刺史，尔朱荣死后，斛斯椿恐怕受到牵连，但又不甘心向魏廷表示忏悔。这时适逢流亡在南梁的北魏汝南王元悦乘北魏政争激烈的乱局，由南梁太子右卫薛法护率军护送回北魏称帝，并改年号为“更兴”。斛斯椿以为此机可投，于是率部众投效元悦。当时元悦任命斛斯椿为侍中、大将军、司空、大行台、前锋都督，并封灵丘郡公等一大堆官衔。可是元悦初临魏境即知难而退，又回南梁做寓公去了。本性狡猾多事、好乱乐祸(《人名大辞典》评语)的斛斯椿也抛弃了元悦投奔北魏元子攸。

斛斯椿是尔朱家出身的，可是在尔朱荣死两年后他又诱杀了尔朱世隆、尔朱彦伯，劫持了尔朱天光向高欢投降。

尔朱天光与侯渊

元子攸再命贺拔胜(尔朱天光手下大将贺拔岳的哥哥)为东征大都督，反攻滑台的尔朱仲远，结果大败，贺拔胜投降尔朱仲远。

尔朱家族最具军事实力的尔朱天光(尔朱荣的从子)，一面忙于部署军事监视万俟丑奴的部将宿勤明达，一方面和侯莫陈悦移师甘肃、陕西两地交界的陇山，打算和贺拔岳会师后南下洛阳。后来一则是受到元子攸事前和他沟通的心理影响，二则是听说尔朱世隆等已立元晔为帝，心中总有些不平衡。所以他和贺拔岳商量，打算诱使元子攸出京(洛阳)逃亡，他再另立新帝于洛阳。这时候在晋阳登基的第十二任皇帝元晔极力争取尔朱天光，乃写信封尔朱天光为“陇西王”。

尔朱家族另一支军力是驻守河北涿州的平州刺史侯渊，他听到尔朱荣被杀的噩耗后，曾誓师南下，为尔朱荣报仇，行经中山时，受到当地魏廷派驻河北行台魏兰根的截击，侯渊以哀兵之势，击败魏兰根。

元子攸出亡

尔朱家反抗元子攸政权的主导人物，在军事方面是以尔朱荣的从子尔朱兆为首脑，政治方面则是以尔朱荣的从弟尔朱世隆为主导(尚书令)。

是年（公元530年，元子攸的永安三年、元晔的建明元年）十二月初，尔朱兆攻占丹谷镇（山西省晋城市东南）。元子攸的丹谷守将崔伯凤战死。都督史仵龙投降尔朱兆，朝廷派来督战的行台源子恭逃走。

元子攸得到这个战报，大为震惊！立刻召开御前会议，群臣见华山郡王元鸷在座，莫不噤若寒蝉。元鸷很自信地对元子攸说："黄河水深万丈，尔朱军不可能飞渡。"这个会议就在这一句空话中草草结束，群臣都带着无法信赖的安全感回家了。眼看国家就要亡于尔朱家手中，元子攸顿生借刀杀人之念，他派专人到山西北部联络河西一部义军领袖纥豆陵步蕃出兵袭击山西朔州北秀容尔朱家的根据地。

这时候时局已经是风声鹤唳，元子攸一面声言征讨南蛮而准备南迁到河南的鲁山，并下令高道穆为南道大行台去打前站。可是还没有出发，尔朱军已经攻进洛阳城了。

丹谷镇距离黄河渡口最近，水位最低时距河南孟县只有一百多里，骑兵可以朝发夕至。十二月初一正值黄河结厚冰的深夜，尔朱兆挥兵过河，拂晓攻入洛阳城。元子攸的禁卫军在华山郡王元鸷的指挥之下竟然一哄而散。

元子攸逃出云龙门，被尔朱兆的士兵捉住禁锢在永宁寺的钟楼上。尔朱兆的总指挥部就设在皇宫，并下令士兵在洛阳城大肆烧杀，任意抢掠奸淫。王妃、公主、嫔姬任由士卒奸污！尔朱荣的女儿给元子攸所生的皇太子也被活活地摔死于石阶。凡是留在洛阳城内的王公大臣们，都是全家被杀。

是年十二月初七，新帝元晔在尔朱世隆的部署下进入洛阳。这时候，尔朱兆已经得到纥豆陵步蕃率众乘隙南下的消息，他唯恐老窝——北秀容有事，急于回太原镇守，于是命尔朱世隆、尔朱度律、尔朱彦伯等留守洛阳。十二月中，尔朱兆又把元子攸押到晋阳，于二十三日这天在晋阳一个小佛寺中绞死时年二十四岁的元子攸。（元子攸528年四月登基，到530年十二月，计在位两年九个月）。

供养菩萨碑

碑座上刻着“北魏建明二年造”。建明是北魏短命皇帝元晔的年号，元晔在元子攸时代只做了五个月(公元530年冬到531年二月二十九日)的皇帝就被迫让位给元恭，元恭的年号是普泰，所以说建明年号并没有建明二年。
(此碑于1981年在宁夏回族自治区彭阳县新集村出土。宁夏固原博物馆收藏。)

元晔做了五个月的皇帝，531 年二月二十九日，元晔还都洛阳，行经邙山时，又被尔朱世隆强迫让位给元恭，改年号为“普泰”。531 年，元恭封元晔为东海王。

高欢出线

河西义民纥豆陵步蕃与破六韩拔陵的残余旧部在尔朱氏家族的老窝——北秀容(山西省朔州市北)击败了尔朱兆的留守部队之后，立即引兵南下，迫近晋阳。尔朱兆恐惧万分，急征召驻镇临汾的晋州刺史高欢北上支援。太原距离临汾三百多里路，高欢与尔朱家族平素不睦，只是他这个晋州刺史还是尔朱荣生前委任的，他现在对于尔朱兆不得不虚与委蛇。不过高欢表面上接受尔朱兆的征召，内心仍是希望利用纥豆陵步蕃的迅速发展以削弱尔朱兆的势力。所以高欢就派亲信将领贺拔焉过儿率部为前锋，时驻时行，慢慢前进。

纥豆陵步蕃所部攻势凌厉，锐不可当，打得尔朱兆节节败退。待他退到太原南郊的乐平郡(山西省昔阳县西南)时，高欢的北上部队才与之会师联合反攻。纥豆陵步蕃败退，高欢部追击到秀容郡的石鼓山(地望应在山西省原平市崞阳镇东南)，纥豆陵步蕃被擒斩首，余众溃散，破六韩的残余也从此完全消灭。

关于高欢

《北齐书·神武纪上》说高欢“渤海蓨(河北省景县)人也。六世祖隐，晋玄菟(朝鲜咸庆道)太守”，“神武(高欢)既累世北边，故习其俗，遂同鲜卑”。史学家陈寅恪先生认为渤海蓨县在那个时候是汉族鼎盛的华夏之门。高欢的六世祖既然做过晋朝的太守，高欢又因“累世北边其俗遂同鲜卑”，陈先生就认定高欢“应是汉族，毋庸置疑”（陈寅恪著《唐代政治史述论稿》）。

可是，研究高欢世家很深入的萧文青教授却在其所著《高欢家世考证》的最后结论说高欢“不是汉族渤海蓨人，乃在城上执役的鲜卑军人”，也就是因祖父犯法被发配到边防怀朔镇当兵户。萧教授甚至连高欢的家世依其系谱分析也找不到高欢与渤海郡高氏原有血缘关系。对于传统史录说高欢是“渤海蓨人”的传述以为并不正确。

据《南史·侯景列传》说，高欢微时与侯景甚相友好。高欢死后，世子高澄召见侯景，当时侯景曾有“吾不能与鲜卑小儿共事”的怨词。既与高欢甚相友好，相知当然很深，侯景直说高欢之子为“鲜卑小儿”，则其父高欢自然也是鲜卑族无疑矣。

高欢娶鲜卑人娄昭君为妻，才得有一匹马，有一匹马为交通工具，镇将才任命高欢为“函使”。在当时函使是一个负责把怀朔的公文送到洛阳的小差官。六镇起义时，他也跟其他低级军官一样参加了义军；先后在破六韩拔陵、杜洛周、葛荣等义军部队中当过基层军吏。在葛荣军队中不久，他发现葛荣所部都是些乌合之众，难成大事。他又投效山西朔州北秀容的契胡族酋长尔朱荣，做个中级军吏。尔朱荣把持了北魏政权后，大肆出兵镇压河北各地的起义军，高欢出力最多，累功晋升鲜卑族第三镇民酋长，晋州(在山西省临汾市的白马城)刺史，成为尔朱荣最信赖的得力将领。

北魏元子攸的永安三年，公元530年秋九月二十五日，尔朱荣死，从子尔朱兆邀同高欢一起发兵讨伐元子攸，而高欢却借故婉拒。其后高欢又应尔朱兆的求援，出兵打击进犯晋阳的纥豆陵步蕃、费也头牧子，才保住尔朱兆的晋阳。

尔朱兆对于高欢的支援感激至深，曾与高欢结盟。尔朱兆十分信任高欢，就把年前发配在太原(并州)、忻州(肆州)一带原为葛荣残部的二十万义民(史称六镇降户)交付给高欢统带。尔朱兆为防这批义民再反，特别把他们的家属交由别将念贤集中监管。

高欢带这批政治资本先由管理而组织成军，然后由山西到山东求食，沿途又抢了尔朱荣夫人(北乡长公主)的数百匹马，诱杀了尔朱兆的心腹将领念贤，夺回念贤所监控的六镇降户家属。这一下子更加强二十多万义民(六镇降户)对高欢的支持和拥戴。高欢就凭着这批相当雄厚的政治资本，打开了以后称霸天下的成功之路。

翌年(531)夏六月，高欢自山西开到太行山以东的河北磁县西北釜口的石鼓山。这几年来由于北魏政权的政策所致，河北的豪门大户人家都拥有武装团队来自卫。高欢深深了解汉人只求自保的心态，他一过太行山就严格要求所部“不得欺汉儿，违令者斩”(《北齐书》)。这才赢得了汉人的大力支持。在冀州(信都)很有领导力的封隆之、高乾、高昂，以及拥有数千能征惯战的地方部队领袖李元忠等都到釜口去迎接。于是高欢就得以顺利进驻河北第一名城的信都。这时候尔朱世隆所扶植的洛阳派皇帝元恭为了争取高欢的支持，特封他为勃海王，东道大行台、冀州刺史，同时征召他回京(洛阳)。高欢恳辞王爵，也拒绝回京。

原驻守蓟县的北魏幽州刺史刘灵助，自称燕王，举兵反抗尔朱兆。驻在河北的定州刺史侯渊受尔朱兆之命，部署大军监视刘灵助。

尔朱家族的忠臣契胡族刘诞，以冀州刺史身份驻镇河北第一重镇的相州(邺城——河北省临漳县)和镇守广阿(河北省隆尧县)的殷州刺史尔朱羽生联防，意图阻挠高欢向南发展。

在河北境内的相州、殷州、定州的地方人民以及六镇义民，大都痛恨尔朱家族和他的帮凶军阀们。高欢就利用这个情势，展开各种方式的强势宣导，紧紧掌握住了这三州六镇兵民的主要力量。

李元忠是河北赵郡的大家族领袖，高欢命他回去组训地方武力，起兵攻打隆尧县的殷州刺史尔朱羽生，并命高乾、高昂弟兄俩率领地方团队支援。当时高乾单骑到隆尧城下，要求晋见刺史尔朱羽生，共同讨论时事。

尔朱羽生亲自送高乾出城。一出城门，高乾突然发难，出其不意地杀了尔朱羽生，于是高欢任命李元忠为殷州刺史。同时高欢一面打报告给洛阳的北魏朝廷控诉尔朱兆的祸国殃民罪行，明白表示与尔朱家族决裂。另一面听信其亲信孙腾等建议，于公元 531 年十月六日迎立勃海郡守元魏的宗室元朗在信都称帝，改年号“中兴”。

元朗任高欢为丞相，都督中外诸军事，柱国大将军，录尚书事，大行台；高乾为侍中。

是年(531)冬十月，尔朱兆亲自率领二万步骑兵自晋阳出井陉关(河北省井陉县)，直接进攻为高欢所占据的殷州(河北省隆尧县)。李元忠军力不敌，弃城退去。尔朱兆顺利收复隆尧(广阿)。

号称十万大军驻守徐州的尔朱仲远也自徐州向河北推进到山东阳平郡(莘县)。高欢运用顺说之计，使尔朱仲远不战而还师徐州。

高欢遂又反攻隆尧与尔朱兆决战，尔朱兆败退，高欢俘虏其甲士五千多人。

邺城之战

公元 532 年正月，高欢乘胜进攻邺城(河北省临漳县)。邺城守将是尔朱家族的忠臣契胡族刘诞，他坚守城池，且城内粮草充足，高欢屡攻不下。最后高欢采用地道战法，致使城墙多处塌陷，正月十七日高欢遂占领邺城；俘虏了尔朱家的相州刺史刘诞。三月十三日，元朗率领他的文武百官进驻邺城，又封高欢的长子高澄为骠骑大将军；追赠已经去世的逊帝元子攸为“武怀皇帝”，一年后又称“孝庄皇帝”。

洛阳的尔朱家族，在高欢的强大压力之下不得不团结以图存了。由控制着元家朝廷的尔朱世隆设计：一方面要皇帝元恭娶尔朱兆的女儿为皇后，抓紧尔朱家族与皇室的亲密联系。一方面下令尔朱兆自晋阳、尔朱天光自长安、尔朱仲远自东郡(河南省滑县)、尔朱度律自洛阳分别出发，联合各部队号称二十万，由尔朱兆为总指挥，约定在邺城会攻高欢，并誓言消灭高欢。

这时候高欢部的胡、汉步骑兵不过三万多人，但是他凭着旺盛的民心士气，于公元532年春三月，在邺城西南的韩陵山(河南省安阳市东北十七里)与尔朱军会战。

高欢听说尔朱家族联合二十万大军来犯邺城，乃决定以攻为守，城外决战。于是命吏部尚书封隆之守城，然后亲自进驻邺城西北五里，邺城对外主要通道的紫陌镇，大都督高敖曹率领能征惯战的汉人部队三千人随行。

这时候高欢的兵力，步兵三万多，骑兵不到三千人，高欢在韩陵山上布下圆阵防守。命高敖曹率所属汉兵步、骑混成部队为左翼，堂弟高岳所部为右翼，斛律敦率精骑兵的机动部队为游击，高欢坐镇中央。尔朱兆已经知道高欢的兵力，所以他决心聚而歼之。于是先以中央突破战法，直取高欢主帅大营。高岳发现主帅危机，立即率五百轻骑冲入尔朱兆的指挥中心，把尔朱兆的阵势冲乱，斛律敦的别动部队在尔朱兆的背后喊杀，尔朱阵势动摇了。高敖曹又以左右驰射的骑兵强弩手拦腰截击，尔朱军的大将贺拔胜(贺拔岳的哥哥)和徐州刺史杜德又在阵前投降高欢，最后尔朱军大败。尔朱兆逃回晋阳基地，尔朱仲远退守滑台后又回师徐州，尔朱天光逃回洛阳。尔朱家的亲信大都督斛斯椿败回洛阳后，先后刺杀了尔朱世隆、尔朱彦伯及其同党，再把尔朱天光、尔朱度律绳捆索绑连同尔朱世隆与尔朱彦伯的人头送给高欢。尔朱天光的弟弟尔朱显寿留守在长安，听说东方战败及洛阳事变，乃弃城逃亡，刚出城就被尔朱天光的武卫将军贺拔岳(贺拔胜的弟弟)联合右厢大都督侯莫陈悦追到华阴生擒，由贺拔岳、侯莫陈悦执向高欢投降。

高欢任命贺拔岳为“关西大行台”，代表皇帝行使职权。贺拔岳又任命原来驻镇宁夏固原的原州行事宇文泰为大行台府左丞，兼领府司马(军事指挥官)。

退回东方徐州的尔朱仲远，向南梁投降，可是他的帐下都督乔宁、张子期却回头奔向高欢。

尔朱帮的骠骑大将军、行济州事的侯景，自恃有兵、有地盘的特殊身份，直接向高欢所立的皇帝元朗投降。元朗任命侯景为尚书仆射、南道大行台、济州刺史。侯景从此“拥众十万，专制河南”近十年；也使他养成后来投靠南朝，自称汉帝的野心。

尔朱世隆的弟弟北魏青州刺史尔朱弼，听到尔朱军战败，尔朱世隆被杀的消息后，决定投降南梁，因而被他最宠信的帐下都督冯绍隆刺死。冯斩下人头向高欢投降。

尔朱帮驻镇山西晋城(建州)的安东将军辛永向高欢投降，这是距离洛阳最近的一个战略据点。

元脩与高欢

公元532年的四月下旬，元朗由邺城还都(洛阳)暂时驻跸邙山时，高欢想到元朗是拓跋焘的长子景穆太子拓拔晃的重孙，与现在皇室的血缘远些。于是命令仆射魏兰根为先遣大使，回洛阳向现任官员们宣慰一番，同时探听现任皇帝元恭的为人，看他值不值得继续做皇帝。魏兰根回来盛赞元恭“神采英明”。太仆卿綦母俊也称元恭“贤能智慧”。这些话在高欢听来都很刺耳，他怕“神采英明”“贤能智慧”的皇帝以后很难控制，于是高欢立即派人逮捕元恭，把他软禁在崇训佛寺；旋又下毒把他毒死！

高欢也想起来流亡南梁的汝南王元悦，又听斛斯椿说元悦性情凶暴、喜怒无常而作罢。最后筛选出来第七任皇帝元宏的孙子，曾做过尚书左仆射，近来为避乱而隐匿乡间的元脩。乃命斛斯椿下乡查访，高欢把元脩迎接到天子行馆的毡毛营帐，命斛斯椿领衔劝进，并代元朗撰妥禅位诏书。公元 532 年的四月二十五日，当年二十三岁的元脩，就在洛阳东郊宣布登基，改年号“太昌”，是为北魏的孝武皇帝。

元脩任命高欢为大丞相、天柱大将军、太师、世袭定州刺史。又加授高欢年仅十二岁的儿子高澄为侍中，开府仪同三司。当然，国家大权完全掌握在高欢手里。

高欢与晋阳

高欢彻底打垮尔朱兆取得晋阳后，就妄想着晋阳地处四塞，形势险要，有帝王之气，有国都的局势，所以他大肆建设晋阳，打算把晋阳建设成为他终生霸业的中心。

高欢把以前他带到河北、山东的六镇兵民迁回到晋阳周围定居，作为长期拱卫晋阳的屯兵。为了彻底消灭尔朱家族的文化，把北秀容、南秀容郡城并称之为恒州。原有的肆州仍维持原状，又在原有的并州境内寿阳设置燕州，山西文水设置云州。把原来的六镇改称为朔州、显州和蔚州。朔州府衙设在并州境内，显州府衙设在汾州的六壁城(故城在今山西省孝义市西南二十里)，蔚州府衙设在山西平遥西南二十五里的介休境内。从此高欢的主要军事力量，包括汉人军队，都分布在晋阳(太原)周围数百里之内。

那时候的太原在今太原市以南四十里的晋源镇古城营村一带。

太原是个多灾多难的古城，始建于春秋时晋定公十五年(前 497)赵简子之手。

号称“依山带水”之势的太原东有太行山脉，西有吕梁山脉各支脉的拱卫，还有汾河、晋水与潇河环绕。

《晋祠志》说：“太原旧城为(晋)并州刺史刘琨所筑，高四丈，周下十七里。城中又有三城：一曰大明城，古晋阳城也；高(北)齐于此置大明县，顺名其城。另西面连仓城北面因州城，东魏武定三年高欢设置晋阳宫以收容俘虏或罪犯家属的妇女，专为纺织、绣制军装为主。”

公元 533 年春，山东青州人耿翔聚众起义，斩了北魏的胶州刺史裴粲，把人头送到南梁，表示投降。

是年夏五月，江苏邳州民间领袖王早等也聚众起义，斩魏刺史崔庠，向南梁献城投降。

魏廷派骠骑大将军樊子鹄为青州、胶州大都督，率济州刺史蔡俊所部讨伐耿翔。七月耿翔等兵败逃往南梁。

是年(533)冬十一月，魏帝元脩任命姓邸名珍的殷州刺史为徐州大都督、东方行台，率军讨伐下邳义民王早。

元脩派的荆州刺史贺拔胜攻占南梁的湖北襄阳，占领了襄阳城西的下笮戍。南梁军每战每败，酂城(湖北省老河口市北)谷城以北全为北魏占据。以致汉水以南，民心震动，田舍荒芜，一片萧条(《通鉴》)。

北魏在政治策略上是重划行政区域，利于军事管制。当时在北魏治下的益州，辖有东晋寿(四川省广元市)、西晋寿(四川省广元市西南昭化镇)、新巴郡(四川省江油市)、南白水郡(原四川省青川县)、宋熙郡(四川省旺苍县)等五个郡。梁州辖陕西南部的石泉县(晋昌郡)、褒中县、安康县、汉中县、华阳县(只有此郡是在四川省广元市东一百里地方)。这两个州(益州、梁州)的地理环境很复杂，原住民的种族更复杂。魏廷在四川东北部益州东境和陕西南部梁州边缘各划出部分地区，在四川巴中另设巴州，委任獠族酋长严始欣为刺史，专门管制辖区内二十多万户的各种少数族群。军事管制中心设在四川阆中东北的隆城，派獠族青年严恺为镇将。

严始欣暗中与南梁勾结，意欲献地投降南梁，被镇将严恺查获，报告魏廷，严始欣被收押监禁在陕西南郑。魏廷又把隆城镇升格为南梁州，升严恺为刺史。

严始欣在南郑监狱中贿通刺史傅绍敬而被释放，回到巴州(四川省巴中市)发动大批武装团队消灭了严恺，献出巴州城池归降南梁。当时傅绍敬也打算据南郑而投降南梁，后来被守城将士逮捕处斩。

北魏益州刺史长孙寿、梁州刺史元俊联合反攻巴州，严始欣战败被杀。南梁派将军萧玩增援巴州，也战败被杀。士卒逃亡的、战死的有一万多人。

是年冬，北魏设计引诱南梁北疆的地方团队首领兖州刺史张景邕、荆州刺史李灵起、雄信将军萧进明等联袂向北魏投降。

高欢命东南道大行台樊子鹄率军讨伐投降南梁的元树。樊子鹄采围点打援战法，把谯城团团围住，然后分兵占据周围涡阳、蒙城等五个城池，断绝元树的军援与粮援。元树要求樊子鹄允许他有条件地撤退，樊子鹄在元树军撤出谯城时，发动猛烈攻击，元树及南梁的谯州刺史朱文开等都被俘虏，解送洛阳斩首。

高欢经过四个月时间的整顿，一面积极整军，一面在朝内上下都安置了自己的亲信。最重要的是把他的长女嫁给元脩为皇后，元脩又改年号为“永兴”。这时候尔朱家族有实力的将领尔朱天光、尔朱度律等已经被魏廷处死，剩下尔朱兆仍然盘踞在秀容郡。高欢决定消灭尔朱家族，于是年(532)秋七月，高欢亲率十万大军西征尔朱兆。

秀容郡是尔朱家族世居之地，尔朱家族在这里有根深蒂固的祖传世业，有牢不可破的防御设备，还有归尔朱家族所统御的都经过军事训练的武装部队。

尔朱兆撤退到他的故乡秀容郡后，分别部署险要，加强防御工事，而且又不断派武装部队南下抢劫抄掠以刺探魏廷军情。

高欢的讨伐大军已自太原出发，并大张旗鼓、声势喧赫地开向秀容郡。可是大军在行进中走走停停，欲进故退，在距北秀容还有数百里处扎营，好像打算久驻的样子。数百里赶到秀容郡还得几天的时间，致使尔朱兆的戒备心理渐渐松懈。

公元533年的新春除夕，高欢命令都督窦泰紧急集合精骑一千余，一日夜间前进三百里，向尔朱兆主帅大营发动突击，高欢随后率主力大军跟进。当时尔朱兆正在与主要官员们大摆宴席，饮酒正酣，窦泰的骑兵突击队突然闯入大声喊杀，刀、枪齐下。把一群手无寸铁的尔朱帮重要官员杀得手足无措，惊惶万状，乱窜乱奔，来不及集合部众就四散逃生去了。

尔朱军士卒大部分举手投降，一夜之间尔朱军全部崩溃!

尔朱兆仅带数骑亲信逃入深山丛林中，自知已到绝路，他曾要求侍从割下他的头颅去向高欢投降，可是侍从们不忍心下手。尔朱兆一气之下刺杀了坐骑，自己在树上吊死!

尔朱家族，青壮年被征从军，老弱分别流放到边远垦荒。秀容原地的尔朱氏已经烟消云散，了无痕迹了。

君臣失和

高欢扶植元脩做皇帝，是想拿皇帝做玩偶，而元脩又不甘心为傀儡，这是君臣失和的主因。

公元532年的四月二十五日，高欢一手扶植的元脩登基，是为北魏孝武皇帝。同年五月三日元脩毒死第十三任皇帝(节闵帝为尔朱帮军阀扶植的)元恭。十一月十四日把第十二任帝元晔和十四任帝元朗一并斩首。依当时法律，皇族只可令其自杀，而今竟然斩首，元脩之狠、毒辣于此可知。

次日元脩封他的叔叔汝南王元悦为侍中兼大司马。不久又觉得元悦比他的辈分高(元悦是七任帝元宏的儿子，元脩是元宏的孙子)而且血缘关系近，恐怕元悦将来夺权，乃于同年十二月二十八日杀元悦。

公元532年，元脩娶高欢的女儿为皇后。使高欢与元家皇室的关系更密切了一层。这时候的高欢，保皇功勋加上国丈的双重权贵，年方四十多岁的高欢难免会使同僚或属下有些嫉妒，也难免会使皇帝猜疑，尤其是元脩这种人。

元脩曾是尚书左仆射，封平阳王，对于国家的政潮起伏和政治乱象，他阅历得太多太多，对于人臣之间的勾心斗角，他也有很深入的体会，所以他在皇帝位置上对于群臣难免左萦右拂。

翌年(533)，斛斯椿、王思政、元毗等马屁精群嗾使舍人元士弼向皇帝元脩指控高欢“不敬”。所列事实是高欢接诏书时态度不端庄。元脩因此对高欢开始怀疑。

斛斯椿建议元脩，为防高欢冒犯，特别设立阙内都督、部曲(特种禁卫军)，增加值班武官、值阁将军以下数百人。当时关中大行台贺拔岳掌握重兵，元脩乃与之秘密结合以防高欢。

元脩又任贺拔岳的哥哥贺拔胜为侍中，都督三荆七州诸军事，兼荆州刺史。元脩以贺拔氏兄弟来对付高欢，当然也引起了高欢的不满情绪。

所谓三荆七州：

荆州——治河南邓州。

南荆州——治湖北枣阳。

东荆州——治河南泌阳。

连同洛州(治河南洛阳)、郢州(治河南正阳)、徐州(治江苏铜山)、南兖州(治安徽蒙城)。

已经退休的侍中高乾与元脩是世交，也是高欢的老战友，见元脩如此疏远功勋而结合斛斯椿、王思政、元士弼与大军阀贺拔胜、贺拔岳兄弟俩来制造内部分裂，觉得这是国家的莫大危机，于是秘密报告高欢，并建议高欢乘此夺取北魏政权。

元脩听说高乾与高欢秘密接触，决心先除之为快。不过他为避免高欢警觉，先施以挑拨离间之计，乃发表高乾为骠骑大将军，开府仪同三司，徐州刺史。

当高乾就要上任时，元脩使人告诉高欢，说高乾曾向皇帝密告高欢，并且与皇帝订下密约来对付高欢。

这一传话，使高欢信以为真，乃对高乾极其反感。一气之下竟把高乾以往所写抨击皇帝的信件和所说的话全盘密呈给元脩。这是铁证，元脩乃下令高乾自杀。

元脩又密令驻镇江苏邳州的东徐州刺史潘绍业去杀驻防山东高乾的弟弟高敖曹。潘绍业在半路上被高敖曹擒拿，高敖曹率十余骑卫士投奔山西太原(晋阳)高欢。高敖曹另一哥哥高仲密(本名高慎)，时任驻镇山东莱州的光州刺史；元脩密令青州刺史就近围捕，高仲密乃沿小路逃奔晋阳高欢。

高欢对于自己的实力和环境甚为明白，当前他还需要皇室的支持，他不得不隐忍一时，尽可能地不与皇帝发生正面冲突。不过他在准备、在部署先打代理战争。

盘踞在陕西北部的河西难民组织，处在贺拔岳的势力范围之内，有向贺拔岳投降的意图，高欢派长史侯景前往劝说来降未成。公元534年的正月，高欢派兵突袭该难民组织，俘虏了首领纥豆陵伊利，把该部难民全部移置到高欢势力范围以内的河东(山西省)。

皇帝元脩对高欢这一做法大为不满，曾责备高欢没经皇帝允许而采取军事行动。

元脩与高欢已是貌合神离，元脩正积极拉拢握有重兵的贺拔岳，乃任命贺拔岳为雍州(治长安)刺史，都督雍、华二十州诸军事。(二十州：雍州、华州、东华州、岐州、南岐州、豳州、原州、河州、渭州、泾州、夏州、东夏州、秦州、南秦州、梁州、南梁州、东梁州、巴州、益州、东益州)

这时候在贺拔岳的强大压力下，费也头部落酋长万俟受洛干、铁勒部落酋长斛律沙门等相继归降了贺拔岳。元脩又任命贺拔岳的得力战将宇文泰为北防要塞的夏州(治统万——今陕西省榆林市靖边县)刺史。致使高欢派任驻镇甘肃天水的秦州刺史曹泥四面受敌。

元脩又任命贺拔岳的哥哥贺拔胜为荆州(治穰城——今河南省邓州市)刺史。南疆也落入贺拔岳的势力范围。现在的态势已经很明显是贺拔岳占上风了。

高欢使右丞翟嵩去游说贺拔岳的知己战将侯莫陈悦诱杀了贺拔岳。可惜的是这个有勇无谋的侯莫陈悦也许是紧张过度，他既没有及时接管贺拔岳的部队，也没有东投高欢，而且在宇文泰还没来得及反击之前就神经兮兮率众仓惶向陇山(六盘山)以西转进。在甘肃庄浪的水洛城被迫自缢。

贺拔岳的部将宇文泰整合贺拔岳的旧部后，发兵追击侯莫陈悦。

高欢派侯景西进安定(今甘肃省泾川县)去招收贺拔岳的部众，可惜迟到一步，无功而返。

高欢又派散骑常侍张华原等西去拉拢宇文泰，又被宇文泰拒绝。高又在盘算如何暗杀宇文泰，可惜又晚了一步。

侯莫陈悦是河北蔚县人，初随尔朱荣。尔朱天光讨关西时，尔朱荣命侯莫陈悦与贺拔岳同为左右厢大都督。在尔朱荣心目中尔朱天光、侯莫陈悦与贺拔岳同为知心战将。

北魏孝武帝元脩的永熙三年(534)正月，侯莫陈悦接受高欢的策反之计，适贺拔岳邀侯莫陈悦共讨灵州。侯莫陈悦乃乘机诱斩贺拔岳。宇文泰接管贺拔岳所部，下令讨伐侯莫陈悦。当时侯莫陈悦明知不敌，乃退守水洛城；部众溃散，追骑又至，侯莫陈悦乃自缢。

贺拔岳的旧部左厢大都督、东雍州刺史李虎自郑县(今陕西省渭南市华州区)投奔高欢，到洛阳就被孝武帝元脩留住，使之不得接近高欢。元脩任命李虎为卫将军，并赏赐大批金银财宝及绸缎，命李虎再回关中协助宇文泰整军。

元脩与高欢之间已由貌合神离而到水火不容了。元脩决心剪除高欢，于是大力栽培高欢的对手——宇文泰。任命宇文泰为侍中、骠骑大将军、开府仪同三司、关西大都督、承制(代表皇帝行使职权)，并封略阳县公。

元脩一而再地撤换高欢所任命的官员，且对高欢上疏建议的任命案一概不同意。

是年(534)五月，元脩下令增编勋府庶子厢别六百人，增设骑官厢别二百人，都是由皇帝精选的皇室子弟来担任并由皇帝直接指挥的禁卫部队。很明显是防御高欢的。

高欢也在备战，他的势力范围是在洛阳以东，他一面再谏议皇帝元脩迁都邺城，一面派三千精骑进驻山西晋城(建兴郡)，这是准备进攻洛阳的前进基地。在邺城东军事重地的碻磝(山东省聊城市茌平区)，布置重兵以固邺城。在山西永济的蒲阪布置重兵以防长安的宇文泰。然后下令各州郡的粮食一律运入邺城储备军糈。“迁都”之议，元脩当然不准，对于高欢的军事部署，元脩也有反应。元脩写一封语带恫吓的信给高欢(原文)：

王(指高欢，下同)若厌伏人情，杜绝物议，唯有归河东之兵，罢建兴(山西省晋城市)之戍，送相州之粟，追济州之军。令蔡俊受代，使邸珍出徐(前年高欢曾阻挠蔡、邸二人上任)；止戈散马，各事家业。脱须粮廪，别遣转输。则谗人结舌，疑悔不

> 生。王高枕太原，朕垂拱京洛，终不举足渡河，以干戈相指。王若马首南向，问鼎轻重；朕虽无武，欲止不能，必为社稷宗庙出万死之策。决在于王，非朕能定。为山止篑，相为惜之。(《北齐书·神武纪》)

这封信等于最后通牒，君臣之间的冷战即将炒热。

元脩、高欢、宇文泰

宇文泰的父亲宇文肱，初为义军领袖鲜于修礼部下的战将，在河北唐县之役阵亡。时年十多岁的宇文泰就在鲜于修礼军中成长。鲜于修礼死，宇文泰又做了义军葛荣的部属。公元 528 年秋葛荣战败，宇文泰为尔朱荣俘虏，宇文泰才做了尔朱荣军中的小部队统军。不久再经贺拔岳提升为步兵校尉，宇文泰又做了贺拔岳的忠实战将。贺拔岳死，宇文泰继之。

元脩与高欢的冲突已经表面化了，元脩与宇文泰的勾结也已落实了。

宇文泰想起他在夏州刺史任内的长史于谨曾向他建议设法让北魏皇帝元脩迁都到长安，凭关中地势险要、土地肥沃、兵强马壮，以挟天子而令诸侯的态势制衡中原。顿时政治野心大发，于是千方百计地靠紧他以为“奇货可居”的倒霉皇帝元脩。公元 534 年的四月，元脩开始部署军事，先命宇文泰派遣二千骑兵进驻陕西华县(今陕西省渭南市华州区)以声援洛阳的元脩。华县距离潼关不到一百里。同时命宇文泰的主力大军向东推进。宇文泰派大都督梁御为雍州(陕西省西安市)刺史，立即率五千骑兵自平凉(甘肃省平凉市)先行东下。原来的雍州刺史贾显度是高欢派去的，现在贾显度见风转舵，投靠了宇文泰，使梁御顺利进长安。

宇文泰任命寇洛为泾州(甘肃省泾川县)刺史，任命李弼为秦州(甘肃省天水市)刺史，张献为南岐州(陕西省宝鸡市凤县)刺史，把他的根据地盘完全巩固之后，再把主力不露声色地向东移动。

元脩命侍中斛斯椿兼领军将军，并对河南(黄河以南)各州军、政首长(都督、刺史)都改派新人担任。原为高欢委任的济州(山东省聊城市茌平区西南)刺史蔡俊，建州(山西省晋城市)刺史韩贤；元脩下令撤销建州建制，韩贤被迫逃往晋阳。蔡俊被御史弹劾，而改派汝阳王元叔昭接任，可是蔡俊拒绝移交。

元脩已经决心消灭高欢，但他也知道高欢并不好惹，所以他必须扮个披着羊皮的狼。

公元534年的五月间，元脩下令戒严，同时对外宣布说是要御驾亲征南梁，于是征调黄河以南各州地方团队，由斛斯椿陪同全副武装的元脩在洛阳举行大校阅。

元脩一面准备打高欢，一面又以谎言哄骗高欢。他对高欢说总动员是为了要打宇文泰和贺拔胜，并且还希望高欢来支援。高欢明明知道这是美丽的谎言，于是将计就计，回封报告向元脩大吹大擂一番，说他已经秘密动员三万人马，可以向西出击宇文泰的基地。他说又命平城(大同)的恒州刺史库狄干等带四万大军随时可以西渡黄河。领军将军娄昭等有五万大军准备南下讨伐荆州刺史贺拔胜。冀州刺史尉景等在太行山以东拥有武装部队七万，还有特种突击的骑兵五万，准备南下攻南梁。这只是对元脩的一种恫吓！事实上他的四路大军并发，都在指向洛阳。

高欢与元脩双方都在积极备战。元脩任命宇文泰兼任尚书仆射、关西大行台，还应许把妹妹冯翊长公主嫁给宇文泰，并要求宇文泰派军东来接应。宇文泰派大都督骆超率轻骑兵一千东下协防洛阳，又命长史宇文侧出潼关迎接元脩。

宇文泰一面向各州、郡发布文告，列举高欢各种罪行，一面亲自率大军自高平(宁夏固原市)出发，前锋进驻弘农(河南省灵宝市)。贺拔胜也自荆州北上，但仅停在荆州北境的汝水上游。

高欢召回定州刺史移防晋阳，自己动员大军南下。并宣布只为“肃清君侧”，诛杀斛斯椿一人。

北魏元脩永熙三年，公元534年的秋七月中，元脩计划西奔长安。派十多万军驻守黄河大桥，并在邙山北麓构筑营垒以防高欢。命斛斯椿会同行台长孙稚、大都督颍川王元斌之等镇守河南荥阳的虎牢关。行台长孙子彦镇守河南陕县(今河南省三门峡市陕州区)的陕城，斛斯元寿和贾显智镇守滑台。

高欢命相州(河北省临漳县)刺史窦泰攻滑台，贾显智不敌。元脩又派大都督侯几绍支援，贾显智阵前投降高欢，侯几绍战死。

在黄河北岸的北中郎将田怙，引高欢军秘密进入野王(河南省沁阳市)。七月二十六日，高欢军渡过黄河，元脩知道大势已去，遂率南阳王元宝炬，以及元宝炬的妹妹元明月等亲眷，由五千禁卫骑兵保护下紧急奔出洛阳西城。次日在洛宁与陕县交界地方的崤山道上才和宇文泰派来援助洛阳的大都督李贤会师。跟随元脩的士卒们知道元脩要西奔长安，当天就有半数逃亡。

七月二十九日，高欢进入洛阳，立即派娄昭、高敖曹等追赶元脩，都没有追上。

八月初，高欢在一次宫廷会议中，下令逮捕了亲元脩的尚书左仆射辛雄、开府仪同三司的叱列延庆、吏部尚书崔孝芬、都官尚书刘廞、度支尚书杨机、散骑常侍元士弼等人，并将他们全部斩首。清河王元亶追随元脩逃过瀍水(洛阳城西)后又回洛阳投效高欢，于是高欢就任命他做大司马、承制(代表皇帝行使职权)。

从此，北朝的元魏政权已分裂为西魏、东魏了。

临漳在河北省的关系位置

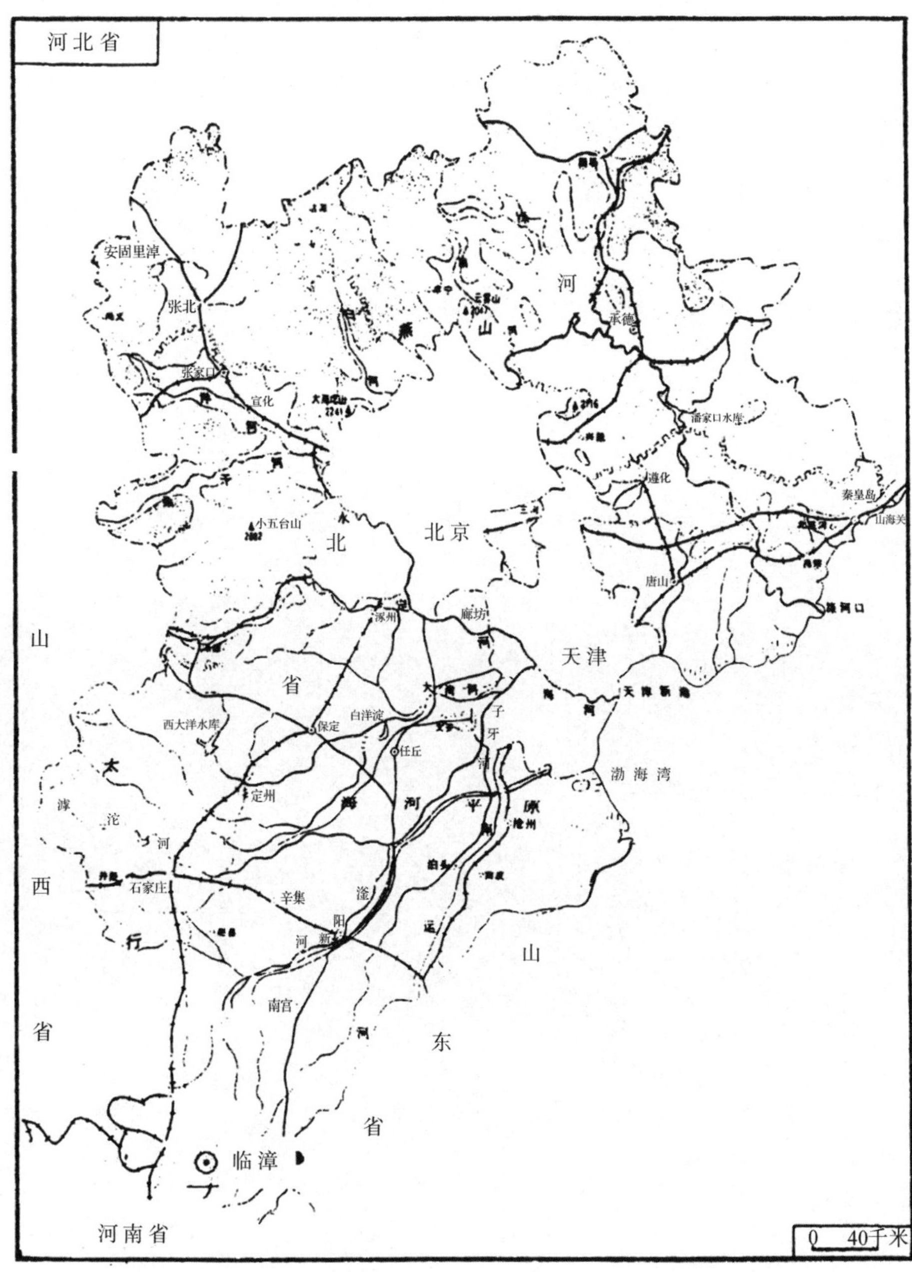